Hinnerk Köhn
Mein Leben ist ein Kissen, in das man schreit

Mein Leben ist ein Kissen, in das man schreit

Ein Journal

Hinnerk Köhn

Zweite Auflage 2022

Alle Rechte vorbehalten
Copyright 2022 by

Lektora GmbH
Schildern 17–19
33098 Paderborn
Tel.: 05251 6886809
Fax: 05251 6886815
www.lektora.de

Druck: MCP, Marki
Covermotiv: Christian Köhn (@koehnillustration)
Covermontage: Lektora GmbH, Denise Bretz
Lektorat & Layout Inhalt: Lektora GmbH, Denise Bretz
Printed in Poland

ISBN: 978-3-95461-208-6

Die Beauftragte der Bundesregierung
für Kultur und Medien

Inhalt

»Jeder Griff ist erlaubt. Je übler, umso besser. Lügen, Betrug
– alles.«

Sefton Delmer

Vorwort
von Moritz Neumeier

Ganz ehrlich?

Ich hoffe, dieses Buch wird ein kompletter Flop. Niemand darf merken, dass in diesem verwachsenen Körper ein kongenialer Geist schlummert, der nur darauf wartet, in Form von Wörtern auf ein Blatt geschissen zu werden. Das ist meine größte Angst, wenn Hinnerk mir kleine Passagen aus diesem Buch vorliest. »Oh nein, oh nein«, denke ich dann, »das ist verdammt gut geschrieben. Hoffentlich merkt er nicht, dass er auch alleine klarkommt, denn ohne ihn kann ich nicht mehr auf Tour gehen.«

Andererseits könnte es auch sein, dass nur die Passagen, die von unserer gemeinsamen Zeit handeln, herausragend besprochen werden – so dass er immer und weiter mit mir rumfahren muss, um Material für die nächsten Bestseller zu sammeln, die dann über Jahre hinweg herausgebracht werden wollen: »Hinnimann und Momo auf großer Fahrt«, »Von Schweinfurt bis Flensburg – unser Deutschland«, »An der nächsten Raststätte fahr ich raus und bringe mich um« – und so kann es weitergehen, bis er sich endlich zu Tode gesoffen hat.

Wirklich ehrlich? Hinnerk Köhn schreibt verdammt gut. Aus jedem zweiten Witz liest man heraus, was das Leben eigentlich ist – eine Ansammlung von Nichtigkeit, die für uns selbst das Leben bedeuten. All die profanen Situationen, die unseren Alltag ausmachen, aneinandergereiht zu einer Poesie der lustigen Tristesse. Ziemlich komisch, ein wenig traurig und insgesamt ein kleines Meisterwerk. Hinnerk Köhn eben.

Januar

01.01.2021

Der Wecker schellt zum vierten Mal, ich kann ihn nicht mehr ignorieren. Halb zwei, gute Zeit, um aufzustehen. Ich habe mich dazu entschieden, das Jahr 2021 festzuhalten. Für mich, für die Nachwelt. Nach Vorbild der drei großen »S« (Sloterdijk, Strunk, Speer) werde ich meine Gedanken zum Weltgeschehen niederschreiben und den Menschen präsentieren. Na ja, Hand aufs Herz, es wird viel ums Saufen gehen, so, wie ich mich kenne. Aber vielleicht kommen ja auch ein paar ungeahnte Erkenntnisse dabei rum.

Natürlich habe ich mir eine Liste guter Vorsätze gemacht, ich bin immerhin ein deutscher Bub und das gehört zu all den verbohrten Traditionen dazu. Dieses Mal: weniger Trinken, mehr Sport, Kreativität bis zum Äußersten! Und natürlich weiß ich, dass ich davon nichts schaffen werde. Ich bin faul und genügsam, habe kaum Ehrgeiz und schwimme gerne im Fahrwasser des Erfolgs von anderen mit. Und ich habe Angst. Ich habe Angst, meine Ziele nicht zu erreichen, und umso utopischer werden sie mit der Zeit. Ich will ausverkaufte Shows, Bestseller-Romane, einen gestählten Körper, Netflix-Special, Eigentumswohnung und Geld, Geld, Geld!

Und ich bin bereit, dafür maximal das Nötigste zu tun und mich in Kleinprojekten zu verzetteln, die niemanden interessieren. Siehe: Tagebuch.

02.01.2021

Ich habe bereits einmal, als ich klein war, Tagebuch geführt. Es war Harry-Potter-thematisch designt und ich habe nur drei- oder viermal reingeschrieben, immer so, wie ich es mir vorgestellt habe, dass man sowas macht: »Liebes Tagebuch, ich duze dich, weil das ja gar nicht merkwürdig ist.«

Ich dachte, dass man das so macht, weil Leute in Filmen und Büchern und meinem Freundeskreis das so gemacht haben. Weil ich wenig eigene Charakterzüge habe und meine gesamte Persönlichkeit aus anderen Menschen und Einflüssen zusammenkopiert wurde. Bin ich Hinnerk oder bin ich ein Puzzle, welches mit Gewalt von einem Fünfjährigen zusammengekloppt wurde? Wer bin ich?

Mein Name ist Hinnerk Köhn, ich bin 27 Jahre alt. Ich komme aus Eckernförde, ich habe ein Problem mit Alkohol und ich wäre gerne berühmt. Geistig bin ich auf dem Stand eines 19-Jährigen stehengeblieben. Am liebsten rede ich über mich, die meiste Zeit will ich im Mittelpunkt stehen, ich will, dass Leute zu mir aufsehen und mich gut finden. Ich will, ich will, ich will.

03.01.2021

Ich überlege seit langer Zeit, ob ich ein Psychopath bin.

Ich bin empathielos, oberflächlich, schnell reizbar, habe einen Hang zum Morbiden, bin starker Trinker und flüchte mich oft in Fantasien. Andererseits habe ich ein funktionierendes Umfeld und komme aus einem stabilen Haushalt. Bettnässen hat rechtzeitig aufgehört und Tierquälerei hielt sich im Rahmen (Kellerasseln zusammenrollen und die Rutsche runterschubsen).

04.01.2021

Es ist der erste Montag des Jahres und genauso fühlt er sich auch an. In einem Anflug von Neujahrsenergie mache ich Arzttermine bei Haus-, Zahn- und Hautarzt. Meine Krankenkasse ist mein größter Fan, da ich mich nie so richtig informiert habe, wo genau ich Zuschüsse kriege. Jegliche Berufe im medizinischen Bereich sind immens wichtig, trotzdem hasse ich Arztbesuche und versuche immer so lange es geht, mich vor ihnen zu drücken.

Beispiel: 2019 lag ich zwei Wochen auf meiner Couch und hatte Nierenschmerzen bis zur Ohnmacht – dann waren sie weg. Geht doch, dafür muss man nicht acht Jahre studieren. Aussitzen ist eine Tugend und ich versuche, sie zu perfektionieren. Funktioniert leider nur bedingt.

Aussitzen funktioniert nämlich nicht bei Steuererklärungen oder Rückmeldungen bzgl. der Universität, Banktermine, Rücksendefristen für unpassende Klamotten, Beziehungen.

Abends dann Podcast, Lillet Wild Berry & Spoken-Word-Punk. Ich darf nicht versacken, ich habe zu viel vor am nächsten Tag und gehe recht früh nach Hause. Dort erwartet mich eine halbe Flasche Doppio Passo und ein 500-Teile-Puzzle, Motiv: Wolf mit Traumfängern, leuchtet im Dunkeln, Farbgebung blau-schwarz. Ich versacke.

05.01.2021

Entgegen meiner Gewohnheit habe ich mir vorgenommen, ein wenig zu putzen. Ich bekomme abends Besuch und ich will anderen Menschen vorgaukeln, dass ich mein Leben im Griff habe. Ich mag es sehr, Leute einzuladen, ich bin ein guter Gastgeber, wenn ich möchte. Das beinhaltet aber auch verschiedene Kostenfaktoren und Eitelkeiten, ich gehe also drei Stunden einkaufen und nehme mir fest vor, den Großteil des Abendessens selbst zu machen. Ich kenne mich allerdings nicht sonderlich gut und meistens ist es am Ende eine Reihe von Fertigprodukten, die ich hübsch arrangiert habe.

Zwei Stunden vor Besuch habe ich alles vorbereitet, also fange ich mit einem guten Glas Rotwein an. Als die Gäste kommen, habe ich schon einen im Tee, ich kann es aber gut überspielen und nach dem Abendessen gibt es die Gesprächs-themenklassiker »Jugend« und »Job« und »Einen Absacker vielleicht noch?«. Der japanische Whiskey ist nun fast alle, nachdem der Besuch verschwunden ist, mache ich noch al-lein weiter bis zwei, danach verschwimmen die Erinnerungen.

06.01.2021

Ich bin bei einem Freund eingeladen, K. und ich kennen uns aus dem Studium. Wir waren nie befreundet, aus irgend-einem Grund hat er mich über Facebook kontaktiert und nun sitze ich in seiner Designerwohnung in Eppendorf und fühle mich herrlich unwohl. Er macht jetzt etwas mit Inno-vation-Product-Management, das ist Englisch und steht für »mehr Geld als du verdienst, Hinnerk«. Ich verstehe nicht, was ich hier soll. Die Couch ist aus weißem Leder, man hat sofort das Gefühl, etwas dreckig zu machen, der Boden ist aus Beton und es ist furchtbar kalt.

»Du, ich muss noch kurz in einen Call, bin gleich wieder da – mach uns doch einen Kaffee, ja?«

Ein Call, so so. K. geht in sein Arbeitszimmer und ich gehe zur offenen Küche mit Kochinsel (na klar). Ich brauche ein paar Momente, um zu verstehen, dass diese riesige Ma-schine aus Chrom die Kaffeemaschine ist. Siebträger, wie aus einem Café (Kostenpunkt gebraucht ca. 10.000 Euro). Habe ich ja persönlich noch nie benutzt.

Die Kaffeemühle verstehe ich noch einigermaßen, als es zum Prozess des Kaffeekochens kommt, bin ich verloren. Ich drehe den Träger ein wenig zu weit ein, es knackt laut. War das richtig oder falsch? Warum ist das eigentlich so laut? Gibt es eine lautere Version, Kaffee zu machen?

Ich komme aus Versehen gegen einen Knopf und es fängt an, zu piepen. Ich flüchte und lösche alle Kontaktdaten, die ich von K. habe.

07.01.2021

Mein erster Arzttermin steht an: HNO – gleichermaßen geliebt wie gefürchtet. Ich liebe es, wenn der nette Doktor mit diesem Saugeding meinen Ohrenschmalz wegschnulzt, ich hasse es, wenn ich irgendetwas in die Nase gesteckt bekomme. »Lassen Sie mich doch bitte in Ruhe, wenn es was Schlimmes ist, will ich es nicht wissen!«

Leider ist der Besuch unvermeidbar. November letzten Jahres habe ich mir aus unerfindlichen Gründen bei einem sehr aggressiven Nieser die Nase zugehalten. Ich hatte zwei Wochen Schmerzen beim Schlucken und mir mehrfach die Diagnose »Kehlkopfkrebs« im Kopf vorgestellt. Dann ist es besser geworden, aber in einem Moment der Reife habe ich mir sicherheitshalber einen Termin geholt.

Mein HNO-Arzt liebt seinen Job. Er hat mir einmal was rausgeschnitten und mich mit liebevoller Stimme gefragt, ob »ich es sehen möchte«.

Auch dieses Mal ist der Doktor mehr als gut gelaunt. Nach Schilderung der Situation fragt er direkt, ob ich rauche. Ja. Können Sie den Mund aufmachen? Ja. Damit hat sich die Frage, ob ich trinke, erledigt. Die blauen Flecken auf der Zunge zeugen vom Rotwein, ich muss wirklich gründlicher Zähne putzen.

Der Doktor bittet mich, mich hinzulegen, dann holt er diese Schmiere, die man auch benutzt, um bei Schwangeren das Baby zu sehen. Röntgenschmiere. Der Doktor seufzt. Sieht alles in Ordnung aus, er dachte kurz, es sei Krebs. Aber »leider« nicht.

08.01.2021

Tag ereignislos, abends gucke ich mit meinem Mitbewohner den Film »Foxcatcher«. Langsam erzählt, großartig gespielt, muss ich aber nicht nochmal sehen. Dazu haben wir Griechisch bestellt bei einer Taverna Kreta oder Apollon oder Zeus und es gab den obligatorischen Teller Mykonos, von dem wir beide Bauchschmerzen bekommen haben. Wir werden auch dieses Mal nicht draus lernen und in drei bis vier Wochen den gleichen Fehler nochmal begehen.

Griechische Restaurants sind die Matratzen Concords der Gastronomie, egal, in welcher deutschen Stadt man sich befindet, es gibt immer einen Griechen mit einem austauschbaren Namen, der sich dem ungeschlagenen Konzept »Fleisch in großer Menge« verschrieben hat. Das Konzept geht so auf wie die Metaxa-Soße in meinem Magen.

09.01.2021

Die Prokrastination überfällt mich, anstatt irgendetwas Sinnvolles zu machen, beschäftige ich mich intensiv mit der Theorie des Aufbringens von Aufnähern und Patches auf Jeansjacken. Gucke mir hierfür ein YouTube-Tutorial an. Unfassbar, dass man den Vorgang des Aufbügelns auf ein 15-minütiges Video strecken kann. Gar nicht mal so schwer, vielleicht sollte ich mich auch mal ranwagen?

Um 15 Uhr bin ich mit F. verabredet, ich habe sie ewig nicht mehr gesehen und freue mich. Nach einem kurzen Spaziergang einigen wir uns auf ein Glas Wein in ihrer Küche. Es werden fünf, wir springen extrem unverständlich zwischen Themen (Gender Equality, Feminismus, guter Wein, Clubtoiletten, gemeinsame Bekannte, Hochzeiten, Wohnungsmarkt Hamburg, Altbautoiletten, Silberfischchen-Probleme), gegen 19 Uhr komme ich los und wage den gesegneten Spaziergang eines Angetrunkenen im Winter. Es wirkt gar nicht so kalt, ich schwitze unfassbar stark, fühle mich verfolgt und gehe im Stechschritt über Los, ohne 2.000 Mark einzunehmen.

Zuhause mache ich fix Pizza, dann kommt meine Freundin, wir trinken alkoholfreies Bier und ich sehe zum ersten Mal in meinem Leben den Film »Zurück in die Zukunft«.

10.01.2021

Der Sonntag steht seit jeher für Entspannung, Ruhe, Bequemlichkeit und Einkehr. Um 13 Uhr bequeme ich mich aus dem Bett und setze mich bei einer Kanne Kaffee und zwei Orangen zum ersten Buchabschluss 2021, Nora Gantenbrinks »Dad«.

Sehr empfehlenswert, tolle Geschichte. Da ich keine Lust habe, rauszugehen, nutze ich erst mals die App »Gorillas«, in elf Minuten bringen sie dir zu Supermarktpreisen alles Mögliche. Der Test ergibt: Stimmt. Innerhalb von sieben Minuten bin ich ein Paket Toast und Hafermilch reicher, der Fahrer hörte auf den lächerlich-guten Namen Don Tender, heute ist ein guter Tag und Don ist unterbezahlt.

Nachmittags bringen wir ein Weinregal an. Ein Weinregal steht sehr weit oben auf der Liste von Dingen, die man sich erst holt, wenn man erwachsen und/oder spießig ist. Nimm das, Mutter, als Nächstes kommen der Schrebergarten und ein Kind/Hund!

Außerdem weit oben auf dieser Liste: Schlüsselschale, Wanduhr, eine neue Couchgarnitur, Tisch-Sets, Serviettenhalter, Window Color, sortierter Werkzeugkoffer und viel mehr.

Ich selbst besitze von dieser Liste vier Gegenstände. Erwachsenwerden ist ein erbarmungsloser Feind, aber ich bin bereit, gegen ihn anzutreten.

Ich höre zum ersten Mal von der dänischen Kinderserie »John Dillermand«, ein Mann in einem rot-weißen Badeanzug mit Riesenpenis erlebt Abenteuer. Ich bin mehr als unschlüssig, was ich davon halten soll, der Look erinnert mich an »Wo ist Walter?«, aber bei »John Dillermand« muss man nicht lange suchen.

Einerseits wird es den konsumierenden Kindern egal sein, Kinder denken nicht sexualisiert. Andererseits finde ich es ein wenig bedenklich, zu zeigen, wie ein erwachsener Mann mit seinem Riesending Kindern die Eiscreme stiehlt. Und vor allem: Das hat sich ja eine erwachsene Person ausgedacht. So oder so verströmt das alles eher unangenehme Vibes.

Was keine unangenehmen Vibes versprüht: »Zurück in die Zukunft«! Es gibt einen Grund, warum ich die Filmreihe erst jetzt gesehen habe. Ich traue mich selten an Klassiker der Filmbranche, außer sie sind ein fester Bestandteil meiner eigenen Kultfilme, die ich als Kind gesehen habe und die deswegen zu mir gehören. Das rührt ganz einfach daher, dass ich ein verwöhnter, kleiner CGI-4k-Effekt-Bengel bin. Wenn ich die Filme noch nicht kenne, tu ich mich schwer mit ihnen. Seltsamerweise habe ich aber gar keine Probleme mit Videospielen aus einem Land vor meiner Zeit oder halt meinen Klassikern. »Taxi Driver«, toller Film! »French Connection«, klasse! »Ein Ticket für Zwei«, »Louis und seine außerirdischen Kohlköpfe«, »Catweazle« – alles ganz großes Kino. Aber manche Sachen altern auch schlecht, vor allem Humor. Und das muss nicht unbedingt mit dem Wandel der Zeit zu tun haben (siehe Otto, uff), manchmal kann ich einfach nicht mehr drüber lachen.

»Zurück in die Zukunft« war auf jeden Fall gut, hat mir gefallen. Vielleicht traue ich mich auch mal wieder an »Don Camillo und Peppone« ran.

12.01.2021

Dienstage sind immer schwierig für mich. Durch den Pod-cast am Abend zuvor bin ich nicht so ganz auf der Höhe, Dienstag ist immer zäh wie Honig. Ein Un-Tag. 24 Stunden liegenbleiben, Vorhänge zu, Pizza bestellen und »Cobra Kai« gucken (»Karate Kid« übrigens persönlicher Kult), bitte, lasst mich einfach in Ruhe!

Dank unruhiger Träume und einer Heizung, die auf fünf gestellt ist, bin ich überzeugt, Corona zu haben, und lasse mich testen. Negativ, großartig, extra dafür aufgestanden, dann kann ich wenigstens einkaufen gehen.

Abends gibt es Penne mit Spinat, Sonnenblumenker-nen, Kirschtomaten. Dazu schwerer, italienischer Rotwein, zwei Folgen einer mittelmäßigen Ganoven-Schmonzette auf Netflix, Bett. Un-Tag.

13.01.2021

In meinem Terminkalender steht Berlin, erster Tourtag mei-ner ersten Solo-Show. Leider fällt der Auftritt pandemiebe-dingt aus. Allgemein ein trauriges Bild, mein Google-Kalen-der ist bunt und vollgepackt mit Terminen, aber die meisten sind abgesagt oder stimmen mich depressiv. Heute also Ber-lin. Das wird dann 2022 nachgeholt. Ist ja auch alles richtig, macht ja auch Sinn, trotzdem demotivierend.

Interessanter neuer Ansatz: Wie lautete wohl der heutige Eintrag, wenn keine Pandemie wäre?

Konnte kaum pennen, zu groß ist die Aufregung. Es geht los, es geht los! Erste eigene Solo-Tour, Vorverkauf überall echt okay, verdiene mir keine goldene Nase, aber da macht bestimmt jeder Abend Spaß. Heute also Berlin, dieser große, böse, rotzige Mo-loch, der so viele Erstis fasziniert und mir immer für vier Tage am Stück zu viel war. Hauptstadt, große Häuser, Kriminalität,

Tourismus, weltoffen. Und ich bin nur für ein paar Stunden da, dann muss ich wieder weiter – time is money. 50 Tickets im Vorverkauf weg, 20 Leute auf der Gästeliste, keinen Gag verhauen und ganz gute Stimmung mit Fan-Fotos. Danach schön mit der Berlin-Crew ein paar Helle heben und ab ins Bett. Morgen muss ich wieder abliefern.

Haha, ja, schön wär's. Stattdessen sitze ich halbbetrunken im Bett und lese den Wikipedia-Artikel über Kohlebrand.

14.01.2021

Der Spiegel titelt: »Polizei löst Kindergeburtstag mit 30 Gästen auf« und knapp darunter: »In Hameln nahmen trotz Corona-bedingtem Verbot 30 Personen an einem Kindergeburtstag teil – die Hälfte davon Erwachsene. Beim Eintreffen der Polizei versuchten sich einige Partygäste zu verstecken.«
    Das, was sich in meinem Kopf abspielt, ist unbezahlbar.
    »Ich nehme Sie jetzt fest!«
    »Aber … ich hab doch Klippo?!«
    Oder:
    »ALLE AUF DEN BODEN!«
    »Linke Hand auf gelb!«

Wie albern, na ja, muss ja auch mal sein.
    Heutiger entfallener Termin: Erfurt, Franz Mehlhose – einer meiner absoluten Lieblingsläden.

Ich schätze Erfurt als Stadt sehr: hübsch, gemächlich und trotzdem mit Esprit. Doch vor allem liebe ich die heutige Location, Franz Mehlhose. Unfassbar charmant und knuffig, tolle Mitarbeiter*innen, man darf drinnen rauchen – es ist perfekt. Vorverkauf auch hier: mehr als in Ordnung! Ein paar Freunde kommen extra aus Jena dazu, danach in den Speicher und ein bis

zwei Leckerlichkeiten verhaften. An der Theke noch eine klei-
ne Flasche Sekt und dann muckelig und angeduselt einen Film
in der Künstlerwohnung gucken, morgen muss ich ja wieder fit
sein für den Abschluss vom ersten Tourblock.

15.01.2021

Anscheinend habe ich gestern Nacht »Billiger Sake lecker«
gegoogelt, erinnere mich aber nicht dran, habe ein wenig alleine gefeiert. Sake. Ein Getränk, das mich interessiert und
sich trotzdem vor mir verschließt, so wie das Land Japan an
sich. Land und Leute reizen mich, ich mag das Essen nicht
sonderlich und kann nicht mit Stäbchen essen, es ist teuer,
ich spreche die Sprache nicht und trotzdem würde ich gerne
mal hin. Wahrscheinlich nur weil ich mir selbst meine Illusi-
on zerstören muss, all die verschwendeten Jahre voller Man-
gas romantisieren diesen Inselstaat für mich.
    Im Paralleluniversum habe ich gerade vor 40 Leuten in
Leipzig gespielt, Stimmung war trotzdem cool und ich treffe meinen alten Mitbewohner R. wieder, wir ziehen um die
Häuser, bepissen uns über alte Geschichten, Schnaps und
Kippen, besoffen noch Late-Check-Out verlangt und dann
selig ins Bett.

16.01.2021

Manchmal sind es die kleinen Dinge, die einen dazu bewegen, weiterzumachen. Wir haben eine neue Lampe für den
Küchentisch, so Vintage-Rohr-Industrial-Optik. Die ganze WG ist zufrieden, auch den Kindern gefällt's. Zur Feier
des Tages gibt es Zweierlei vom Rind mit Kartoffelbett und
Lauchgemüse.
    Vielleicht ist Selbstmord doch keine Option.

17.01.2021

Zu was für einem glücklichen Menschen ich mich zählen darf, dass eine meiner engsten Freundinnen gelernte Friseurin ist. Aus dem wuscheligen Schaf wurde ein geschorener, schneidiger Bub. Das klingt mehr nach SA, als ich es meine. Nachdem ich mich lange gegen den Undercut gewehrt habe, muss ich es einfach zugeben: Das sieht wirklich gar nicht so schlecht aus. Alle paar Sekunden fahre ich mit meinen Fingern durch die frisch rasierten Stellen und wage es nur, zu erahnen, wie großartig sich ein Besuch bei einem Barbier anfühlen muss. Nun ja, kein Bart, kein Barbier.

Fröne wieder der App »Gorillas«, ein Konzept, welches mich nachhaltig überzeugt. Wenn die bald auch noch Zigaretten liefern, muss ich nie wieder raus. Zum Abend gibt es Tatort und ein Glas Barolo. Da es der Stuttgarter Tatort ist, trinke ich die Flasche aus. Mit steigendem Pegel verstehe ich den Dialekt besser.

18.01.2021

Ich ärgere mich immer sehr, wenn ich es vergesse, Menschen zum Geburtstag zu gratulieren. In diesem Sinne: Lieber Kid Rock, alles Gute zu deinem 50. Und bald tanzen wir wieder all summer long.

Kid Rock ist ehrlich gesagt ein komplett unbeschriebenes Blatt für mich, ich kenne nur die verhunzte »Sweet Home Alabama«-Melodie von ihm. Außerdem verbinde ich ihn automatisch mit Uncle Cracker: »Follow me and everything is alright« – der Onkel hat gesprochen. Mehr kenne ich auch von ihm nicht, er wirkt ein wenig wie die südamerikanische Version von Pohlmann mit republikanischen Tendenzen. Pohlmann wünscht sich Sommer, Uncle Cracker ein weißes Amerika. Und Kid Rock will einfach nur mal wieder mit seinem Kumpel Donald bisschen golfen.

19.01.2021

Ich wache mitten in der Nacht auf – das passiert mir oft, wenn ich getrunken habe. Um 4 Uhr stehe ich also auf, wanke durch die Bibliothek zur Küche, sprudle mir zwei Liter Wasser und trinke sie auf ex. Angeblich soll man das nicht, ich habe bisher keine negativen Erfahrungen damit gemacht. Wenn ich so früh aufwache, bin ich immer energetisch, bis der Tag beginnt, und dann bin ich gegen neun, halb zehn extrem müde. Während ich versuche, wieder einzuschlafen, wälze ich mich von Seite zu Seite. Dieses Halbschlaf-Momentum ist ein Quell der kreativen Energie, glaube ich zumindest, denn wenn ich am nächsten Tag ansprechbar bin, dann erinnere ich mich vage an eine geniale Idee für einen Text/einen Roman/ein Stand-up-Set. Aber halt nur vage, der Twist fehlt mir immer. Deswegen habe ich mir ein kleines Notizbuch neben mein Bett gelegt, mit einem Bleistift, und immer wenn ich im Halbschlaf eine Idee habe, dann schreibe ich sie auf.

Erfolgsquote bisher bei 0 – die Gedanken sind verworren, keine Ahnung, was ich mir dabei gedacht habe. Ergebnis der schlaflosen Nacht:

»Kurzgeschichte: Die Last des Neids/der Wut liegt auf einem und lähmt«

Klingt nach Kafka oder der romantischen Vorstellung eines Alptraums. Ich werde das niemals schreiben.

20.01.2021

Um 9 Uhr aufstehen, zwei Tassen Kaffee, kein Frühstück. Ich habe heute meinen Zahnarzttermin um 11 Uhr, mein letzter liegt sieben Jahre zurück und ist mit schlechten Erinnerungen verbunden.

Ich gelte als Panikpatient. Der Gedanke, dass mir jemand mit Metall im Mund rumfummelt, erinnert mich an SAW-

Filme, hat aber auch Anleihen davon, wie sich eine 52-jährige Brigitte BDSM vorstellt.

Ich möchte einen guten Eindruck hinterlassen, also ziehe ich mir ein Hemd an und putze mir 13 Minuten lang die Zähne.

Vor Ort bekomme ich die üblichen Zettel und wieder einmal frage ich mich: »Anamnese – soll ich die Wahrheit sagen oder lügen?«

Es ist 2021, ich habe mir vorgenommen, ein besserer Mensch zu werden, und gebe alles richtig an, verzweifle aber an der Frage, wie viele Zigaretten ich am Tag rauche. Mal sind es vier, mal sind es zehn, mal sind es 20, mal rauche ich drei Tage nicht. Ich schreibe »bummelig zehn« auf.

Der Termin ist entspannt, ein sehr freundliches Team von Zahnärzt*innen, sind auch ab und an für einen Gag zu haben. Ich mag es allgemein nicht, mit Menschen zusammenzuarbeiten, die keinen Humor haben, dann fühlt sich jedes Gespräch an wie eine Beerdigung. Hasse trotzdem Menschen mit »Lach doch mal, du kannst sie nicht alle töten«- oder »Come to the dark side, we have cookies«-Shirts oder Tassen, sind zumeist nette, aber unausstehliche Leute.

Fünf Füllungen, alle Weisheitszähne raus, im Kiefer ist noch irgendwas (nicht so richtig verstanden), muss auch raus. Das Thema wird mich – also auch die Leserschaft – die nächsten Monate begleiten.

21.01.2021

Es gibt Tage, an denen wirklich absolut nichts passiert.

10:30 Uhr aufgestanden, zwei Toast gegessen, eins mit selbstgemachtem Paprika-Cashew-Aufstrich, eins mit Lachs, drei Tassen Kaffee. Heiß und kurz duschen, Haare waschen, Brille putzen. Schlecht loskommen und trödeln, gegen 13:30 Uhr mit der Arbeit beginnen.

Arbeit. Vier Zigaretten über den Nachmittag.

Gegen 19:00 Uhr Feierabend, Falafel beim Imbiss geholt, keine Lust, zu lesen oder zu schreiben, keine Lust auf Neuigkeiten. Gucke »Ziemlich beste Freunde«, trinke dabei ein gutes Glas Whiskey und drehe Zigaretten für den nächsten Tag vor.

Um 23:00 Uhr ins Bett und doch noch kurz in »Ein wenig Leben« von Hanya Yanagihara geschmökert.

22.01.2021

Gut geschlafen, voller Energie an verschiedene Projekte gesetzt, dadurch in den Tüdel gekommen und nichts so richtig gut gemacht.

Am Abend treffe ich meinen Freund H., er präsentiert mir eine Flasche Jules Mumm »Glamour Girl« und bittet mich, den QR-Code zu scannen. Die Ereignisse überschlagen sich, eine ungeahnte Energie setzt sich frei, es ist Zeit für Mumm, Mumm präsentiert von einem Lama! Auf dem Display erscheint an einer Stelle, auf die ich getippt habe, dieser bedröppelt tanzende Vierbeiner und alles erstrahlt in pink, eine Discokugel erscheint und ein Lied ertönt:

YIPPIE, YIPPIE, BOOM, HIER KOMMT JULES MUMM, JULES MUMM!

Ansonsten verbleibt der Abend ergebnislos, in trunkener Stimmung schenke ich H. eine Lederkappe, um halb zwölf ist der Abend vorbei.

23.01.2021

Ich habe einen Sekt-Kater. Aber das Lama hatte recht – Jules Mumm kam, sah und BOOM.

YIPPIE, YIPPIE, Aspirin Complex. Eine Zeit lang habe ich mein Credo »Wer saufen kann, der braucht keine

Schmerzmittel am nächsten Tag« hart verteidigt, aber Sekt-Kater ist in seiner Intensität nicht zu vergleichen mit einem Wodka-Kopf oder einem Pfeffi-Hangover. Sekt fordert immer seinen Tribut. So gesehen, ist Sekt dem Teufel nicht unähnlich. Du bekommst, was du dir wünscht, aber der Preis ist hoch.

Gegen 15 Uhr kriege ich einen Anruf vom Mitbewohner: Hab eine Couch gefunden, ebay Kleinanzeigen, wir müssen sie abholen, ebay Kleinanzeigen, reiner Schnapper, kostet eigentlich 40 Trilliarden Euro, müssen wir haben, sonst superteuer, jetzt megabillig.

Und er hat recht. Eleganz, Charme, Verve – diese Couch ist ein Traum in grau-grün. Außerdem komme ich beim Transport schön ins Schwitzen und merke erneut, wie unfassbar unfit ich bin.

Wenn die Zeiten härter werden, biete ich mich als Tragekraft bei Umzügen an – so mache ich wenigstens ein bisschen Sport und verhebe mich alle 14 Tage.

Abends dann »Community«-Marathon mit Freundin und eine zünftige Brotzeit.

24.01.2021

Wie so oft habe ich verschlafen und zwinge mich um 13 Uhr aus dem Bett. Nach einem muckeligen, kleinen Frühstück (zwei Scheiben Toast, eins mit Ei, eins mit Buko-Frischkäse Schwarzer Pfeffer und Tomaten, zwei Tassen Kaffee) noch einmal schnell an ein, zwei Projekte gesetzt.

Recherche-Arbeit: Prostitution in Japan. Spannend.

Laut Terminkalender wäre heute meine Show in Düsseldorf gewesen, im zakk.

Düsseldorf, eine Stadt, mit der ich viele schöne Erinnerungen verbinde. War oft mit Moritz Neumeier und Till Reiners hier, immer nette After Show Partys und viele gute

Leute, die hier wohnen. Nach meinem Auftritt (83 Zahlende, megagut) noch mit B. in seiner Stammkneipe versackt. Irgendwas mit Billard. Übernachtung im me and all Hotel, sehr gutes Frühstück, schönes Design, Blick über Düsseldorf, Rooftop Bar – ich bin leicht zu überzeugen. Morgen wieder nach Hamburg, 1-Tag-Touren sind immer toll, um aus dem Alltag rausgeholt zu werden.

25.01.2021

Herrjemine, habe ich gute Laune! Ich springe aus dem Bett und tanze in die Küche. Wenn mein Leben ein Song wäre, dann vermutlich »Walking on Sunshine«, ich mache meine Bluetooth-Box an und würze das Rührei. Das Leben ist schön und ich schrei es in die Welt hinaus! Jubel, Gesang und Tanz, Ringel, Ringel, Rosen, ein Mann, der sich Columbus nannt, widdewiddewidd-bummbumm!

Was, wenn mein Leben ein Musical wäre? »Hinnerk on the roof«, »Köhnz«, »Das Phantom der Kneipe«, »Jesus Christ Superköhn«?

Ein Kammerspiel, alles findet in einer schummrig beleuchteten Kneipe statt. Tina, die Kneipenwirtin, ist die gute Seele St. Paulis (Song: »Hans Albers war mein Herr Papa«) und sorgt sich liebevoll um ihre Stammkunden Rocko, Jaques und Heinz (Song: »Ohne Schnaps schlafe ich schlecht«).

Hinnerk, ein junger aufstrebender Comedian, gehört auch zu der illustren Klientel und zu Tinas Liebsten, doch er lässt sich immer öfter vom Alkohol verleiten und seine Karriere ist gefährdet (Song: »Wo, wenn nicht hier?«). Ein zwielichtiger Vertreter einer Cabaret-Bühne bietet ihm einen schlecht dotierten Auftritt bei einer Mitternachts-Revue an (Song: »Dit is Showbiz!«), Tina rät ihm ab, aber Hinnerk ist hin- und hergerissen (Song: »Zwischentöne«). Am Ende bleibt er sich und seinen Freunden treu und spielt die Premiere seines

Programms in Tinas Kneipe (Song: »Am Ende stehen wir alleine, doch in Gedanken sind wir beisammen«).

Genial, ich setze mich direkt an den Steinway-Flügel, um zu komponieren.

Songtextauszug »Wo, wenn nicht hier?«

Als ich noch klein war
wollte ich schon auf die Bühne
wollte spielen, wollte sühnen
Doch Frau Mama mochte all diese Ideen nicht
ich sollte auch auf dem Friedhof anfangen
so wie mein Bruder (hier mit der Stimme hochgehen)

Also ging ich in die Stadt
um für meinen Traum zu fighten
und um es Frau Mama zu zeigen, denn:
Wo, wenn nicht hier
zwischen Schnaps und Bier
liegen die Träume auf den Straßen

26.01.2021

Corona-Scare, Mitbewohner und ich bleiben zu Hause. Was macht man nur den ganzen Tag? So langsam haben sich jegliche Möglichkeiten erschöpft, wir haben schon zweimal die Möbel umgestellt und viermal die Fenster geputzt. Wir könnten kniffeln, aber ich habe Angst, dass ich mir das Spiel der Könige auf Dauer versaue. In einem Akt der Selbstgeißelung einigen wir uns darauf, mal wieder richtig schön das Gästebad zu putzen.

Putzen gehört zu den Aufgaben, die ich am wenigsten gerne mache. Ich spüle, ich bringe Müll raus, aber putzen? Hier eine kleine Abhandlung zu diesem Thema:

Putzen hört nicht auf. Putzen ist nie fertig. Putzen ist Prozess. Es fängt harmlos an, wischen und feudeln, großflächig den Boden wienern. Dann Dusche, Fugen scheuern, Ausgüsse reinigen, polieren. Toilette, WC-Ente, gewaltvoll das Porzellan zum Glänzen bringen. Aber es hört nie auf. Am Waschbecken schiebst du den Staub von A nach B, egal, wie oft du über das neckische Weiß gehst, es sind immer noch Krümelchen und Partikel über. Du wolltest immer im Altbau wohnen, jetzt zahlst du die Quittung. Staub. Staub überall, Silberfische in den Ritzen, abreißender Putz, erste Schimmelsporen in der Wand. Nach vier Stunden Fugenschrubben gibst du dich geschlagen. Die Hände voller Schwielen, die Köpfe jedoch leer. Eine ermüdende Arbeit. Das nächste Mal, wenn jemand das Bad betritt, ist es wieder dreckig. Das nächste Mal, wenn du duschst, fließt das Wasser wieder nicht richtig ab. Das nächste Mal. Putzen ist Prozess.

Zur Belohnung gibt es einen bunten Mix vom Liefer-Griechen und dazu passend Ouzo mit Eiswasser, ya sou!

27.01.2021

Als Hinnerk K. eines Morgens aus unruhigen Träumen erwachte, fand er sich in seinem Bett ungeheuer verkatert wieder. Ouzo mit Eiswasser, ich hätte es ahnen können. Das ist die Rache des Liefer-Griechen, eine Warnung: »Griechisch nie bestellen, immer im Restaurant essen!«

Der gutgelaunte und ein wenig zu körperliche Kellner Stavros hätte uns zurückgehalten bei der Ouzo-Verköstigung. Aber heute ist ein Arbeitstag und wer saufen kann, der kann auch mittelmäßig verzweifelt auf leere Word-Dokumente starren.

Moritz Neumeier hat heute Geburtstag, alles Liebe auch an dieser Stelle. Ich weiß noch, wie wir vor vier Jahren am Gar d'Austerlitz Rehrücken mit Rotweinschaum und Rosmarinkartoffeln gegessen haben und danach tierisch geil ab-stampfen waren auf dem La Concrete, einem Clubboot in Paris. Mit qualitativ hochwertiger Nahrung und Champagner kann man einfach am besten auf Techno feiern.

Heute wäre meine Show in Kiel gewesen, hier mein Tour-tagebuch-Eintrag:

Kiel, Zuhause und Fremde für mich. Ich hatte hier meine ersten großen Auftritte, habe viel erlebt, teilweise großartige Abende. Leider bin ich nie so richtig mit der Stadt warm geworden, irgendwie hat mir etwas gefehlt. Eine Stadt wie eine Drohung: »Wer hier bleibt verendet qualvoll!«

Ich tue der Stadt natürlich unrecht, aber abseits der Auftritte hat Kiel in mir nur ein kleines Loch hinterlassen, wichtig für meine Selbstfindung, irrelevant für meinen Lebenslauf.

Show ist in der Pumpe, Roter Salon. Geile Location, bummelig 100 Leute da, Stimmung schockt, beseelt nach Hause.

28.01.2021

Zahnarzt um viertel vor zehn, eine Uhrzeit, die in meinen Augen weit entfernt von Realität ist. Meine erste Füllung seit Jahren, ich bin dezent aufgeregt. Als ich in dem Stuhl liege, Mund offen, piksende und saugende Dinge in meinem Mund, fällt mir auf, dass in der Praxis die ganze Zeit Musik läuft. Soll das die Patient*innen beruhigen? Die Assistentin summt leise bei »Total Eclipse of the Heart« mit, ich muss unfassbar doll lachen, aber ich darf ja nicht, die haben Geräte in meinem Maul. Am liebsten würde ich aufstehen, die Zahnärztin und die Assistentin an der Hand nehmen und mit ihnen tanzen und singen. Dann lässt die Betäubung nach und ich finde das gar nicht mehr so witzig alles.

Das Betäubungsmittel rauscht anscheinend schneller durch meinen Körper als bei anderen Menschen, ich muss für den einstündigen Termin dreimal betäubt werden. Liegt das an meinem Medikamentenmissbrauch vor drei Jahren?

Am Ende habe ich wieder ein wenig mehr Zahn und bin leicht groggy von den Spritzen. »Leicht groggy« bedeutet in diesem Fall »ganz schön abwesend«, zuhause gibt es Rhabarber-Zimt-Joghurt und eine Tasse löslichen Kaffee. Ich bin ein großer Fan von Instant-Produkten, dazu mehr am Sonntag.

Heute wäre Tourabschluss gewesen in der Heimat Hansestadt Hamburg (HHH):

Mit Wehmut und Vorfreude letzter Tourtermin in meiner Homebase. Hamburg, Stadt im Norden. Ich spiele im Nochtspeicher, einer sehr hübschen Location in einer Nebenstraße vom Kiez. Ich habe hier schon Lesungen und Konzerte gesehen und mochte immer den New-York-Cellar-Charme, den er versprüht, freue mich richtig, classy Stand-up-Comedy mit Backstein im Rücken zu performen.

Catering ist von der Kombüse, einem mexikanischen Restaurant nebenan, lecker und zu viel. Show ist ausverkauft, viele bekannte Gesichter im Publikum. Wenn Menschen da sind, die ich kenne, bin ich immer schlechter als sonst, ich bitte Freund*innen gerne, weit hinten zu sitzen oder mir nicht Bescheid zu sagen, wenn sie da sind. Mittelmäßig abgeliefert, dafür große After Show Party bis halb sechs in der Koralle. Abendgage fast komplett ausgegeben, Taxiquittung über 40 Euro im Portemonnaie, wo verdammt war ich denn noch?

29.01.2021

Zum ersten Mal seit meiner Kindheit benutze ich einen Eierschneider, was für eine wunderbare Erfindung. Zusätzlich schneit es den Tag über in Hamburg, es ist wie ein Flashback in meine Jugend. Schnee und Eierschneider, das ist Nostalgie.

Der Artikel bei ZEIT ONLINE kommt raus, in dem ich über die aktuelle Situation als junge, kunstschaffende Person berichte. Ich lese die Kommentarspalte durch und werde wütend und traurig zugleich. Von »Ich fühle mit dir« über »Hättest du mal was Ordentliches gelernt« ist alles dabei. Widerliches Pack, ich bin ausgebildeter, hanseatischer Kaufmann! Bei mir zählt ein Handschlag und das Geschäft ist abgewickelt! Drei Jahre lang war ich in der Lehre zum Veranstaltungskaufmann, eine Branche, die in Pandemiezeiten überraschenderweise nicht so systemrelevant erscheint.

Abends stolpere ich zum ersten Mal über den Hashtag #FrivolerFreitag und lande in einem Moloch aus Soft Nudes und Sex Positivity. Ich finde die Kombination aus Tweets über die eigenen Kinder und Aktfotos beziehungsweise erotischen Kurzgeschichten faszinierend und verstörend zugleich.

Das Schönste und das Schlimmste an sozialen Medien ist, dass man extrem einfach in andere Leben eintauchen kann. Nach sieben Stunden kann ich mich loseisen und schlafe um halb fünf morgens verunsichert ein, wissend, dass ich nun alles – wirklich alles – über Niklas, 39, BDSM und kinky unterwegs aus Oer-Erkenschwick weiß.

30.01.2021

Bis 14 Uhr geschlafen, dann gebutterter Toast und Spiegelei. Da ich tendenziell ein Aufschieber bin, habe ich noch ein paar Sachen zu erledigen und fahre ins Büro. An einem Samstag, man glaubt es kaum. Selbstständigkeit bedeutet leider auch, dass niemand einem in den Hintern tritt, wenn etwas nicht erledigt wird. Und Samstag bedeutet, dass meine Motivation am Boden ist.

Mühsam quäle ich mir ein paar Zeilen raus, krieche von Wort zu Wort, atme den Kaffee ein, in der Hoffnung, dass Wachheit und Motivation irgendwie zusammenhängen.

Am Ende habe ich eine halbe Seite und gebe auf. Trinke noch ein eiskaltes Jever, gehe dann nach Hause und gucke »Das Leben der Anderen«, eine Flasche Doppio Passo, um halb eins liege ich angetrunken im Bett und schlafe kurz und ohne Erholung.

31.01.2021

Um 8 Uhr wach, keine Chance auf weiterführenden Schlaf, also aufstehen, Frühsport, Vitaminzufuhr. Bei einer Stempelkanne Fairtrade-Kaffee studiere ich alle Nachrichten-Apps, die ich auf meinem Handy habe.

Gegen 10 Uhr setze ich mich ans Wochenbuch. Es ist hirnrissig, am Anfang des Tages einen Tagebucheintrag über etwas zu schreiben, was noch nicht passiert ist. Deswegen hier der versprochene Abriss über Instant-Produkte:

Seit meiner frühesten Kindheit bin ich ein Fan von schnell zubereiteten Sachen, die möglichst künstlich schmecken. Erdbeer-Geschmack, Wassermelonen-Aroma, BumBum-Eis. Es ist bunt und knallig, es schmeckt viel zu stark nach irgendetwas und wirkt in seiner Ganzheit unnatürlich? Ich liebe es. Miracoli ist mein Gott, Noodle-Cups meine Bibel.

Ich koche einfach nicht gerne nur für mich, es muss für jemanden bestimmt sein, sonst macht es keinen Sinn. Küchenpsychologisch ist das damit zu begründen, dass ich mich selbst nicht sonderlich mag, aber sehr aufopferungs- und hingebungsvoll bin. Für mich reicht eine 5-Minuten-Terrine, für dich koche ich gerne ein Drei-Gänge-Menü.

Alternativ kann man es auch damit begründen, dass ich ein hektischer Mensch bin, Genuss ist Zeitverschwendung, alles schnell, alles direkt, Wirkung sofort.

Das Leben ist ein Highway und ich fahre auf der linken Spur.

Februar

01.02.2021

Februar. Ein Monat, der auch da ist.

Kurz und intensiv, so nehme ich den Februar wahr, normalerweise zu wenig Tage für zu viele Aktivitäten. Dieses Mal: »Bitte, bitte, bisschen Arbeit!«

Ich vermisse es, richtig geregelt was zu tun zu haben. Ich meine, ich habe das, aber jetzt aktuell gibt es keinen Ausgleich für den Alltag. Ich arbeite normalerweise wie ein Schwamm, ich sauge alles in mich auf und dann lasse ich es auf der Bühne wieder raus, meine Wut, meine Gedanken, meine Witze.

Aktuell bin ich einfach nur vollgesogen, gelb und prall, bisschen zugenommen habe ich auch.

Wohin mit all diesen Emotionen? Und wohin mit all den Pfunden?

Ohne Bühne gibt es nur noch das leere Word-Dokument. Word beurteilt nicht, Word verurteilt nicht, Word gibt keine Kritik und vor allem gibt dir Word keine Reaktionen. Word reicht mir nicht.

Ich habe aber erst recht keine Lust, mich bei Clubhouse anzumelden oder wie ein Mitte-Fünfzigjähriger ungefragt unter ZEIT-ONLINE- und SPON-Artikel meine Meinung zu tackern. Wer bin ich denn? Ein AfD-Wähler?

Definitiv nicht. Also gucke ich wieder auf das Word-Dokument, es grinst mich an, ich grinse zurück. Vielleicht wird es ja doch noch was mit uns.

02.02.2021

Ich habe Termine! Ich habe unfassbar viele Termine an einem Tag, wie kann das sein? Es sind drei, sie sind mein Notnagel.

Redaktionssitzung, Projektbesprechung, Zahnarzt. Ich freue mich so sehr, endlich mal wieder Stress zu empfinden

– ein Stresspensum, das mir früher lachhaft vorgekommen wäre, aber heute merke ich, wie ich schwitze und schnell genervt bin. Wie schön waren die Zeiten, in denen ich angespannt und nervös eingeschlafen bin, nur um am nächsten Tag Angst vor der kommenden Woche zu haben? Die Abgaben, die Deadlines – wie ich es vermisse! Einfach mal einen Tag nah am Nervenzusammenbruch stehen, es wäre so erquickend.

Stattdessen? Dauerhafte Existenzangst, schmales Konto, Depressionen.

Nüchtern betrachtet bleibt alles einfach gleich, aber der Adrenalinkick fehlt mir.

Abends schreibe ich noch ein wenig am Musical (nur aus Jux und Tollerei) und trinke eine Flasche Rotwein, die im Restaurant enttäuschend wäre, aber zuhause ist sie okay.

03.02.2021

Durch lustige Zufälle bin ich jetzt Gesellschafter einer Immobilien GmbH. Fühlt sich mächtig an, am liebsten würde ich ein Dekret beschließen, dass ich von nun an nur noch »Köhn-Meister« genannt werden darf. Schade, dass das nicht geht, trotzdem fühle ich mich wie ein Großgrundbesitzer. Oder nein, noch besser – ich fühle mich wie der Sohn eines Großgrundbesitzers. Ein verzogener Lümmel im Wilden Westen, Herr Papa ist der Inhaber einer Öl-Raffinerie und ich trage weiße Anzüge mit Bolo-Ties aus Elfenbein. Ich habe auch Schergen! Ein wahrer Schnösel, ein Köhnsel!

Zurück zu meiner Tätigkeit als Gesellschafter: Sollte ich jetzt täglich Schlips tragen? Gestärkte Hemden, Hosenträger, Gecko-Style. Ich habe nicht mal Haargel zuhause, herrje, so kann ich mich doch nicht bei den Gesellschafter-Treffen zeigen! Ich bestelle mir im/übers? Internet alles Nötige.

Sich ab und zu schick anzuziehen, hat mir in der ersten Lockdown-Phase auch geholfen, nicht wahnsinnig zu werden, ich habe mich wertig und elegant gefühlt, aber meine geistige Gesundheit ist mittlerweile einigermaßen an die dauerhafte Gefahr, zu sterben oder jemanden zu töten, gewöhnt. Ergo: Es gibt auch den Jogginghosen-Tag oder den »Ich dusche heute Abend, ach, das lohnt nicht mehr«-Tag oder den »Ich rasiere mich übernächste Woche, diese habe ich keine Lust«-Zeitraum.

Zum Abendbrot mache ich Seeteufel auf toskanische Art und gucke mit Freundin mehrere Dokumentationen zum Themenschwerpunkt »Rechtsradikalismus in Deutschland« und danach den Film »Uncle Frank« auf Prime. Ich muss drei Mal weinen.

04.02.2021

»Ein Sturm zieht auf, Winter is coming, Deutschland '78 wiederholt sich, sammeln Sie Vorräte!«

Oha, ich bin gespannt. Und vor allem bin ich genervt. Ich liebe Schnee, ich liebe den Winter, ich muckel mich gerne zuhause ein mit einem Heißgetränk, einer Decke, lächerlich weichen Klamotten – sie müssen sich anfühlen, als würde man Wolken tragen – und einem guten Buch, welches ich schnell weglege, um bei Wikipedia irgendetwas über Serienmord zu lesen.

Mein Problem mit dem angekündigten Schneesturm: wir haben verfickt nochmal Februar. Schnee und Winter gehört für mich zu Weihnachten und Silvester, zwischen den Jahren halt, und nicht in das neue Jahr! Winter Wonderland ist für mich nur geil, wenn alle Menschen gestresst sind von Weihnachten, Leute sich zusammenfinden, auf den Weihnachtsmärkten Glühwein trinken und sich unbekannterweise ein »Frohes Fest« wünschen. Da passen Schnee und Kälte gut.

Wozu Schnee und Kälte nicht gut passen: Januar, Februar, März.

Ende Februar ist doch normalerweise schon der erste Tag, an dem man nur mit Pulli rausgeht und sich nachmittags vor einen Späti hockt, um Alsterwasser zu trinken. So eine Scheiße, ich würde mir lieber einen Zahn ziehen lassen, als zu diesem Zeitpunkt nochmal 50 cm Neuschnee zu ertragen.

Wenigstens gibt es dann nicht so viele Wespen. Yin und Yang, immer das Positive sehen, blablabla.

Nachmittags stehe ich für einen Dreh mal wieder auf einer Bühne.

05.02.2020

Müde und desorientiert, die letzten Tage habe ich im Schnitt vier bis fünf Stunden geschlafen. Hoffentlich kommt meine Schlaflosigkeit nicht wieder, die Kälte, das Wabern, das Rumexistieren ist zermürbend. Müdigkeit ist die Diphterie der Psyche.*

Im Büro bin ich unfassbar unproduktiv, mit Mühe kriege ich zwei Entwürfe hin und schaffe nur durch ein Feierabendbier mit M. und L. noch eine Stunde konzentriertes Arbeiten. Bier macht mich beim hastigen Verzehr immer recht wach, ich kriege einen Energieschub und bereite spontan abends Spaghetti alla Vodka zu (empfehle hierzu die Lektüre »Zuhause bei Audrey« von Luca Dotti), köstlich!

Starte mit »BoJack Horseman«, hatte die ersten drei Staffeln gesehen und irgendwie hatte es mich damals verloren, gebe dem Ganzen ausnahmsweise aber nochmal eine Chance.

Ich erkenne mich – wie bei meinem ersten Versuch – die ganze Zeit wieder, alkoholkrank, aufmerksamkeitssüchtig,

....

* Haha, das klingt ja mega inhaltsschwanger, hoffentlich ist das sinnig.

narzisstisch, depressiv. Leider ist BoJack reich und ich nicht, das erschwert die ganze Sache mit dem dandyhaften Lifestyle. Nach der ersten Staffel lege ich mich ins Bett und bin zu fertig, um einzuschlafen, wälze mich von A nach B und versinke irgendwann in abgedrehten Träumen, in denen Jasper Diedrichsen auf einer Biogasanlage steht und die Qualität überwacht.

06.02.2021

Kennt ihr das, wenn man maximal dringend sehr viel Schlaf nachholen musste und es einem nicht so recht aufgefallen ist? Ich wache um 15 Uhr auf, bin extrem verpennt. Habe ich zu lange oder zu kurz geschlafen? Ich bin immer noch müde, vielleicht auch schon wieder.

Mühsam schäle ich mich aus meinen Decken und gehe durch das Billardzimmer zur Küche, mache mir Tsunami-Ei (effektvoll & einfach, Rezept im Internet schnell zu finden), eine Melange und die Tageszeitung zum Frühstück.

Die Tage verschwimmen mit der Zeit, ohne mein Tagebuch würde ich die Daten durcheinandermischen. Ich wichse mir eine halbgare Idee für den Roman aus dem Kopf, bin weder zufrieden noch enttäuscht, dann backe ich mir ein Brot. Während der Teig zieht, putze ich die Küche und höre ein Best-of von Shania Twain, danach gehe ich duschen.

Um 21 Uhr mache ich mir eine Instant-Suppe, ich habe nicht mal sonderlich Lust, zu essen. Ausnahmsweise rauche ich drinnen, die Faulheit liegt wie ein böser Traum auf mir und drückt mich in die Couch. Als ich die letzte Filterzigarette geraucht habe, trinke ich noch ein Glas Cantine Due Palme aus dem Jahr 2016 und gehe, ohne mir die Zähne zu putzen, ins Bett.

07.02.2021

Nach vier Stunden Schlaf schrecke ich hoch, voller Energie. Sie soll den ganzen Tag anhalten. Ich plane meinen bevorstehenden, arbeitsbedingten Trip nach Österreich, für den Fall, dass er tatsächlich stattfindet. Dazu drei Scheiben vom selbstgemachten Brot mit Frischkäse und Tomaten, es liegt schwer im Magen, aber ich konnte nicht widerstehen.

Mache einen ausgedehnten Kiez-Spaziergang und lande unbewusst im Büro, wo ich umgehend noch ein wenig am Tagebuch feile und meinen Austria-Trip weiterplane. Vielleicht hat sogar ein Beisl oder ein Heuriger auf und ich kann dem Bacchus frönen. Ehrlich gesagt glaube ich eher, dass ich mir im Supermarkt Alkohol kaufe und dann im Hotel ATV2 gucke und versuche, alles zu verstehen.

Aber in meiner Vorstellung sitze ich mit M., F., Y. und C. im Café Anno und wische mir inbrünstig das Gesicht weg. Heute wird gelebt!

Mir ist es heute nach Bier, ich trinke im Büro eins mit M. und noch drei weitere zuhause bei einer großen Schale Pho und einer Aufzeichnung vom Piraten-Open-Air in Grevesmühlen. Fazit: nett für Kinder, nichts für mich.

08.02.2021

Früh aufgestanden nach kurzem und unruhigen Schlaf, schwarzer Kaffee, gebutterter Toast, Tagesthemen gegenchecken. Nachrichten sind immer gleich, irgendwo ist Krieg, die Politik macht was falsch, der Papst verurteilt Waffengewalt, das Wetter. Früher habe ich zwanghaft versucht, die ganze Zeitung zu lesen, aber ich brauche mich nicht anlügen: Finanzen und Wirtschaft sind mir einfach unverständlich und egal. Es wird erst spannend, wenn Broker sich aus Fenstern stürzen.

Abends Podcast, wir trinken Dosenlongdrinks, am Ende des Tages bin ich stark betrunken. Der Weg nachts nach der

Aufnahme ist immer ein wenig gruselig, daher gehe ich ihn unnatürlich schnell und sehe wahrscheinlich so albern aus, dass mich niemand abziehen würde. Aus Niedlichkeitsgründen. Manchmal, wenn wir mit der Aufnahme fertig sind und ich zuhause allein bin, dusche ich nachts noch. Ich bilde mir ein, dass das den Rauch und den Suff rausspült, aber meistens macht es mich nur betrunkener und dann schlafe ich im Bademantel auf der Couch ein.

09.02.2021

Ich wache verkatert im Bademantel auf der Couch auf, in 15 Minuten habe ich ein Zoom-Meeting.

Was für ein wunderbarer Start in den Tag. Ich bin tatsächlich ein ziemlich abergläubischer Mensch, ich habe Glücksunterhosen und auch welche, die mir Pech bringen. Dennoch schmeiße ich letztere nicht weg, das ist natürlich alles Quatsch – obwohl es mittlerweile eigentlich bewiesen ist, denn mir passieren immer schlechte Dinge, wenn ich sie trage, aber das ist ein anderes Thema.

Bei Tagen ist es genauso. Ich bin der festen Überzeugung, dass ein Tag entweder schlecht oder gut wird, und das merke ich schon immer am Morgen. Das heißt selbstverständlich nicht, dass der Tag zu 100 % schlecht wird, aber zu einem gewissen Grad überwiegt der negative Anteil – man kann mit Glücksboxershorts gegensteuern, aber diese Ware ist endlich und sollte klug eingesetzt werden.

Nachdem ich das Meeting überstanden habe, lege ich mich ins Bett und schlafe zwei Stunden, dann wasche ich mich sporadisch und gehe ohne Plan einkaufen, am Ende habe ich Rosenkohl gekauft, den ich bestimmt Ende der Woche wegschmeißen werde.

Zum Abendbrot serviere ich Bouillabaisse mit einem Pinot Noir aus dem Jahr 2012. Irgendwie muss ich den Tag ja retten.

10.02.2021

Gute-Laune-Mittwoch, Glücksboxershorts an, heute ist ein Machertag. Meine Stimmung ist ein Wandtattoo, meine Ziele sind gesetzt, mein Motto ist irgendwas mit »Leadership Position verteidigen«!

Die Arbeit am Musical geht gut voran, ich habe jetzt die ersten beiden Choreografien und das Einleitungsstück (siehe Wochenbuch KW 4) ist vertont. Ich habe mich für smoothen Jazz als Untermalung entschieden, passt gar nicht so gut, aber ich mag es, wenn Schlagzeuger*innen Besen benutzen. Noch habe ich Probleme, mir visuell das Stück vorzustellen, und verabrede mich mit meinem Freund J., einem Bühnenbauer aus Erlangen, der bereits am Broadway Stücke betreut und bebaut hat. Er sagt, er habe schon »Visionen« und ich hoffe, dass es sich auf mein Stück bezieht.

Vom ganzen Setting her bewegt sich das Werk zwischen »Cats« und »Mamma Mia«, mit einer Spur weniger ABBA und mehr harter Realität. Könnte mein Opus Magnum werden.

Nachmittags schraube ich ein wenig an meiner Honda CRF, zum Dinner gibt es Reste. Tageshighlight: Live-Talk mit Moritz »Momo« Neumeier, erquickend und berührend.

11.02.2021

Erholsamer, kurzer Schlaf, traumlos. Mal wieder ein Arzttermin, ich ziehe mein Gesundheitsprogramm wirklich durch, damit hätte ja niemand gerechnet. Ich will meine Impfungen auffrischen – Tetanus, Diphtherie, Polio, den ganzen Schabernack. Mein Hausarzt ist bester Laune und jagt mir nach kurzer Inspektion des Impfpasses den Bims in den Arm.

Kurzer Einwurf: Impfpass und Röntgenpass sind zwei Dokumente, von denen die wenigsten wissen, wo sie liegen. Impfen ist wichtig! Sucht eure Impfpässe und frischt den Kram so schnell es geht auf, falls nötig.

Hausarzt und ich müssen lachen, als er merkt, dass ich nie meine zweite Mumps-Masern-Röteln-Impfung bekommen habe, ach, Frau Mama, manchmal bist auch du ein wenig nachlässig, wenn es um die Gesundheit deines Jüngsten geht.

Mitbewohner und ich dinieren nach langer Zeit mal wieder zusammen, Lamm in Sahnesauce mit Tagliatelle. Lecker und gehaltvoll, dazu Salat à la Mitbewohner. Wie bei einer viel zu lange andauernden Ehe läuft währenddessen der Fernseher, neue Staffel »GNTM«. Romy wird gewinnen.

12.02.2021

Habe den Rosenkohl weggeschmissen. Heute Telefonat mit meinem Anwalt, er hatte mir auf den AB gesprochen, es geht wohl um »Verschiedenes«. In der Mitte des Gesprächs rieche ich den Braten: Der Mann hat gar nix zu besprechen, der will nur plaudern. Würge ihn nach 15 Minuten ab, mit der Begründung, dass ich noch was »im Ofen« hätte, die Pille schluckt er.

Ich telefoniere nicht gerne, ich fühle mich dabei hilflos und habe immer das Gefühl, Sachen zu erzählen, die ich nicht erzählen sollte. Umso schlimmer, dass mich am Nachmittag wieder die Sparkasse anruft zwecks einer Kontoeröffnung. Ich gehe nicht ran und storniere den Auftrag per Mail. Ich hasse telefonieren. Das kommt bestimmt alles nochmal wieder und auf mich zurück! Vielleicht sollte ich nach Dänemark oder Schweden auswandern, wo ich einfach nur eine Nummer bin und alles übers Internet erledigen kann. Aber die Sprache! Niemand kann Dänisch sprechen, ohne zu lachen, es ist nicht möglich!

13.02.2021

Ich habe doll verpennt. Oder sehr doll ausgeschlafen, immer eine Frage der Perspektive. Mal wieder holt mich die traurige Realität ein und ich gehe ins Büro. Die Last der Selbstständigkeit, niemand bestraft einen so wirklich, wenn man nichts erledigt. Alles für den schnöden Mammon, alles, damit ich nicht in ALG2 rutsche, alles, damit ich nicht betteln muss.

Dafür erlebe ich aber das Schönste, was einem faulen Schriftsteller wie mir passieren kann: Ich habe keine Lust, aber schreibe absurd viel. Fast alles für die Tonne, aber wenigstens mal wieder Masse geschaffen. Schreiben ist ein Handwerk, das heißt üben, üben, üben.

Schreiben ist Kunst, aber schreiben muss man lernen. Mit großem Unmut verfolge ich die Masse an Books-on-Demand-Werken, die ja zumeist in irgendwelchen Billo-Tolkien-Welten spielen oder mittelmäßige SF-Literatur darstellen. Ein wirklich unschöner Charakterzug von mir, aber ich liebe die AUTOREN-Gruppe bei Facebook, weil da so viel absurd witziger, ernstgemeinter Mist veröffentlicht wird. Ich bin selbstreflektiert genug, um stolz sagen zu können: Ich habe zwar noch nichts veröffentlicht, aber dafür auch keinen Scheiß, der zurecht von keinem Verlag genommen wurde. Es ist voll schön, dass sich manche damit ihren Traum erfüllen können, wirklich. Aber wir sind keine Kolleg*innen, wenn du bei BoD den ersten Teil deiner Elfenwinter-Tetralogie veröffentlicht hast.

14.02.2021

Gestern mal wieder Kola-Korn getrunken. Korn, herrlich. Lange nicht mehr gehabt, wieso weigere ich mich so vehement, meine Herkunft anzuerkennen? Ab heute wieder öfter Korn, denn ich bin Schleswig-Holsteiner im Herzen, Salz in der Luft und das Meer im Blut. Haha, ist das scheiße.

Dieses ganze »Typisch Norddeutsch«-Image ist so unfassbar widerlich und abstoßend, vergleichbar mit Spruch-Shirts à la »Ich bin Tischler. Warum? Weil ich's kann!« oder e-Cards mit animierten Grüßen von lustigen Waldtierchen. Bah, da kommt mir die Galle hoch. Ich bin gerne Norddeutscher, aber wenn man das so scheußlich heroisiert, bekommt das direkt einen unangenehmen Touch.

»Ich bin ein Dorfkind, ich habe mit Stöckern gespielt und war im Wald an der frischen Luft.«

Toll, klasse, erzähl mir mehr aus deinem unfassbar egalen Leben, das du auf deinem ausgebauten Bauernhof geführt hast. Ich fand und finde das ja auch wirklich eine gute Sache, man hat Strand, gute Seeluft, aber diese ganzen Klischee-Werbesprüche legen in mir etwas frei, was besser verborgen geblieben wäre. Berliner Ampelmännchen-Tassen, Hard-Rock-Café-Copenhagen-T-Shirts, »I <3 Paris«-Beutel und Universitätspullover einer Universität, an der man nicht studiert hat. Alles eine Soße, alles Tourismus-Gewäsch für Menschen, die nicht um die Ecke denken. Für typische Eltern, für typische Deutsche, für den Alman par excellence.

»Lebensfreude wie Sand am Meer. Und Mehr.«
Herzlichen Glückwunsch.

15.02.2021

Mehrere Freund*innen von mir haben in der letzten Woche des Wassermanns Geburtstag, da knallen öfter mal die Korken und das kleine Schwarze wird aus dem Schrank geholt. Dieses Jahr fällt das alles ein wenig mau aus, ich rufe ein paar Mal vergeblich bei allen an und am Ende bleibt es bei einem freundlichen WhatsApp-Chat. Ich kann es niemandem verübeln, ich mache an meinem Geburtstag auch am liebsten das Handy aus. Ich stoße auf euch alle an, auch wenn ich euch nicht kenne.

Meine Freundin hat außerdem Geburtstag, wir feiern standesgemäß mit einer Flasche Fürst von Metternich und den ersten beiden Teilen von »Herr der Ringe«, der Tag bleibt sonst ereignislos.

16.02.2021

Unruhiger Schlaf, morgens ein Meeting mit der Redaktion per Zoom. Ich habe bei Zoom-Calls die unangenehme Angewohnheit, dauerhaft was trinken zu müssen, damit ich was zu tun habe neben der Tätigkeit des Zuhörens. Ist im echten Leben nicht so. Durch verschiedene Ereignisse trinke ich also zwei Kannen Kaffee und bin durchgehend nervös und fahrig, unter Anstrengungen schaffe ich es, mir zitternd eine Zigarette zu drehen. Ausnahmsweise sogar vormittags, eigentlich rauche ich nur am Nachmittag.

Abends gibt es vegetarische Lasagne, Sekt und Wein, Kniffel und Stadt-Land-Fluss. Mitbewohner, Freundin und ich stoßen auf das neue Lebensjahr an, die Stimmung ist ausgelassen, ich bin am Ende rührselig, wie es sich für einen Trinker gehört. Wir gehen aufgrund von massiver Zufuhr von Alkohol früh ins Bett, ich bin ganz weich und ruhig, als ich im Bett liege. Diese klamme Glückseligkeit des Alkohols.

17.02.2021

Klopfen an der Tür, Pochen in meinem Kopf. Ich muss aufstehen, Mitbewohner erinnert mich an meinen Zahnarzttermin. Es ist der letzte für eine längere Zeit und ich werde wehmütig. Da ich so große Angst vor den Untersuchungen hatte und ich so herzlich aufgenommen wurde von der Zahnärztin und ihrem Team, fühlt es sich an wie ein Abschied vor einer langen Reise. Sollte ich etwas schenken? Schmuck? Ein Blech Berliner? Warum klingt »ein Blech Berliner« wie Straßenslang für Heroin?

Ich bin mal wieder nicht vorbereitet und komme mit dem größten Geschenk, das man einer Person, die in der Zahnmedizin arbeitet, machen kann: gute Laune!

Füllungen am Backenzahn sind ja der absolute Hit, ich habe gar nichts gemerkt und bin in dem Stuhl fast eingepennt. Ob die Zahnärztin meine Fahne gerochen hat? Peinlich. Der Abend verliert sich im Neonlicht der Reeperbahn, schwummrig bleiben die Erinnerungen an einen Tag zurück, der wenig zu sagen, aber viel zu geben hatte.

18.02.2021

Das Schlimme ist nicht der Kater, sondern die Müdigkeit. Dieses unendliche Verlangen nach Schlaf, aber liegt man im Bett, dann wird er einem nicht vergönnt. In meinen harten Trinker-Phasen habe ich mich oft müde getrunken, mittlerweile mache ich das zum Glück nicht mehr. Es funktioniert auch nicht. Damals wie heute wache ich extrem früh auf, wenn ich getrunken habe, und habe einen kurzzeitigen Energie-Push bis zu den ersten wirklich wichtigen Terminen des Tages. Dann kommt der Kater und schlägt mir von hinten ins Gesicht.

Ich schleppe mich durch den Tag. Gegen Nachmittag dusche ich, dann gibt es wieder ein Glas Sekt.

Ich helfe meinem Freund Z. dabei, in Schanzennähe zwei Deckenlampen anzubringen, ich habe das zwar noch nie gemacht, aber ich wollte einfach mal wieder was erledigen. Nach drei Stunden sind wir fertig – erschöpft und ausgelaugt gehe ich nach Hause, rauche noch eine, lege mich ins Bett und schlafe traumlos ein.

19.02.2021

Der rechtsextreme Anschlag von Hanau jährt sich zum ersten Mal. Kein Vergessen, keinen Milimeter nach rechts. Say their names:

Ferhat Unvar, Hamza Kurtović, Said Nesar Hashemi, Vili Viorel Păun, Mercedes Kierpacz, Kaloyan Velkov, Fatih Saraçoğlu, Sedat Gürbüz, Gökhan Gültekin.

20.02.2021

Die Sonne scheint an diesem gottlosen Tag. Ich würde so gerne draußen mit meinen Freund*innen über die Wiesen tollen, stattdessen beschäftige ich mich mit Neustarthilfen, Fördergeldern und Aufbackbrötchen. Leben heißt kämpfen. Kämpfen heißt bluten. Bluten heißt Aua.

Trotz kaufmännischer Lehre fällt mir Bilanzierung und Finanzierung unfassbar schwer, Zahlen sollen Freunde sein, aber sie verhalten sich wie alte Klassenkameraden, die man früher schlecht behandelt hat und jetzt um Absolution bittet.

Mathematik war schon immer mein großer Feind, ich habe damals gerade noch so 2 Punkte im Abitur bekommen, weil ich eine Präsentation über »Lyrik in der Mathematik« gehalten habe. »Gerade so sich durchwurschteln«, dein Name sei Hinnerk Köhn.

Zum Signieren der »Normale Möwe«-Bücher gehe ich schnell zu den Podcast-Kollegen, wir kniffeln danach, zwei furchtbare Runden, hole dann mit einem Kniffel-Schlag zum legendären Comeback aus.

Zur Dämmerung noch ein paar kühle Jever und eine Runde »Portal 2« am heimischen Laptop. Erkenntnis des Tages: Ich kann auch keine Logik.

21.02.2021

Traditionell ausgeschlafen, gegen halb drei erhebe ich mich aus meiner Kemenate. Gebutterter Toast mit vegetarischer Mortadella, eine Kanne Kaffee, Heimwerker-Tätigkeiten bei der Freundin. Immer wenn ich etwas erledige, was mit DIY oder handwerklichen Tätigkeiten zu tun hat, habe ich danach ein Erfolgsgefühl sondergleichen. Am liebsten würde ich bei den Nachbar*innen klingeln und fragen, »ob es noch etwas zu tun gibt«.

Aber lieber nicht, wenig wiegt so schwer wie die Erkenntnis, dass man leider doch nicht weiß, was man bei der Spülmaschine nun genau machen muss. Entscheide mich deswegen für eine kleine Ausfahrt ob des schönen Wetters. Dank des Klimawandels kann man schon Ende Februar Bier und Eis in der prallen Sonne trinken.

Positiver Aspekt des Klimawandels: Ich komme meinem norddeutschen Weingut immer näher. Hinnerk Köhn – Winzer. Vielleicht bleibt es ein Traum, aber jeden Tag stehe ich auf und kämpfe für ihn.

Zum Dinner kredenze ich mir einen erfrischenden Wassermelone-Feta-Salat und übe anschließend ein wenig am Cembalo mit mäßigem Erfolg, aber viel Freude. Nach der Trainingseinheit ein Glas Zolla Primitivo di Mandura und Lektüre in dem Kurzgeschichtenband »Mikado« von Botho Strauß. Erleuchtend.

22.02.2021

Das Wetter ist immer noch top, meine Laune steigt stetig. Mir wurde empfohlen, betrunken baden zu gehen, klingt gefährlich. Aber ich bin ja ein Mann des Risikos. Da wir Podcast aufnehmen, passt das gut, meistens fühle ich mich eh schmutzig nach einer Aufnahme. Das Gefühl von festgetrocknetem Schnaps an den Mundwinkeln, leichten Fettspuren vom Mahl zuvor an den Fingern, klebrige Likörpfützen auf dem Tisch, stinkende Nikotinhände, rauchige Haare, in den Falten kleben der Unmut und die Wut.

Passt. Nach dem Verzehr von sechs Pils, vier Helbing, einem interessanten Mixgetränk und vor allem einer großen Portion Bock komme ich um 2 Uhr nachts zuhause an und lasse mir ein Bad ein.

Die Instruktionen sind denkbar einfach: nicht einschlafen. Das sollte ich hinkriegen. Ich bereite mich vor mit einem kühlen Jever und dem Kneipp Badezusatz »Sanfter Traum«.

Die Hitze wiegt mich, die Nebenhöhlen werden frei, all der Stress und die Anspannung der letzten Tage fallen ab. Und dazu bin ich rotzevoll, herrlich. Nach zehn Minuten klappen mir die Augen zu und ich schaffe es gerade noch so, im Bademantel in mein Bett zu wanken.

23.02.2021

Immer öfter sagen mir Leute, dass ich mir ja einen »richtigen Job« suchen könnte. Für diese Menschen ein kurzes Pamphlet:

Schreiben ist ein Job. Schreiben ist harte Arbeit, Schreiben muss wehtun. In all der Unendlichkeit der schlechten Gedanken, den Niederlagen und Fehltritten, dem traurigen Aufbäumen seiner Selbst gegen das Unrecht, den Goliath der Jetzt-Zeit, bleiben nur Verdruss und Existenzangst.

Wenn sich die Muttis und Fanfiktion-Björns der Weltgeschichte als Schreiberlinge versuchen, dann lasst euch gesagt sein: Ein Buch schreibt sich nicht am Abend nach der Arbeit, ein Text schreibt sich nicht zwischendurch, eine Idee kommt nicht mal so eben hereingeflogen. Schreiben ist Jagen nach den richtigen Worten, Schreiben ist Leiden mit jeder Seite, Schreiben ist Trauer bei jedem Satz, den man verliert. Manche Leute zerbrechen daran. Schreiben ist Arbeit, manchmal körperlich, immer psychisch, immer belastend.

Der*die Tischler*in vervollständigt sein künstlerisches Werk, das Werk des*der Autor*in ist nie fertig.

Also pack dein Paperblanks-Buch mit deinem handgeschriebenen Exposé über den Elfenlord Kurkhurr ein, tätowier dir eine Feder, weil du am Laptop schreibst, aber dann schreib auch mit voller Kraft deines Verstandes.

Schreiben ist Arbeit. Insbesondere ist es gerade bei mir eher eine Dienstleistung.

24.02.2021

Meine Bürozeiten werden undurchsichtiger, immer öfter lande ich nachmittags im Büro und gehe um 21 Uhr erst nach Hause, meist mit einem Bier drin.

Dreaming the dream, living the life.

Heute wiederum ein Lichtblick, kleiner Talk mit Moritz für das Vierte Deutsche Fernsehen. Aus dem absolut bescheidenen Sound und einer Internetverbindung aus dem Jahr Windows95 ziehe ich sowohl Erkenntnisse als auch Lebenslust. Abends treffe ich meinen Freund A., er wird bald Vater, die Freude kocht über und heiße Tränen laufen mir über die Wangen. Vielleicht ist dieses Jahr kein Reinfall, vielleicht ist es eine Chance.

Angetrunken gucke ich zuhause die Pixar Filme »Soul« und »Wall-E«, ich bin gerührt, wie es sich für Trinker gehört, und weine mehrfach ohne Rücksicht. Emotional vollkommen erledigt gehe ich ins Bett und träume.

Keinerlei Erholung aus dem dreistündigen Schlaf gezogen, dafür voller Energie! Diese wird erfahrungsgemäß gegen frühen Nachmittag das Weite suchen, aber bis dahin muss ich sie nutzen.

Ich treffe mich heute mit Menschen, die im Theaterbusiness arbeiten, trage also dementsprechend ein Wolljackett und einen roten Rollkragenpullover. Falls jemand fragt: Ich habe keine Klamotten für Anlässe, ich habe Klamotten für Personengruppen.

Beim Meeting fällt mir mal wieder auf, dass das totaler Quatsch ist. Alle tragen Jogginghose, saufen Kaffee aus Mickey-Maus-Tassen und haben Sonnenbrillen auf. Bin trotzdem der Einzige, der raucht. Enttäuschend.

Nach dem Meeting ist schon Bier angesagt, weil es irgendetwas zu feiern gibt. Der Grund ist niemandem wirklich klar, aber dann geht es Schlag auf Schlag. Der Feueralarm bricht aus, alle raus auf die Straße. Ich habe das Wichtigste mit, was ich besitze: Bier, Haustürschlüssel, Handy. Dieses klingelt – der Vermieter fragt, ob ich zuhause sei. In der Nachbarwohnung sei ein Rohrbruch, ich müsse »UMGEHEND« kommen. Bemühe mich, das Bier in zügigen Schlucken beim Laufen zu finalisieren, werde von Polizist*innen angehalten, weil das aktuell wegen der Corona-Maßnahmen verboten ist, erkläre meine Situation, sie verstehen und fahren mich mit Blaulicht zur Wohnung, wo ich in Windeseile mit einer doppelten Fuchsmuffe den Schaden behebe und den Goldenen Schlüssel der Stadt Hamburg entgegennehmen darf für meinen unermüdlichen Einsatz für Recht und Gerechtigkeit.

Passe den ganzen Tag auf verschiedene Hunde auf. Ich mag Hunde nicht sonderlich gern, Hunde mögen mich aber sehr.

Finde mich damit ab und spiele »Ich werfe, du fängst, dann bist du müde, schlaf!«.

Ein plötzlicher Impuls sorgt dafür, dass ich nachmittags anfange, schweren Rotwein zu trinken, ein Valpolicella Domini Veneti von 2017. Die Muse küsst mich durch diese warm-weiche Betrunkenheit und ich schreibe erst mals seit Wochen an meinem Roman weiter. Mit verblüffender Leichtigkeit tanzen meine Finger einen Flamenco über die Tastatur, nach knappen 30 Din-A4-Seiten lege ich mich mit der Zufriedenheit eines Machers ins Bett, überschlage die Beine, verschränke die Arme und genieße den ersten richtigen Feierabend seit Wochen.

27.02.2021

Leider alles totaler Mist, den ich geschrieben habe. Nach eingängigen Studien und Reflexion seitens meines Lektors lösche ich alle 30 Seiten und bleibe bei einem Satz hängen, den ich irgendwie in das fertige Buch kriegen muss: »Ich habe nie geliebt, aber viel gefickt.«

Das hat eine Strahlkraft, die ich nicht greifen kann. Poetisch und vulgär, tiefgründig und flach. Vielleicht ist das was, vielleicht kriege ich da was raus. Aber nicht heute, denn heute feier ich B.s Geburtstag. Wir trinken zu zweit auf dem Balkon vier Flaschen Rotkäppchen trocken, dann wankt er zwei Häuser weiter zu sich nach Hause und pennt seinen Rausch aus. Ich muckel mich auf der Couch ein und stochere lustlos in einer Portion gebratener Nudeln, die so stark nach Glutamat schmecken, dass ich auch einfach Maggi-Würze hätte löffeln können. Ich schlafe ein, wache um Mitternacht auf, lege mich ins Bett und kann nicht mehr einschlafen. Um 4 Uhr morgens ummantelt mich eine tumbe, ruhige Schwärze.

Wache um 14:30 Uhr auf von dem Geräusch eines Staubsaugers. Mitbewohner putzt die Bude, aber nicht aus Großmut, sondern weil seine Mutter ihn besucht und er wenigstens so tun will, als wäre er erwachsen. Wer kann es ihm verargen, ich würde es ihm gleichtun, aber mich besuchen meine Eltern nie.

Nach einer langen Dusche studiere ich das Lieferservice-Angebot in der App des Marktführers. Mein Blick klebt an einem Laden namens »Monsieur Croque«. Croques sind die letzte Perversion der Welt, der unfassbar traurige und abstoßende Versuch, etwas Gutes in etwas Krankes zu verwandeln: Croques sind normalerweise sehr leckere, kleine Geschöpfe – aber König Deutschland dachte sich mal wieder, dass das mit Gurkensenf und dicken Fettfrikadellen bestimmt geiler schmeckt. Toll gemacht, endlich mal wieder ein wenig französische Kultur zerstört, lang ist's her, war mal wieder Zeit, was?

Aus Wut bestelle ich mir einen Croque mit Burgerbouletten und Curry-Sauce, weine beim Essen und lasse den Februar vor meinem inneren Auge vorbeiziehen. Der kürzeste Monat strotzt vor Erlebnissen in einer Zeit, in der Erlebnis gleichzusetzen ist mit »Habe heute Lasagne gemacht«.

Eine überragende Leistung für diesen kleinen Monat. Danke dir, Februar, bis nächstes Jahr.

März

01.03.2021

Ein neuer Monat, ein neues Glück. März ist ein guter Monat, er hat mich in den letzten 27 Jahren selten enttäuscht. Ich muss ehrlich sagen, dass mich auf Dauer der Lockdown schon auf eine gewisse Art und Weise zermürbt hat. Ich bin leider nicht der unsterbliche Gottkaiser, den alle in mir sehen. Denn:

Im März gibt es immer diesen einen Samstag, an dem die Sonne sich schon mal zeigt und man draußen an einem gut besuchten und grell erleuchteten Ort ein Indian Pale Ale schlürft, nur für zwei, drei Stunden, dann wird es wieder zu kalt. Das fehlt mir sehr. Das hat mir letztes Jahr gefehlt, das wird mir dieses Jahr fehlen. Und so startet der März auch dieses Jahr, leider. Ich verschlafe komplett, schäle mich um 14 Uhr verkatert aus dem Bett und schaffe es nur mit Müh und Not, zu duschen. Unter größten Anstrengungen koche ich Penne all'arrabbiata und gucke in meinem eigenen Saft zwei Folgen »Star Trek Voyager«. Ein verlorener Tag, ein verlorener Start.

02.03.2021

Ich habe mal wieder Aua an meinem Zahn – oder ich vermisse meine Zahnärztin, beides ist denkbar. Bei meinem spontanen Notfall-Termin stellt sich heraus, dass ich einfach eine Memme bin und mit Schmerz nicht gut umgehen kann. Na gut, das muss ich akzeptieren. Können Sie mir vielleicht trotzdem ein wenig Betäubung geben? Wir lachen alle drei, niemand nimmt mich ernst. Das ist gut und schlecht zugleich.

Nach dem Termin gehe ich gut gelaunt ins Büro und schaffe mein Soll. Mitbewohner und ich frönen der griechischen Kost und gucken zur Entspannung nach diesem anstrengenden Wochenstart den Film »Hereditary«. Bedrückend.

03.03.2021

Wenn ich heute nicht aus dem Quark komme, dann kann ich mich direkt krankmelden. Bisher ist diese Woche noch nichts Gutes passiert und das nagt an meiner Psyche. Ich gehe früh zur Arbeit, kriege aber weder den nötigen Drive noch irgendeine Art von Fokus rein.

Ich entscheide mich zu einem mutigen Schritt: Ich werde von nun an alle meine Idole und Vorbilder per Brief anschreiben und nach Tipps und Tricks für das Schreiben befragen.

Erhalte keine Antwort. Undankbares Pack, fühlen sich wohl besser? Egomanen sind sie, die Autor*innen! Aber die Rache wird mein sein, Daniel Kehlmann, sei dir sicher, wie ein Feuersturm werde ich über dein Leben ziehen!

04.03.2021

Der erste positive Tag im März: Mein Bruder hat Geburtstag! Das muss natürlich begossen werden, ich mache ihm zur Feier des Tages sein Leibgericht (Tortellini alla Panna) und einen guten Whiskey Sour. Beides Dinge, die nicht zu verachten sind. Vor allem der Whiskey Sour, der einzige Grund, Bourbon zuhause zu haben. Zwei goldene Regeln:

Immer mit Ei-Schaum, immer bis man fast brechen muss. Es sind keine Sisyphos-Aufgaben, beide leicht einzuhalten, und doch macht gerade die zweite Regel es einem sehr schwer.

05.03.2021

Was ist das denn für eine Woche? Ungeahnt stürze ich im Büro in eine Whiskey-Verkostung mit den Kollegen F., P., und M. – innerhalb kürzester Zeit haben alle diesen leicht unangenehmen Touch von Brüderlichkeit, wir erzählen uns sehr intime Dinge und singen Arm in Arm »Ich liebe das Leben«. Dann ist es 15 Uhr und das feucht-fröhliche Ereignis muss leider beendet werden, der eine muss zur KiTa, der andere wieder in die JVA.

Nun sitzen wir hier, angezündet und orientierungslos. M. faselt von Urlaub, ich sage, dass das zurzeit moralisch nicht vertretbar sei. Als ich um 23 Uhr betrunken zuhause aufwache, habe ich eine Bordkarte für einen Flug nach Panama in meiner Hand. Mal sehen, ob das stattfindet.

06.03.2021

Guter Freund J. ist in Hamburg, lange nicht gesehen, immer eine Freude! J. sieht nicht nur gut aus, sondern hat diese wunderbare seltsame Art, mit der fast niemand um kann. Und ich liebe es. Seine nervösen Bewegungen, seine ruckartigen Bewegungen, sein schreckhaftes Lachen – fast schauspielerartig. Aber er ist einfach so. Und ein genialer Drehbuchautor dazu.

Wir arbeiten konzentriert an dem Musical, schaffen das komplette Exposé und zwei Sonette, wenn wir in dem Tempo weitermachen, ist die Weltpremiere im Januar 2022 fertig. Wir träumen schon vom Stern auf dem Walk of Fame, Tonys, Grammys, meinem Oscar für das Lebenswerk. Träume sind zum Glück aus Eisen und platzen nic.

07.03.2021

Ich sitze in einer Mercedes Benz B-Klasse und fahre nach Hannover. Das Paris Deutschlands. Eine Stadt, mit der ich wenig verbinde, aber viel erinnere. Mein erster Auftritt des Jahres und meine Stimmung ist eher so auf 20 %, das ändert sich normalerweise ein paar Stunden vor der Show. Hoffentlich auch heute. Während ich mit M., M. und Mitbewohner im Auto sitze, schreibe ich das Wochenbuch fertig. Eine bisher eher ereignisarme Woche, fast traurig. Soll das diesen Abend bestimmen? Nein. Nein, das werde ich nicht zulassen!

Der erste Helbing im Auto schmeckt hervorragend und gibt mir eine klare Linie, ein Ziel. Heute hat das Potential, legendär zu werden. Oder richtig dolle peinlich.

Wir kommen gut durch, sind um 16 Uhr bereits angekommen und warten rauchend vor der Location, bis der Haustechniker kommt. Soundcheck wie immer viel zu schnell, vollkommen überflüssig, dass wir so früh da sind. In drei Stunden ist der Auftritt, ich berichte dann nächste Woche.

08.03.2021

Es ist der Kater meines Lebens. Die Show war gut, hat Spaß gemacht, aber kein Stream kann Live-Spielen ersetzen. Nach unserer illustren Butterfahrt aus Hannover zurück kamen wir auf die grandiose Idee, noch einen Schlummertrunk zu uns zu nehmen.

Um 6 Uhr morgens haben wir den Abend beendet, ich kann mich kaum bewegen und habe Schmerzen an Stellen, von denen ich nicht mal wusste, dass sie zu mir gehören. Es ist das erste Mal seit langer Zeit, dass ich saufkrank bin. Peinlich, das Alter nagt an mir. Man tut einen Kater immer so als Nebenwirkung ab, runtergebrochen ist es aber der Schrei des eigenen Körpers, dass man doch bitte aufhören soll, sich Gift in den Magen zu pumpen. Leider ist es gesellschaftlich nicht anerkannt, auf Alkohol zu verzichten, außer man ist trocken. Und es schmeckt auch einfach so lecker.

Wenn man mich fragt, worauf ich eher verzichten könnte, rauchen oder trinken, würde ich sofort das Trinken wählen. Wie viele schöne Momente ich dann im Leben mehr hätte, mit einem Lächeln im Gesicht und einer Zigarette in der Hand. Na ja, ich muss mich ja nicht entscheiden. Also bestelle ich an diesem Tag zwei Mal Essen, kriege zwei Mal Bauchweh und leide, wie es sich gebührt.

09.03.2021

Die Erschöpfung sitzt tief, ich schäle mich dehydriert und schlecht gelaunt aus dem Bett, dusche, gehe zur Arbeit. Ich gehe stumpf alle Aufgaben durch, weder Freude noch Interesse sind in meinem Körper vorhanden. Was bin ich denn noch? Wenn man alles runterbricht, bin ich eine emsige kleine Biene, die irgendwie versucht, den Honig zu beschaffen, aber egal, wie sehr ich mich anstrenge, es bleibt Blütensperma ohne jegliche Süße. Ich bin kleines Häufchen, das versucht zu wachsen, das versucht, irgendeine Bedeutung im Leben zu finden. Ich sehne mich nach dem Applaus der Menschen, nach Anerkennung, ohne zu merken, dass auch dieses Glück schnell verfliegt.

Nicht wieder in Selbstmitleid versinken, das hat letztes Jahr schon nicht gut funktioniert. Und vorletztes. Immer an die erfolgreichen Menschen denken: Mindset ändern. Ich bin ein Gewinner. Just good vibes. Ich entscheide mich, diese Woche nicht mehr zu trinken, das hilft irgendwie immer.

Auf dem Weg nach Hause höre ich eine ältere Frau mit einem Straßendealer reden. Sie beschwert sich, dass sie dieses Mal nichts gemerkt hätte und sie deswegen sehr traurig sei, der Dealer beschwichtigt sie und legt noch ein halbes Gramm gratis drauf. Nett. Diese Nachbarschaft hält zusammen.

10.03.2021

Nicht zu trinken, ist eine Aufgabe, die schnell ihre positiven Seiten zeigt. Ich habe jetzt seit 36 Stunden keinen Alkohol mehr getrunken und ich fühle mich pro-biotisch wie ein Drink von Denn's. Morgens gehe ich laufen, nur eine kleine Runde, meine Lunge macht nicht mehr mit. Aber wie gut es tut! Kalte, klare Luft hämmert durch meinen Körper, ich schwitze, ich spüre mich. Zuhause mache ich mir einen Cappuccino, lese ein wenig im Abendblatt und springe dann unter die Dusche.

Mein Gemüt ist auf Turbo gedreht. All diese Ratgeber hatten Recht – das Mindset muss stimmen. Ich bin ein Macher, ein Sieger, ein König. Ich tätige noch im Bademantel ein paar Anrufe und bespreche die nächsten Schritte mit meinem Anwalt. Vielleicht sollte ich ein Start-up gründen, etwas, was alle brauchen, aber niemand hat. Geschäftsideen sind so fucking einfach, hätte ich das alles vorher gewusst, wäre ich nie Künstler geworden, sondern auch so ein BWL-Wichser und würde mad money maken. Sagt man das so? In der Gewinner-Sprache?

Ich ziehe mich schick an, mein bestes Hemd, meinen roten Mantel. Kleingeld in die Hosentasche, so, wie es erfolgreiche Leute tun. Ich bin wie Peter Parker in »Spiderman 3«, nichts und niemand kann mich aufhalten.

Im Büro schlägt die Ernüchterung zu. Doch, so einiges kann mich aufhalten. Zum Beispiel die ganzen Sachen, die ich seit Wochen erledigen möchte. Nach einem trockenen Abarbeitstag gehe ich nach Hause, trinke drei Jever Fun und mache mir eine TK-Pizza. Mindset bringt nur was, wenn man Geld hat.

11.03.2021

Eine Freundin von mir hat heute Stichtag, ich erhalte aber keine Nachricht und mache mir die ganze Zeit Sorgen. Man sollte aber nie nachhaken, denn: Was ist, wenn es Komplikationen gab? Wenn sie genervt zu Hause rumhängt, weil es doch nicht losgeht. Schaut sie auf ihr Handy bei der Geburt? Bestimmt, oder? Wie wird das wohl, wenn sie Mutter ist? Gibt es dann auch immer Reiswaffeln? Fummelt sie die ganze Zeit mit einem schmandig-ekligen Wichstuch in der Fresse des Babys rum, weil es sonst heult? Sprechen alle in unserem Umfeld mit dieser leicht erhöhten Stimme, die man nur bei Babys und bei Hunden benutzt? Warum eigentlich Reiswaffeln, wo kam dieser Trend her?

Ich hasse diese Teile, als würde man auf Pappe rumkauen. Auch mit Schokolade oder Kokos sind die Dinger unbrauchbare Brennpellets, die einem eine gesunde Ernährung suggerieren. Als würde man Staub kauen oder in die Bibel beißen, Reiswaffeln sind der Untergang der Zivilisation.

Wie kann man nur freiwillig etwas essen, was nach nichts schmeckt? Ich kenne auch niemanden, der sagt: »Mh, Reiswaffeln, lecker!«, sondern nur Leute, die die Dinger während der Endphase des Schreibprozesses ihrer Bachelorarbeit in irgendeiner Geisteswissenschaft selbstvergessen vor sich hinknuspern, und Eltern, die ihren Neugeborenen diese gepuffte Pampe reinzwingen

Überzeugt mich, ihr Reiswaffelfanatiker, ich sehe keine Vorteile. Alnatura-Snacks sind böse Snacks.

12.03.2021

Heute vor einem Jahr war die Premiere meiner Soloshow »Bitter« im Molotow. Es war ausverkauft, voll, verschwitzt. Es gab ein Vorprogramm, es war geil und ich hatte Bock. Seitdem habe ich die Show kein einziges Mal mehr gespielt.

Ich bin total eingerostet, habe richtig Angst, das Programm wieder zu performen. Ich war nie ein großer Fan von mir selbst, aber meine Selbstzweifel sind massiv gestiegen in der Zeit. Mir sagen Menschen ständig, dass ich die Zeit ja zum Verfeinern nutzen könnte. Wie denn? Ich kriege keine Reaktion, woher soll ich dann wissen, ob es besser ist? Außerdem passiert ja nichts, worüber ich etwas sagen könnte. Ziemlich beschissen, wenn man so egozentrierte Comedy macht, als politischer Kabarettist hätte ich ja ganz viel zu erzählen, uiuiui, die Witzekiste würde heißlaufen. Bin ich aber nicht. Ist ja auch nicht schlimm, es werden schon wieder bessere Zeiten kommen. Aber meinen Optimismus hochzuhalten, ist unfassbar schwer.

Ich entscheide mich dazu, mal wieder ein paar Rezepte auszuprobieren, um mich abzulenken. Kochen ist mein Hobby geworden, früher war es Hass, nun ist es mein kleiner Ausgleich zum Alltag.

Heute kredenze ich ein selbstgemachtes Avocado-Chili-Pesto mit geschmorten, in Honig und Koriander eingelegten Tomaten. Schmackhaft und gesund.

13.03.2021

Es wäre ein guter Tag, um einen Tweet zu verfassen. Mein Twitter-Kanal dümpelt so vor sich her, ich poste hin und wieder mal was, manchmal gefällt es jemanden. Fast so wie früher, als mich noch keine Sau gekannt hat. Irgendwie schön. Ohne Druck etwas Kreatives zu machen. Das nimmt den ganzen Stress, 24/7 abliefern zu müssen, und gibt mir die Freude zurück.

Abends mache ich eine schnelle Safran-Karotten-Soße, sieht sehr gut aus und schmeckt hervorragend. Einzig der Safran-Kostenpunkt ist ein Abturner, aber immer noch besser als Lammlachse.

14.03.2021

Meine Pinguintasse und ich genießen den Sonntag im klassischen Gewand: lange schlafen, dezentes Frühstück (Pampelmuse, Joghurt, ein weichgekochtes Ei), Frühsport, Zeitungslektüre bis 16 Uhr. Sonntage sind auch immer eine gute Möglichkeit, sich auf das Wesentliche zu besinnen und ein paar Aufgaben zu erledigen, die unter der Woche als unlösbare Probleme vor einem liegen: spülen, Wäsche waschen, Bett neu beziehen, Altglas zusammentragen, Müll rausbringen – die großen, schweren Kreuze des Alltags.

Nach einer gründlichen Säuberung der Wohnung und meiner selbst kleide ich mich für einen kurzen Ausritt bei gutem Wetter und starkem Wind. Herrlich, einfach mal die Seele baumeln zu lassen. Abends besuche ich noch M., wir arbeiten an einem musikalischen Projekt abseits des Musicals und ich nehme meinen Anteil auf, zwischendurch Gespräche über Verschiedenes. Zum verspäteten Dinner um 21 Uhr bereite ich ein schnelles Curry zu, nichts Aufregendes, aber nahrhaft und gesund.

Es ist ein Mythos, dass man abends keine Kohlenhydrate mehr zu sich nehmen sollte, zumindest habe ich das für mich so entschieden, und mein Körpergefühl und meine Laune belegen, dass ich Recht habe. Um 23 Uhr noch ein Zwickl aus der Ratsherren Brauerei, danach ins Bett.

15.03.2021

Wirre Träume, wache gehetzt auf, die ganze Deckenlandschaft ist zerwühlt. Ein Blick auf die Uhr verrät mir, dass ich noch zwei Stunden weiterschlafen kann, ich wickle mich in mein weiches Wunderland ein, aber ich kann nicht mehr einpennen. Ich rolle mich aus dem Bett und gehe eine halbe Stunde joggen, dusche danach heiß, koche mir einen Espresso, toaste mir eine Scheibe Dinkelbrot und serviere sie mit grobem Frischkäse und Sprossen.

Die Mitte des Tages besteht aus unaufgeregten Telefonaten und sonstigem Chichi, zwischendurch zermartere ich mir den Kopf ob des großen Ganzen. Andere sind auf dem Olymp, ich kämpfe täglich mit dem ewigen Klein-Klein. Was soll's, lieber unerfolgreich und glücklich. Wenn es nur so wäre.

Abends Podcast mit Björn Beton, ein wirklich höflicher und netter Mann, mit dem ich gerne jederzeit ein erneutes Bier trinken würde. Da kein Dinner stattgefunden hat, dafür aber mehrere Liter Bier in mir gären, gibt es einen typischen Mitternachts-Döner und einen schwankenden Gang zuhause. Schnelles Einschlafen mit der Gewissheit, dass die nächtliche Speisung eine kurze Nacht bescheren wird.

16.03.2021

Ich überlege seit geraumer Zeit, mir einen OnlyFans-Account zu machen.

Hotte Pics von eurem Lieblings-Hinni! Nonchalant im Seidenmantel auf der Couch, frech und gewitzt, nur mit Schürze bekleidet am Herd. Mal mich wie eins von deinen französischen Mädchen! Es gibt drei Kategorien:

Hinni, Hinniboy und Hinnimann. Von künstlerisch hochwertigen Aktaufnahmen über kleine Schmuddelfilmchen schlägt hier das Herz eines jeden Köhn-Fans höher.

Ob in der Wanne mit dem Wuschelkopf oder in flagranti erwischt, wenn er an seiner Honda schraubt – hier bleiben keine Wünsche unerfüllt. Außerdem gibt es Gutscheine, wenn ihr neue Kund*innen in das Lustparadies des Hinni entführt: von Fußbildern über getragene Unterhemden bis zu exklusiven One-O-One-Zoom-Calls wird hier die Erotik in Sphären gepumpt, die noch nie ein Köhn vorher betreten hat. Obendrauf gibt es spannende Blicke hinter die Kulissen: Köhn live!, Köhn konkret und Köhn klönt! Interviews, Kommentare und vielleicht geht HK mit seinen Gäst*innen ja auf

Tuchfühlung. Lasst die Hüllen fallen und macht den Kopf frei – Hinnerk Köhn auf OnlyFans OUT NOW!

17.03.2021

Ein Norm-Tag, regulär geschlafen, kurze Spaziergänge, ein Ausgleich an guten und schlechten Nachrichten. Es gibt solche Tage, die erden mich immer. Es ist nicht alles schwarz und weiß, die meiste Zeit ist es grau und leer und egal im Lauf der Welt. Wir sind alle irgendwie wichtig und zugleich auch nicht, die Kernaussage bleibt am Ende gleich.

Highlight des Abends sind das Zubereiten eines leichten Salats mit Honig-Senf-Dressing und drei Folgen »Star Trek Voyager« sowie ein paar Flaschen Jever. Keine Hochs, keine Tiefs – so kann ein Leben auch sein.

18.03.2021

Mit einem Schlag erwischt mich die Erkenntnis, dass es irgendwann einen sehr schlechten ZDF-Fernsehfilm über die Corona-Pandemie geben wird. Damit beginnt wieder eins meiner Lieblingsspiele: Wer spielt wen? Hier meine Wunschbesetzung:

Tom Schilling als Dr. Drosten
Michael Bully Herbig als Markus Söder
August Diehl als Karl Lauterbach
Jan Josef Liefers und Mechthild Großmann als Biontech-Gründer*innen (ist immer noch eine ZDF-Produktion)
Jan Böhmermann als Friedrich Merz
und in einer traumhaften Fehlbesetzung Henning Baum als Jens Spahn

Ich würde es gucken, Regie übernimmt natürlich in einer fantastischen Doppelspitze Michael Haneke (»Das weiße Band«) und Michael David Pate (bekannt als Regisseur von »Kartoffelsalat – nicht fragen!« und »Kartoffelsalat 3 – Das Musical«). Das Drehbuch wurde verfasst von Benjamin von Stuckrad-Barre und Christian Kracht in einer Suite im Atlantik Hotel innerhalb einer Nacht.

19.03.2021

Mit Freude erreicht mich die Nachricht, dass es einen neuen Teil der Videospielreihe »Life is Strange« geben soll. Da ich schon immer einen Hang zu überzogen Stereotypen und Coming-Of-Age als Genre hatte, war der erste Teil wie für mich gemacht. Emotional total am Ende saß ich vor dem Rechner, als der Abspann des Debüts lief, und konnte nur mit Mühe die Tränen zurückhalten.

In Retrospektive ist das Ganze sehr überzogen gewesen, ich habe es nie wieder gespielt und es hat mich auch nie wieder so abgeholt, den zweiten Teil habe ich nicht mal mit dem Arsch angeschaut. Ich habe zu dem Zeitpunkt schon ewig nicht mehr gezockt, das Interesse hat ein Artikel in der ZEIT geweckt und so probierte ich den ersten Teil aus. Ein Artikel. Aus der ZEIT. Wenn mein 12-jähriges Ich das mitbekommen würde: schwitzend vor der Xbox mit dem Controller in der Hand und einem GamePro-Abonnement.

Nichtsdestotrotz verbinde ich gute Erinnerungen an meinen letzten Ausflug in die weite Welt der Videospiele. Verschwendete Sommer, verstärkte Akne, kalkweiße Haut und Träume.

20.03.2021

Ich hatte einen Liter Milch im Kühlschrank, für Gäste. Heute ist er schlecht geworden.

21.03.2021

Ein großes Hobby meinerseits war schon immer die übertriebene Hilfsbereitschaft bei Umzügen. Was heroisch klingt, hat Hintersinn: Sportliche Betätigung, die ich normalerweise nicht hoch schätze, wird hier kombiniert mit ewiger Dankbarkeit der Umziehenden, sowie einem Topf Chili oder einer Pizza plus geschenktem Bier. Wer kann da schon Nein sagen? Garniert wird das Ganze mit der Serotoninausschüttung, denn »man hat ja was Gutes getan«. Außerdem liebe ich es, wenn Leute das Gefühl haben, in meiner Schuld zu stehen. »Totaler Quatsch!«, sage ich dann oder »Hör doch auf!« und alle Beteiligten wissen, auch wenn es Quatsch wäre – irgendwie wird man sich revanchieren.

Wie wunderbar ist es, dass man niemandem einfach so etwas Gutes tun kann, es wird immer aufgewogen, es gibt immer das Momentum von »Ach, wegen damals« und dann kommt »Du sollst doch nicht!« und dann endet alles in einem Streit, weil wir eigentlich nur den Kindern was zu Weihnachten schenken wollten. Fuck it, ich liebe es. Wobei ich selbst den Joker selten spiele, ich gebe lieber, als dass ich nehme. Aber meine Ansichten bzgl. des Sujets sind die gleichen. Nur dass ich mir selbst schwer eingestehen kann, dass ich eigentlicher ein ganz okayer Typ bin.

22.03.2021

Das Problem bei der Bier-Umzug-Kombination: Ich kann ja so schlecht Nein sagen. Betrunken wanke ich nachts nach

Hause, genehmige mir noch den ein oder anderen Schluck Whiskey und falle mit den ersten Anzeichen eines Katers ins Bett. Ich habe leider kein Elotrans mehr zuhause, der Schock sitzt tief.

Schmerzen pochen durch Kopf und Körper, als ich aufstehe, Montagsmeeting.

Die Zeit kriecht und rauscht gleichzeitig an mir vorbei, mein Aufmerksamkeitspotential gleicht dem eines Goldfisches, ich knacke gefühlt alle drei Sekunden weg und schrecke dann wieder hoch.

Frühstückspizza, dann duschen und ins Büro. Verkatert werde ich immer äußerst dünnhäutig und kann mich sehr gut über Dinge aufregen (siehe Podcast-Folge #102 – Geile Sahne).

Nachdem ich mich beim Trinken mit M. besudelt habe, gehe ich angeschäkert nach Hause, täglich grüßt das Murmeltier.

23.03.2021

Welch Überraschung, ich habe schlecht und zu wenig geschlafen. Mein Leben ist ein vertrockneter Busch, der nur noch auf den Rekordsommer wartet. Ich habe wieder diese Müdigkeit, die sich wie Honig durch den Tag zieht, lange Fäden begleiten jede meiner Bewegungen, zäh kämpfe ich mich Schritt um Schritt nach vorne, ohne zu wissen, ob ich überhaupt in die richtige Richtung gehe.

Ich trinke literweise Wasser, um den Motor am Laufen zu halten, und entscheide mich dazu, mit meinen spärlichen handwerklichen Fähigkeiten etwas für das Vierte Deutsche Fernsehen zu bauen, was für einen Dreh benötigt wird. Ich schwitze, bohre, säge, klebe – ich fühle mich wie ein Halbgott, ein Macher! Hinnerk Köhn, Meister aller Klassen, der Bezwinger des Bosporus, Herrscher von Byzanz!

Das Endprodukt bekommt die Bewertung: befriedigend. Wie mein Abitur.

Zuhause lege ich mich aufs Sofa und merke die Last und die Anstrengung der letzten Tage, ein unsichtbarer Schwamm umschlingt mich und saugt sich voll, ringt mich immer tiefer in die Kissen. Doch die Pflicht ruft! Mit meiner letzten Kraft schaffe ich es, das Abendessen zuzubereiten, nichts Aufregendes, aber lecker. Ich belohne mich mit einem Glas Weißwein und beende den Tag mit »Star Trek«, einem Projekt, welches ich unwissend angefangen habe und immer mehr Ausmaße annimmt.

24.03.2021

Augen auf, aufstehen, der Tag beginnt! Beflügelt von guter Laune und Bauarbeiter-Kaffee trällere ich unter der Dusche die größten Hits von Ton Steine Scherben mit. Was guter Schlaf nicht alles bringt, ich merke immer mehr, dass mein Tag-Nacht-Rhythmus komplett zerfickt ist, ich schlafe zu viel oder zu wenig, nutze den Tag kaum oder überanstrenge mich. Umso mehr muss ich den heutigen Tatendrang nutzen: »Halt dich an deiner kurzzeitig vorhandenen Energie fest!«

Doch wie so oft hält sich die Motivation nicht lange – manchmal scheint es mir, als würde ich mit jedem Schritt, den ich wage, eine Waage befüllen, die mich runterzieht und aus dem Gleichgewicht bringt. In seltenen Momenten kann ich die Gewichte abschütteln, heute gelingt es mir zum Teil. Die Prioritätenliste wird angegangen, ich komme voran, ich bewältige alles, was ich mir vorgenommen hatte, und komme mit zwei heißen Pizzen und einem einigermaßen okayen Selbstwertgefühl nach Hause.

Ich finde einen Großteil der gesamten Achtsamkeits-Kultur sehr gut, habe aber oft auch das Gefühl, dass viele

Aspekte dessen nicht für mich funktionieren. Wenn mir jemand sagt: »Tu dir mal was Gutes!«, dann müsste ich mich für mehrere Tage komplett abkapseln: keine Termine, kein Alkohol, kein Druck. Ich bin die Mitte meiner kleinen Welt, nur ich und mein Sein. Zen.

Runtergebrochen: Ich hätte einfach gerne mal ein paar Tage Urlaub. Nichts Umwerfendes, aber so, wie ich es geschrieben habe, klingt es einfach viel theatralischer.

25.03.2021

Bircher Müsli und frisch gepresster Grapefruit-Saft zum Frühstück, danach eine Heiß-Kalt-Dusche, frische Rasur. Aus Gründen entscheide ich mich für mein liebstes Hemd und meinen grauen Wollmantel, dazu meine braunen Oxfords – heute wird gelebt, heute bin ich es mir wert!

Mit Booker T. durch St. Pauli, Kaffee + Kippe, die Sonne scheint. Ich bin heute unbesiegbar, ich fühle mich so cool wie Jake Gyllenhall in »Nightcrawler«, also böse und verrucht und bin eigentlich nur albern und ein bisschen eklig. Dann zur Friseurin meines Vertrauens, ich bin ihr Abschlussmodell für die Meister*innenprüfung, es soll punkig werden und das wird es auch. Mit dem Auto zurück, ich mache vier Burn-Outs vorm Haus, während mich die Polizist*innen abklatschen, springe aus dem Porsche, der Wagen überschlägt sich und explodiert. Meine Haare sitzen, meine Schuhe glänzen, die Zähne sind geputzt und der Köhn ist back im game. Das ist die Umschreibung für »Ich habe sehr schnell einen Parkplatz gefunden«.

Zum Dinner serviere ich das bereits erwähnte Avocado-Pesto, ein Garant für jede Lebenslage – schnell, effektiv und lecker. Danach lasse ich mich erst mals auf einen Bier-Skype-Call ein, überraschend nett. Trinke noch einen Whiskey-Sour, lese ein wenig in »ALFF« von Jakob Nolte und beschließe das Erlebte mit der Gewissheit, dass heute ein guter Tag war.

26.03.2021

Mit Erschrecken verfolge ich seit mehreren Tagen, vielleicht sogar Wochen, dass die sogenannte Verfettung nicht corona-spezifisch ist, sondern mit dem Alter zusammenhängt. Weder meine Ernährungsumstellung noch der Verzicht auf Alkohol oder mein recht unausgegorenes Sportprogramm ändern etwas an meiner Erscheinung. Der Bierbauch eines alten weißen Mannes, Herrentitten, Froschhals, die Hosen werden eng und die weißen Hemden hängen hinten im Schrank. Ich werde zu dem, wovor ich mich immer gefürchtet habe: Typus Sportlehrer. Lieber bequeme Klamotten, aus Wangen werden Bäckchen, aus Pullis werden Verstecke.

Ich muss was tun, dringend. Aber was? Fettabsaugen und den Kram in den Po? Endlich Ass in zwei Schritten. Nein, albern. Sportprogramm ausbauen? Mache ich eh nicht.

Entscheide mich für einen spontanen Hungerstreik, scheiß auf Jojo-Effekt, es geht hier um meinen kalkweißen, geliebten Körper. Bleibe bei QVC hängen und bin kurz davor, einen von diesen Vibrationsgürteln zu kaufen, verwerfe den Gedanken und gehe angetrieben von meiner Panik laufen. Erschöpft und desillusioniert schlafe ich auf der Couch ein und denke an das Jahr 2011, rank und schlank tanzte ich oberkörperfrei am Osterfeuer. Ist das eine Erinnerung? Oder Wunschdenken? Verwirrt schlafe ich ein.

27.03.2021

Am Samstag vor dem ersten April gehe ich traditionell normalerweise ins Schwimmbad, leider heute nicht möglich. Um dem Gefühl so nah wie möglich zu kommen, drehe ich die Heizung im Bad auf fünf, flute den Boden, mache auf YouTube eine Kollektion von Kindergeschrei an und pisse in die Wanne. Fast so wie immer.

Das Zeichen steht auf Entschlackung, ich mache mir eine Poké Bowl und trinke Säfte, die nicht schmecken. Vielleicht habe ich da eine falsche Erwartungshaltung, aber ich denke schon, dass ich innerhalb weniger Stunden aussehe wie Atlas. Ich packe noch zehn Liegestützen obendrauf und öle mich ein, morgen gibt es einen neuen Hinni.

28.03.2021

Überraschenderweise ist das nicht eingetreten, dafür rutsche ich die ganze Zeit aus und habe Magenschmerzen. Halleluja, das ist die Selbstachtung, die ich verdiene.

Aus Frust nehme ich mir den Topf Schokoladeneis und löffle ihn aus, während ich die erste Staffel »Detektiv Conan« auf YouTube gucke. Traurig, ich bin in der Blüte meiner Jugend und das ist mein Sonntag: Wie ein Stück Seife flutsche ich auf der Couch von A nach B, trage den ganzen Tag Bademantel und schmiere mich mit Vitamin-C-Serum ein, um irgendetwas gegen die Wucherungen auf meiner Stirn zu unternehmen. Ich balanciere eine Schale Chips auf meinem Bauch und kippe alkoholfreies Bier in mich rein, in der festen Annahme, dass das irgendetwas ändert.

Stimmt nicht, aber ist ein lustiges Bild. Vielleicht reicht das ja auch. Einfach ein wenig Humor drüberwischen, irgendwann erkennt man den Untergrund nicht mehr, wenn es gut deckt.

29.03.2021

Montage sind echt die Pest. Man kann es nicht anders sagen. Manche Leute mögen es ja, wenn etwas Neues beginnt, ich hasse Anfänge. Jeder Anfang bedeutet ein Start von Null, wie ätzend ist es? Ich will nicht immer wieder etwas aufbauen, ich will einfach nur vor mich hinvegetieren. Einfach nur sein, einfach nur durch das Leben mäandern. Ich bin komplett zwiegespalten, einerseits langweile ich mich schnell, andererseits möchte ich einfach nichts zu tun haben.

Zum Beispiel liebe ich meinen Job, weil es jedes Mal neue Aufgaben gibt, aber gleichzeitig sehne ich mich nach einer Arbeit, die immer gleich ist. Stanzen, fertig, stanzen, fertig. Wie schön dieses Leben wäre. Aber man kann nicht alles haben, also wuchte ich mich aus dem Bett und mache das, was ich jeden Montag mache: unerfolgreich arbeiten und abends mit M. für den Podcast saufen. Komme sehr voll und spät nach Hause. Bravo, ein Leben wie ein Blockbuster, wer möchte nicht mit mir tauschen? Ist das alles traurig.

30.03.2021

Ich bin krank. Saufkrank. Mache einen Liegetag und stehe nur für die Notdurft auf. Wenn ich verkatert bin, fange ich immer Serien und Filme an und gucke sie nie zu Ende (z. B.: Vikings Staffel 1, Folge 2, 12:42) oder ich bleibe auf Facebook hängen und gucke mir die Profile von Leuten an, die mit vielen Emojis unter ZEIT-Artikeln kommentieren. Stoße auf die Seite »Ich bin Berufskraftfahrer/in und habe Respekt verdient« und versinke im Gewerkschaftsgewerbe.

31.03.2021

Habe nach einem Tag Erholung so viel Energie, dass ich zwei Runden extra laufe. Das Wetter ist top, meine Laune ebenfalls. Im Büro liefere ich richtig ab, meine Work-Smoke-Balance ist ausgewogen und ich bereite sogar noch ein paar Dinge für den nächsten Tag vor. Dann ein zweistündiger, ausgedehnter Spaziergang und abends gibt es Eggs Benedict und schönes, frisches Landbrot. Statt Netflix und Suff gibt es alkoholfreies Alster und Lektüre zur Fortbildung.

Ein Tag aus Gold. Ich werde lange von ihm zehren.

April

01.04.2021

Der Tag des Scherzes, wie sehr ich ihn verachte. Aprilscherze sind nie witzig, ich habe selten einen Prank gesehen, der mich in irgendeiner Art und Weise überzeugt hat. Ausnahme: Behind Finch – leider sehr unbekannt und das letzte Video ist von 2012, aber die Streiche »Darum liegt hier Stroh« und »Mission Prinzessinnenzimmer« sind in Durchführung, Vorbereitung und allgemeiner Qualität nahezu unmöglich zu überbieten. Hinni empfiehlt, viel Spaß damit.

02.04.2021

Heute ist unser Erlöser für uns gestorben, wir wollen ihm mit Tanzverbot gedenken. Ich bin froh, dass ich mein Christsein in Hamburg so aktiv leben kann.
Nach meinen morgendlichen Gebeten nutze ich den Tag, um in den Psalmen zu lesen. Gott fließt durch mich, seine Liebe ist unendlich. Nachmittags höre ich das komplette Musical »Jesus Christ Superstar« und putze die Wohnung gründlich. Zum Abendbrot gibt es einen Dattel-Feigen-Salat, danach kasteie ich mich mit einem Gürtel für meine Fehler und schlafe mit den Händen über der Decke ein.

03.04.2021

Leicht angeschlagen, schlafe lange und verbringe den Tag in weichen Klamotten. Trinke überdurchschnittlich viel Tee, bin eigentlich kein Tee-Freund, aber ein Minztee mit Honig ist einfach unschlagbar, wenn es draußen ein wenig ungemütlich ist.
Sonstiger Tag recht ereignislos, höre auf dem Balkon von einem vorbeigehenden Mann den Satz: »Wenn ich Chef genannt werden möchte, dann gehe ich zum Döner.« Hinterlässt mich ratlos.

04.04.2021

Frohe Ostern! Der Osterhinnerk hat in diesem Text ein paar Rechtschreibfehler versteckt, hahahahaha, bitte töte mich.

Mitbewohner und Freundin haben Eier in der Wohnung versteckt, ich werde so unfassbar wütend bei der Suche, dass die Stimmung kippt. Nach zwei zerschmissenen Gläsern und einem Nervenzusammenbruch habe ich alle 60 Eier gefunden und zur Belohnung noch einen Schokohasen bekommen. Toll!

05.04.2021

Ostermontag ist ein ganz normaler Tag, wenn du freischaffend bist. Gönne mir eine Ausschlafung glorreichen Ausmaßes und wackle noch verschlafen, aber glückselig ins Büro, um dort die Pflicht zu erfüllen und die Kür auf Dienstag zu legen.

Bei einem kleinen Spaziergang treffe ich P., kurzer Plausch mit Mindestabstand. Als wir uns verabschieden und er um die Ecke gebogen ist, merke ich, dass ich mir nicht einen Fetzen des Gesprächs gemerkt habe. P. war schon immer ein unfassbar langweiliger Mensch und seine Worte sind wie Creme, sie bleiben an der Oberfläche kurz haften, aber nach kurzer Zeit sind sie weg, eingezogen.

Abends dann Podcast mit M., er hat Risotto gemacht – etwas Leichtes für zwischendurch. Ich trinke ein bisschen Bierchen und Sekt, gehe dann aber verhältnismäßig früh nach Hause – am Dienstag stehen einige Sachen an.

06.04.2021

Der Wecker ist überflüssig, aus irgendeinem Grund liege ich seit 7 Uhr morgens hellwach im Bett. Stehe um Viertel nach acht auf, gehe zügig duschen, zwei Tassen Kaffee und ein Toast, dann zur Arbeit. Wenn ich früh aufstehe und kurz danach was esse, bekomme ich eigentlich immer Magenweh, zumindest Unwohlsein. Eine Mischung aus Unverträglichkeiten und Gewöhnung.

Gutes Schaffen, prügle mich durch Liegengebliebenes.

Um 17 Uhr Feierabend, zuhause Lektüre »Hillbilly Elegie« von J. D. Vance. Ist eine Grundregel bei mir, bevor ich Verfilmungen anschaue, immer erst das zugehörige Werk lesen. Versaut mir zumeist den Film, aber dadurch fühle ich mich belesen und werde überheblich.

07.04.2021

Ich treffe zufällig einen Freund aus der Schulzeit, nach einem kurzen Plausch klopfe ich ihm auf die Schulter und sage: »Du schaust gut aus!« Bin ich jetzt in diesem Alter? Ist das nun so weit? Brauche ich eine Gürteltasche für mein Handy? Sage ich jetzt solche Wörter wie »groovy« und bin die Reinkarnation eines dörflichen Zivi-Bullen?

Meine Zukunft läuft an mir vorbei: karierte Hemden, Barfußschuhe, abgeschnittene Jeanshosen für die Gartenarbeit, »zum Bleistift« sagen, Grillabende, Bier mit Krönchen aus Gläsern.

Zuhause höre ich eine wilde Mischung aus Harry Styles, Capital Bra und Katja Krasavice, um mich jung zu fühlen.

08.04.2021

Meine Corona-Warn-App ist rot. Sie empfiehlt mir, zuhause zu bleiben, ich hatte Hochrisikobegegnungen. Aufregend, ich hatte das noch nie. Mein Nicht-Haus-dafür-Freund-Arzt R. empfiehlt mir, erst mal einen PCR-Test zu machen.

Uiuiui, aufregend. Mein Arzt-Freund sagt das, meine App sagt was anderes. Der alte Kampf, neun Jahre Studium gegen Algorithmen.

Die Leute im Testzentrum sind sehr gut gelaunt, sie duzen mich, wünschen frohes Wochenende, sind auf eine ganz komische Art kumpelig. Ich weiß nicht, was ich davon halten soll, und verbleibe neutral.

Abends gucke ich den Film »Lords of Chaos« über die norwegische Black-Metal-Szene um Euronymous und Varg Vikernes. Kannte mich mit dem Themenbereich schon aus, ist ein guter Film, um in die Materie einzusteigen, aber als Biopic eher mäßig. Dafür aber ein sehr interessanter Coming-of-Age-Film. Und dann kommt mitten in Film Wilson Gonzales Ochsenknecht vor, damit hat der Film seine Daseinsberechtigung. Ich finde den irgendwie nett, fragt mich nicht, warum, aber mit dem würde ich ein Bier trinken gehen. Sofern er fragt!

09.04.2021

Ich muss ja nun zwangsweise zuhause bleiben, vielleicht habe ich abseits des täglichen Mailverkehrs, der Korrespondenzen mit meinen Bekannten und den Kosten- und Finanzierungsplänen endlich mal wieder ein wenig Zeit für mich.

Zuallererst beschäftige ich mich mit Geräten, die ich mal gekauft und nie wirklich benutzt habe. Der Milchaufschäumer wird inspiziert, gründlich gereinigt und schließlich benutzt. Schick und schmackhaft, eine Tasse Kaffee mit Schaum macht schon was her.

Danach putze ich das Bad, herrlich, wenn es glänzt und so chemisch-zitronig riecht und ich diese Kopfschmerzen von den Dämpfen bekomme. Bestelle mir eine Poké Bowl und Gyoza, gucke »Guns Akimbo« und lese danach bei einem Glas Primitivo di Manduria in »Das Flimmern der Wahrheit über der Wüste« über die letzte Reise von dem Scharlatan und Autoren Karl May. Seine Lebensgeschichte ist äußerst spannend, meine beiden guten Freunde J. und B. spielten mal in einem Stück über ihn mit, seitdem ist sein Leben ein steter Begleiter. Karl May, der alte Lügenbold. Irgendwie traurig.

10.04.2021

PCR-Test sagt negativ, aber man weiß ja nie. Also gehe ich nochmal zum Schnelltest, um sicherzugehen. Diese dreckige Inkubationszeit, ich mache drei Kreuze, wenn mir jemand den Impfstoff reingejagt hat. Gibt ja jetzt auch Impfreisen, superweird. Naja, Speichel sammeln, reinrotzen und wieder nach Hause. Nach den furchtbar ekligen letzten Tagen, an denen sich Hagel, Schnee und Regen abgewechselt haben, scheint heute die Sonne und ich setze mich mit einem eiskalten Jever Fun auf den Balkon und schreibe. Mäßiger Output, dafür dieses wohlige Fake-angetrunken-Sein, welches ich immer empfinde beim Genuss von alkoholfreiem Bier.

Aus den Resten der Speisekammer und dem notdürftigen Gemüse, welches noch bei mir liegt, bastle ich eine Lasagne, dann Jever Fun, Kuscheldecke und »Star Trek Voyager«. Um 1 Uhr nachts ins Bett, schlafe schnell ein und träume komisch.

11.04.2021

Ein ganz gemütlicher Sonntag, sitze zuhause und lasse es mir gut gehen. Ausgewogenes Frühstück, reichhaltiges Dinner, ich backe noch ein Brot. Fühle mich wie eine beliebige Tante Fanny.

12.04.2021

Ich miete mir ein Miles, muss ein paar Besorgungen machen, die ein Auto voraussetzen. Die ersten 15 Minuten laufen wie am Schnürchen, ich fahre gerne Auto. Ich fahre gerne lange Strecken und kurze Strecken, es macht Spaß, es ist wild und frei. Manchmal denke ich, dass ich einfach alles hinwerfen sollte und für ein halbes Jahr das #VanLife liven sollte, aber meistens fällt mir dann schnell auf, dass Corona ist und ich schon ganz gerne dusche. Trotzdem: Der Ruf der Ferne ereilt mich in letzter Zeit immer häufiger und sobald Corona durch ist, mache ich einen schönen Roadtrip durch Irgendwo.

Dann stehe ich anderthalb Stunden in der Stadt im Stau. So eine verfickte Scheiße, ich hasse Autofahren. These: Niemand kann Autofahren außer man selbst. Gilt für alle Menschen. Und Radio ist ja wirklich ein furchtbares Medium mittlerweile, jeder zugekokste Morning-Show-Moderator kotzt mich mit der übertriebenen, aufgedrehten Freundlichkeit an. Da lobe ich mir die Smooth-Jazz-Nachtstunden bei Deutschlandfunk Kultur, unaufgeregt und sich der eigenen Belanglosigkeit bewusst.

13.04.2021

Habe ein Zoom-Meeting mit den Kolleg*innen vom Vierten Deutschen Fernsehen. Habe aber auch verschlafen. Verwuschle meine Haare und ziehe mir ein Hemd an. Großer Vorteil: man sieht das Fett in den Haaren nicht über eine Webcam.

Danach Homeoffice und eine kurze Runde laufen. Herrlich, der Frühling kitzelt in der Nase und die Luft ist rein und frisch. Zuhause breche ich fast zusammen, weil ich mich übernommen habe, und atme eine halbe Stunde wie eine französische Bulldogge. Nach einer Dusche und ein paar Dehnübungen gehe ich unfrisiert zum Budnikowsky, um Fotos auszudrucken. Unfassbar, wie puschelig und doof ich ohne Haarwachs aussehe, ein Fauxpas, der mir nicht so schnell wieder passieren wird.

Freundin, Mitbewohner und meine Wenigkeit unterhalten sich abends über Filme. Wenig Erkenntnisse, viele Wiederholungen. Ruhiger Durschlaf.

14.04.2021

Stolpere von einem Telefonat ins nächste Meeting, richtiger Arbeitsflash. Ich bin ein emsiges Bienchen und für ein wenig Honig erfülle ich alle Wünsche. Habe mich schon immer über Leistung definiert, sehr gesund für mein persönliches Seelenheil. Aber wer gut arbeitet, der darf sich auch ein Feierabendbier gönnen!

Zuhause gibt es eine schnelle Pastapfanne mit Mischgemüse, dazu ein großes Glas Weißwein, um schon mal in Stimmung zu kommen, denn: Ich habe einen Zoom-Call zum Quatschen mit meinem Freund und Kollegen Jonathan Löffelbein, seines Zeichens geiler Typ. Wir reden über die Arbeit, das Leben und die Zukunft. Inhaliere dabei eine Flasche billigen Wein von Aldi, habe ziemlichen Glimmer, als der Call vorbei ist. Meine Freundin guckt einen Film mit Bill Nighy auf Netflix, ich setze mich dazu und entkorke einen recht guten Pinot Grigio, den mir mein Freund X. aus Südtirol für besondere Begebenheiten geschickt hat. Trinke ihn zügig aus und muss angetrunken beim Film weinen. Danach noch »Shrek 2« geguckt, um auf andere Gedanken zu kommen. Lallend ins Bett. Peinlich.

15.04.2021

Harte Kopfschmerzen, aber es gibt Grund zur Freude: Der Hamburger Ziegel ist endlich angekommen. Ein großartiges Werk über 500 Seiten mit Autor*innen aus Hamburg, Kurzgeschichten, kommt einmal im Jahr, möchte ich auch irgendwann mal rein. Unter anderem eine Geschichte von Heinz Strunk, Kaufgrund ist damit gegeben.

Bei der Lektüre des Schinkens überkommt mich ein unfassbarer Heißhunger auf eine Dönerbox, die vielleicht unzivilisierteste Art, Essen zu sich zu nehmen.

»Stopfen Sie es bitte in eine kleine Box und matschen Sie es mit Soße, Salat, Pommes und Fleisch zusammen. Klasse, danke, hier 6 Euro, stimmt so.«

Fehlt nur noch, dass das durch den Mixer gejagt wird. Aber irgendwie geil. Mixer ist auch eine Sache, die ich gerne hätte und nie benutzen würde. Weihnachten ist ja nicht mehr fern.

16.04.2021

Wochenende, endlich mal entspannen! Neben zwei größeren Nachmittagsaufgaben bleibt der Tag ansonsten ohne besondere Vorkommnisse, es gibt eiskaltes Ratsherren und Restessen zum Dinner. Muss ja auch mal sein, ich bin doch kein Schnösel. Außerdem: Wer kann schon zu Kartoffeln und Frikadellen »Nein!« sagen? Genau, bestimmt ein paar, aber ich nicht. Kartoffeln sind eh eine großartige Sache, sollte ich öfter mich mit beschäftigen. Vielleicht gibt es bald mal einen leckeren Kartoffelauflauf?

Zur Prime Time gucken wir »Thor 3« auf Disney Plus. Habe die ersten beiden nicht gesehen, aber Hand aufs Herz – muss man auch nicht zwangsweise, ist jetzt nicht so komplex. Toller Film, macht Laune und ist lustig. Superheldenfilme sollten sich nicht so ernst nehmen, meine Meinung.

Insgeheim hoffe ich, dass Chris Hemsworth und Tom Hiddleston richtig gute Freunde sind und ab und zu Squash spielen. Aber ist bestimmt nicht so, sind ja Arbeitskollegen.

17.04.2021

Mitbewohner und ich haben heute Bruditag, das heißt, wir machen Sachen, auf die wir richtig Bock haben und die unsere Freundschaft noch enger zusammenbringt. Aufgrund der eingeschränkten Möglichkeiten bedeutet das: Lasagne essen und Saufi machen. Nachdem die Flasche Münsterländer Qualitätskorn alle ist, machen wir uns an die Ratsherren-Reste sowie an den Tanqueray (nicht mein Ding) und den schlechteren Whiskeys zu schaffen. Gegen 20 Uhr skypen wir mit einem alten Freund, der mittlerweile in München sitzt. Nach fünfeinhalb Stunden Gespräch sind wir ausgelaugt und liegen nur noch nebeneinander, brabbeln unverständlich und schenken nach.

Dit is' Freundschaft!

18.04.2021

Hatte drei interessante Träume:

Werde von einem Serienkillerpärchen durch ein Landhaus gejagt, überlebe nicht.

Meine Freundin hat in der Wohnung verschiedene tote Prominente aufgehängt und fliegt mit einer Drohne, die mit einer Kreissäge bewaffnet ist, durch die Bude und trennt Körperteile ab.

Ich habe graue Haare und es steht mir hervorragend.

Frühstück (Spiegelei, Brot, Kiwi), dann lese ich mich in verschiedene Privatfonds ein, um mein Vermögen in vertrauensvolle Hände zu geben. Definitiv nicht mein Steckenpferd, aber mit ein wenig Kapital komme ich dem Traum eines kleinen Gestüts in Brandenburg immer näher. Abends schreibe ich am Köhn'schen Roman, dazu schwerer Rotwein (30 Wishes), und gehe ins Bett.

19.04.2021

Ein herrlicher Tag, die Sonne scheint und mein Gemüt ist ebenfalls sonnig. Mache mich auf einen ausgediegenen zweistündigen Stadtspaziergang. Man vergisst es ja manchmal, aber die Hansestadt Hamburg ist schon ein herausragend schönes Fleckchen, um sein Leben zu verbringen. Freundliche Menschen, ein berauschendes kulinarisches Angebot und – aktuell eingegrenzt – ein fantastisches, kulturelles Leben von Dosenbier zu Dostojewski-Lesungen. Treffe sogar ein paar Freund*innen, mehr als ein kurzer Plausch ist aber nicht drin, ich will heute Strecke schaffen.

Bilanz: 17.000 Schritte, nicht schlecht! Aber ausbaufähig.

Abends das montägliche Ritual des betrunkenen Aufnehmens der eigenen Quatschigkeiten. Wie immer nett und feuchtfröhlich.

20.04.2021

Chefgeburtstag, an dieser Stelle nochmal alles Gute, Herr Michel.

Leider foppen mich den Tag über die Birkenpollen so extrem, dass auch mein gutes Outfit und ein Begrüßungssekt meine Laune nicht heben können. Ich habe verschieden ausgeprägte Allergien, gerade Birke fickt mich aber immer besonders doll. Entschuldigt die Wortwahl, aber es ist nicht anders zu umschreiben. Gegen Mittag bekomme ich Kopfschmerzen von der ruckartigen Niesbewegung und schaffe es mit letzter Kraft noch durch die zugeschwollenen Augenschlitze nach Hause. Dort erst mal vierfach Lorano schmeißen und Bettruhe. Nach einem kurzen Nickerchen weckt mich mein Handy. Ob ich mir nicht AstraZeneca impfen möchte, fragt dort die nette Dame, bei der ich mich auf die Liste für übergelassene Impfungen habe setzen lassen. Natürlich will ich. Mit vier Packungen Taschentüchern und drei Wechsel-FFP2 laufe ich geschwind zur Praxis und bekomme meinen Spritz.

Gut gelaunt und mit laufender Nase bewege ich mich nach Hause, gegen 21 Uhr werde ich rapide müde und lege mich ins Bett.

21.04.2021

Lange nicht mehr so schlecht geschlafen, rumgewälzt und Fieberträume. Leicht erhöhte Temperatur, mein ganzer Körper fühlt sich an wie gelähmt, verschlafe den halben Tag und quäle mich für ein heißes Süppchen aus dem Bett. Meine Freundin betüdelt mich ganz liebevoll, obwohl ich schlecht rieche und ganz doll jammere. Wir schauen »Dirty Dancing« und »Grease«, dann wieder ins Bett. Zwischenstand: vier Paracetamol, meine Nieren tun auch weh.

22.04.2021

Kranksein kann durchaus geil sein, wenn man nicht so richtig krank ist. Leichter Schnupfen und Husten, gerade so, dass man nicht arbeitsfähig ist, und dann holt man den Lektürerückstand auf.

Leider nicht so bei mir. Ich bin immer noch kaputt, kann mich schlecht konzentrieren und liege die meiste Zeit rum. Aber: Es geht schon wieder aufwärts! Im Vergleich zum Vortag um 200 % gesundet.

Zur Sicherheit schone ich mich noch und gucke sporadisch in die Mails. Abends gibt es Pasta mit Sahnesoße, eine Folge »ST Voyager« und eine große Portion Eiscreme. Das hilft immer.

23.04.2021

Today is a wonderful day! Da ich fast drei Tage lang kaum Energie verbraucht habe, bin ich so aufgekratzt wie ein Marder auf einer Bundesstraße. Ich sauge die Wohnung, mache vier Waschmaschinen und scheuer den Vogelkot vom Balkon (elendige Drecksviecher). Flott noch zum Supermarkt um die Ecke, im Rausche der Gesundheit überfällt mich die Lust, mal wieder ein neues Rezept auszuprobieren: Tomaten-Bulgur-Pfannkuchen mit Minzsalat. Schmeckt ganz gut, wird nicht meine Leibspeise. Als kleine Portion für eine Vorspeise? Notiere ich mir für das anstehende Sommerfest.

Traurige Erkenntnis: Ein kleiner Köhn ist kein D-Zug. Im Supermarkt bin ich ein wenig tapsig und merke, dass mein Kreislauf noch nicht zu 100 % mitmacht. Lieber ein wenig ruhiger an die Sachen rangehen, da pumpt immerhin was durch meinen Körper.

Nach dem Dinner lese ich ein wenig in »Der Trafikant«, nett für nebenbei, nichts Schweres. Wage mich an ein Bier, schmeckt schon wieder gut, aber will es auch nicht direkt übertreiben. Spät ins Bett, schlafe schnell ein.

24.04.2021

Zu Kaffee und Kuchen sitzen meine Freundin und ich bei meiner Tante im Hamburger Stadtteil Lurup.

Ein wirklich schöner Nachmittag, wir quatschen stundenlang, bis wir zur Frage kommen, was eigentlich aus Cousin

W. geworden ist. Keiner weiß es so ganz genau, wir treffen die Vereinbarung, unabhängig voneinander zu forschen. Ich meine, es ging irgendwie um eine Reise nach Kolumbien, aber nagelt mich nicht drauf fest. Gegen halb acht machen wir uns wieder auf den Weg. Im Real besorgen wir fix die nötigsten Sachen. Als meine Freundin erwähnt, dass sie noch nie einen eigenen Kasten Bier besessen hat, handle ich umgehend. Der Kasten Ratsherren macht sich sehr gut bei ihr in der Küche, wir sind beide zufrieden und stolz und gönnen uns nach dem diesen aufregenden Tag einen erholsamen Abend ohne großes Aggewars: Tiefkühlpizza mit Bier. Ich bin immer noch ein bodenständiger Typ.

25.04.2021

Lang, sehr lang, geschlafen. Gemächliches Aufstehen bei Kaffee und gebuttertem Toast, mehr als eine Scheibe Müritzer kann ich selten am Morgen. Beim Frühstück studieren meine Freundin und ich Musik, die in Großraumdiskotheken unserer Jugend lief (bei mir das »K7«, bei ihr das »Delta«).

Nach »Timber« und »Allez Ola Olé« ist das Nostalgielevel erreicht, das man für einen Sonntag braucht. Was machen LMFAO eigentlich heute? Wusstet ihr, dass das Neffe und Onkel waren? Unvorstellbar aus heutiger Sicht. Nach »Memories« aber hat es sich ausgedüdelt, ich spüle noch fix und mache mich frisch. Aufgrund des TOP-Wetters steige ich eine Station früher aus und spaziere nach Hause. Mit Bier und Sonnenbrille bewaffnet schreibe ich ein paar schlechte Sätze in das Roman-Dokument, dann serviere ich mir einen Mimosa à la Köhn.

Ihr braucht: Sekt, O-Saft, Maracuja-Likör und einen zünftigen Schuss Suntory The Chita Grain Whiskey. Funktioniert erstaunlich gut, aber nichts für eine Hochzeit.

Abends gibt es Shakshuka und eine halbe Flasche Black Star, 13,5 Umdrehungen. Dann wahrscheinlich früh ins Bett, durch die Krankheitstage gibt es einiges zu tun.

26.04.2021

Ein Tag so ereignisreich wie ein Fußbad. Bin gegen 9 Uhr aufgestanden, kleine Runde um den Block, anschließend Lektüre von ZEIT ONLINE, obwohl ich haptische Zeitungen bevorzuge. Dann ins Büro, Meeting per Zoom, viel Café Crème, bis die Sicht ein wenig verschwimmt und das Herz rast.

Ich bin eigentlich nicht »einer von denen«, die sich Americano, Latte Macchiato oder so reinziehen. Mein Vater ist Autohändler, da gab es immer Filterkaffe, schwarz. Da im Büro aber mehrere Kaffeevollautomaten stehen, versuche ich mich seit geraumer Zeit an einigen dieser Produkte. Auffällig: Ähnlich zu alkoholischen Getränken (Bier zum Grillen, Weißwein zu Fisch, Champagner zum Feiern etc.) gibt es auch Kaffeegetränke, die zu speziellen Anlässen getrunken werden wollen. Ein Espresso als Verteiler nach dem Essen oder kleiner Wachmacher am Nachmittag für Selbstständige. Cappuccino für Begegnungen mit engen Freunden, Latte Macchiato für Geschäftstreffen. Flat White, wenn du ein Idiot in F-Hain bist. Finde einige Optionen echt lecker, gerade mit dem unendlichen Fundus an Mandel-, Hafer-, Erbsenmilch. Bleibe aber zuhause weiterhin meinem »Kaffe« treu – fünf gehäufte Löffel in die French Press, zehn Minuten ziehen lassen und ZACK, könnt ihr einen Backflip aus dem Stand.

27.04.2021

Wenn die Podcast-Aufnahme länger ging, nehme ich mir öfters den Dienstag frei, um »auf klare Gedanken« zu kommen.

Früher habe ich einen Kater weggesteckt wie sonst was, »Wer saufen kann, der kann auch arbeiten« – heute kann ich das nicht mehr. Mit dem Alter wird der Kater immer schlimmer, ich dachte lange, es sei eine Legende, aber es ist wahr. So nutze ich diese verkaterten Dienstage, um die Sachen anzugehen, die sonst liegenbleiben: Steuern ordnen, Akten fressen, Börse beobachten, Lektürerückstand aufholen, Handy und Rechner entmisten und abends spiele ich zur Entspannung ein wenig Videospiel-Klassiker meiner Jugend. Das rührt daher, dass meine »Star Trek Voyager«-Sucht mich dazu gebracht hat, das große Internet nach einem guten »Star Trek«-Spiel zu durchsuchen. Es gibt leider keins, so kam ich aber auf den Rollenspiel-Klassiker »Mass Effect«, welcher seitdem meine Freizeit dezimiert.

Nach einer langen Abstinenz von Videospielen kann ich euch wirklich sehr empfehlen, ab und zu mal wieder ein Ründchen zu wagen. Überraschend entspannend, aber auch sehr zeitintensiv.

28.04.2021

»Auch ein ewiger Schrei verhallt irgendwann in der Bedeutungslosigkeit«, hat Foucault einmal gesagt. (Stimmt nicht, habe ich mir ausgedacht.)

29.04.2021

Ich bin schon immer ein Hypochonder gewesen. Wenn es ums Leiden geht, war und bin ich immer vorne mit dabei. Kranksein bedeutet für mich Commitment: »Ich habe fast schon Fieber, Leute, sagt meiner Mutter, dass ich sie liebe!«

Vielleicht bin ich auch einfach eine Drama Queen. Auf jeden Fall beobachte ich morgens einen Ausschlag am Arm, rote Punkte, die sich vom Handgelenk zum Ellenbogen ziehen. Hat das was mit der Impfung letzte Woche zu tun? Doktor Google weiß Rat: »Kleine, punktförmige Einblutungen (Petechien) in der Haut, vor allem der Extremitäten, können zudem auf eine Thrombozytopenie hindeuten, wie sie bei einem Teil der Fälle mit CSVT beobachtet wurde.«

Rufe daraufhin bei meinem Hausarzt an.

»Herr Köhn, ist Ihr Arm denn schwer?«

»Nein.« Mein Arm wird augenblicklich schwer.

»Und ist Ihr Arm heiß oder warm?«

»Nein.« In diesem Moment wird mein Arm heiß wie Feuer.

»Dann beobachten Sie das mal bis Montag und melden sich nochmal, wenn es nicht weggeht, okay?«

»Ja, danke.« Montag könnte es schon zu spät sein.

Zuhause schreibe ich mit letzter Kraft noch ein paar Worte zum Abschied und entschlafe sanft.

30.04.2021

Der Ausschlag ist weg, könnte von meiner neuen Bodylotion gekommen sein. Na ja, dem Tod mal wieder von der Schippe gesprungen. Zur Feier meines Überlebens mache ich einen ausgedehnten Spaziergang und gehe über Getränke Wolf nach Hause (Schnapshändler meines Vertrauens, gute Ausbeute).

Zuhause dann der Schock: Morgen haben die Geschäfte zu! Also schultere ich meinen Rucksack und einige Jutebeutel und gehe zum nächstgelegenen SB-Kauf. Was ich dort sehe, ähnelt dem Armageddon. Schlangen an Menschen, Mütter, die mit ihren Kindern werfen, brennende Gemüseregale. Ein junger Mann liegt blutend auf dem Boden, ich probiere, ihm aufzuhelfen, doch eine Stampede fegt über ihn hinweg. Als eine ältere Frau mit Gehwagen versucht, mich anzufahren, hechte ich aus dem Weg und ergreife gerade noch so ein französisches Aufbackbaguette, mit dem ich mir den Weg zum veganen Hack freikämpfe. Von dort gewinne ich einen Überblick. Der Konservenbereich ist kaum zu betreten, bei den Kühlregalen sind mehrere Eisfallen aufgestellt worden, von den Sonderangeboten brauche ich gar nicht zu reden. Dann sehe ich bei den Honigmelonen eine Lücke, ich springe auf und renne so schnell es geht auf sie zu, greife dabei noch eine Tüte Chips und eine Tüte Couscous, scheiß drauf, Hauptsache, Nahrung. An der Kasse zahle ich schnell, unauffällig und kontaktlos. Vor dem Supermarkt drehe ich mich nochmal um. Rauchschwaden steigen aus dem flachen Haus auf, in der Ferne hört man Schüsse und das Weinen eines kleinen Jungen. »Ich habe da draußen gute Leute verloren«, denke ich mir und sacke auf die Knie. »Was für ein Wahnsinn!«, schreie ich. »Es ist doch nur ein Feiertag!«

Doch meine Rufe verhallen zwischen den Explosionen und Trommelfeuern der umliegenden Geschäfte.

Mai

01.05.2021

Meine bessere Podcast-Hälfte M. hat heute Geburtstag, da schneie ich doch auf ein Körnchen, ein Bierchen, zwei Bierchen, einen Helbing, fünf Zigaretten und ein Stück Torte für zehn Minuten rein. Schneller Plausch, wie immer nett und albern. Gucken kurz die legendäre Kurzdokumentation über das »Kampftrinken im West-Berlin der 80er« mit W. Hogekamp. Unfassbar, detailliert und gut recherchiert – eine Empfehlung, wenn Netflix und Prime mal wieder keine neuen True-Crime-Serien rausballern.

Zum frühen Abend gibt es Curry und einen Spieleabend mit D. und S., aufgrund von Ausgangssperre aber sturmfrei ab 20:30 Uhr.

Sehr spät ins Bett nach einem »Star Trek«-Marathon, guter Durchschlaf.

02.05.2021

Meine Freundin und ich vermissen Restaurantbesuche. Deswegen habe ich fürstlich eingeschenkt und wir simulieren einen Restaurantbesuch – Kerzenschein, Crémant, Drei-Gänge-Menü mit Weinbegleitung. Einziges Manko: Ich muss kochen. Deswegen fange ich jetzt auch an. Adé.

03.05.2021

Meeting aus dem Bett heraus, zum Mittag gibt es eine schnelle Bolognese und Crémant. Was für ein Leben, manchmal wirkt es wie ein unwirklicher Traum. Es beschäftigt mich sehr, dass ich extrem viele Privilegien habe und trotzdem tendenziell eine Schwere in mir spüre, einen dauerhaften Druck, eine immerwährende Traurigkeit. Ich habe doch so viel, wieso geht es mir dann schlecht? Ich habe kein

Recht dazu. Na ja. In der Ostsee kann man auch ertrinken, muss man sich immer wieder vor Augen führen.

Abends Podcast, fix durchgezogen und mit einem netten Glimmer nach Hause. Dort Fressattacke, vier Toasts und vegetarische Nuggets. Voll und satt ins Bett.

04.05.2021

»Es gibt kein schlechtes Wetter, nur falsche Kleidung«, hallt es in mir wider, während ich tropfend in den Fahrstuhl zum Büro steige. 500 Meter vor dem Büro hat es Platzregen gegeben, sitze in Unterwäsche am Schreibtisch, während draußen die Sonne scheint. Irgendwer will mich doch ficken, so eine Scheiße! Ich zittere vor Kälte und schlottere mir einen ab, Konzentration ist kaum vorhanden.

Ich armer Wicht, zerschunden von der Natur. Ist das eine Rache für die unzähligen Kippen, die ich auf den Boden warf? Nein, es ist eine Strafe in Anbetracht meiner Dummheit. Es gibt ja einen Grund, warum Meeno Schrader jeden Tag als Petrus der Schleswig-Holsteiner auftritt und uns vor größeren Ausfällen bewahrt. Lade mir direkt eine Wetter-App runter.

Abends verzehre ich hastig eine ganze Flasche Gin mit meinem Mitbewohner, er war für vier Tage weg, das muss man feiern.

05.05.2021

Ich bin wirklich lernresistent, wie kann es denn sein, dass ich mir immer wieder so einen reinschädel, dass ich zu nichts zu gebrauchen bin? Arbeite ein paar Punkte von der To-do-Liste ab, gegen 17 Uhr steige ich unter die Dusche und versuche, den Schmutz und den Alkoholikerschweiß runterzuspülen. Erfolg ist gering.

Fahre zu meiner Freundin, das heitert mich auf. Bei ein paar Folgen »Voyager« und Bestellpizza taut mein frostiges Ich auf und wird erfüllt von einer grenzenlosen Liebe, die ich allen Menschen zukommen lassen möchte. Beschränke mich aber erst mal auf meine Liebsten, holen wir beizeiten nach.

06.05.2021

Lästiger Alltag, schaffe unter größten Anstrengungen ein paar Kleinigkeiten, erwische mich aber immer wieder beim Abdriften. Natürlich könnte ich diese immens wichtige Aufgabe jetzt angehen – oder ich lese den Wikipedia-Artikel des Tages. Spannend. Zwinge mich wenigstens zu einer Recherche bezüglich Förderungen und Wirtschaft im Allgemeinen.

Abends bin ich geladen zu meinem Arztfreund. Spaziere vom Büro entspannt die fünf Kilometer zu ihm, fühlt sich gut an und ich komme auf andere Gedanken. Bei ein paar Runden Kniffel und einer Flasche Moet & Chandon (sprich »Möt und Schänden«) tauschen wir uns über Neuigkeiten aus und haben die schlechtesten Würfelrunden der Welt. Rechtzeitig zur Ausgangssperre zuhause, Mitbewohner und ich gucken noch eine mittelmäßige Stephen-King-Verfilmung, dann Bettzeit.

07.05.2021

Was für ein vermaledeiter Scheißtag. Ätzend, egal, was ich berühre, es zieht sich zusammen und stirbt unter großen Schmerzen. In mir keimt seit Tagen eine Angst, die ich nicht begründen kann. Sie sitzt tief in mir und war lange Zeit unterbewusst, aber sie wird größer und größer. Langsam fasse ich sie und desillusioniert merke ich, was es damit auf sich hat. Stagnation. Ich habe Angst, dass ich den Peek meines

Lebens bereits hatte, dass es nicht weitergeht, dass es für immer so bleibt. Das war es. Kein wirkliches Vermächtnis, kein wirklicher Output. Eine Randnotiz in den Geschichtsbüchern der Welt, irgendwann werden sie verbrannt, da sie nicht mehr aktuell sind, und dann streichen sie den Artikel »Hinnerk Köhn« raus. Begründung: keine enzyklopädische Relevanz.

Ist das eine Angst, die in jedem steckt? Oder ist das die Schwere, die Künstler*innen tragen?

Mein Leben ist ein Kissen, in das man schreit.

Demotiviert und zitternd wie ein geprügelter Hund liege ich auf dem Bett meiner Freundin und sorge mich. Sie weiß Rat: Teure, italienische Speisen reißen mich aus dem Verfall und beenden den Tag mit zumindest einem positiven Aspekt.

08.05.2021

Die Spirale des Unheils nimmt weiter ihren Lauf. Nachdem ich eine ganze Stunde vor einem Real gewartet habe, um Pfand wegzubringen, gibt es Bahnchaos und ich brauche 40 Minuten, um nach Hause zu kommen. Lasse mich aufgrund von Trauer zu Bier überreden, ohne wirklich etwas gegessen zu haben. Nach zwei Gläsern Sekt und vier Bier erwacht reines Alkoholglück und die Welt sieht gar nicht mehr so düster aus. Begehe die große Fehlentscheidung und esse Pizza von Dominos, eine in Fett getränkte Perversion einer Pizza, nicht mal im Ansatz hat das noch etwas mit einem belegten Teigfladen zu tun. Es ist eine Zumutung. Aber Alkohol vernebelt die Sinne, in großen Bissen atme ich die Speise ein.

Zuhause höre ich »Ave Maria« von Franz Schubert in einer Version von Renée Fleming in Dauerschleife, trinke noch ein Bier und ein Glas Whiskey und schlafe um 23 Uhr im Bademantel ein.

Dominos rächt sich für meine Ungunst gegenüber dessen Imperium. Das Ungetüm in meinem Magen wehrt sich gegen die Verdauung, um 3 Uhr nachts wache ich auf und kann partout nicht mehr schlafen. Aber es gibt Grund zur Freude! Zum ersten Mal seit Weihnachten besuche ich Mutti, ich bin frisch getestet und fahre mit meinen Freunden A. und M. nach Eckernförde. Während die beiden die üblichen Verdächtigen inspizieren (Bonbonkocherei, Holzbrücke, Hühnerpuff) reden Mutti und ich über unsere Wünsche und Träume. Abends dann Rosmarinkartoffeln, Wurzelgemüse und Kalbsmedaillons – lecker.

Ich durfte Bier trinken, A. fährt nach Hause. Auf der anderthalbstündigen Strecke hören wir intensiv den Musiker Robert Kauffmann, einer der vielleicht größten Lyriker unserer Zeit. In der Wohnung noch ein halbes Bier und die Reste einer Pho von vorgestern, dann muckel ich mich ein und hoffe auf eine positivere Woche als die vergangene.

Ausgeschlafen und gut gelaunt starte ich in die Woche. Nach traurig-depressiven und auslaugenden Phasen kommen zumeist manisch positive Tage, mein aktueller Umkreis kann sich auf etwas gefasst machen. Ich versprühe Glück und gute Laune, bin überzogen freundlich und auch flippig gekleidet (kurze Hose, Hawaii-Hemd). Wäre ich ein paar Jahre älter, wäre ich der unangenehme Onkel auf Familienfeiern. »Bist ja 'ne richtige Frau geworden.« Bah, widerlich, aber soll's ja geben.

Im Büro trifft meine Fortuna auf gespaltene Meinungen, einige sind erheitert, einige sind genervt, aber ich lasse mich nicht beirren. Muss jeder selbst wissen, wer nicht will, der hat schon etc. pp.

Abends verköstige ich mit den Kollegen M. und F. noch einen japanischen Whiskey, dann Podcast. Auf dem Rückweg fängt es an, zu regnen, die Tropfen sind aber warm und angenehm auf der Haut. Habe einen so genannten »VIVA-The Naked and Famous«-Moment, springe von Pfütze zu Pfütze. Yeah, yeah, yeah.

11.05.2021

Legen wir die Fakten doch mal offen dar: Ich bin ein König ohne Thron. Ich bin schon ganz gut in dem, was ich mache, aber das ist aktuell nicht sonderlich gefragt. Ich bin am Anfang einer Spirale des Unheils. Wenn man jetzt nicht aufpasst und die Regler in die richtige Höhe und Tiefe schiebt, dann könnte das alles ganz schlimm enden. Ich muss die Negativzinsen des Lebens vermeiden, mich fokussieren auf meine Ziele und Träume und auch Abstriche machen. Dafür müssen ein paar Dinge geklärt werden:

Was für ein Typ bin ich überhaupt?

Ein Dreikäsehoch? Ein Tagedieb? Ein Gigolo? Oder doch das menschliche Kräuterbaguette? Ein netter Zusatz beim Grillen, aber muss auch nicht jedes Mal dabei sein. Austauschbar und schon tausend Mal besser gesehen.

Stelle die Frage meiner geliebten Internet-Community. Vielleicht sollte ich Influencer-mäßig die Menschen, die mir folgen, mehr ins Boot holen. Wichtige Entscheidungen abhängig machen von anderen. Ein groß angelegtes Menschenprojekt! Sollte man noch eine Nacht drüber schlafen. Zum Dinner gibt es Bohnen, Birnen und Speck, ich bin immer noch ein einfacher Mann aus der Mittelschicht.

12.05.2021

Es hilft mir, zu wissen, dass jeder Mensch Durchfall hat. Das verleiht mir eine beruhigende Kraft und innere Ruhe. Community ist sich einig: Ich bin ein Baguette.

13.05.2021

Christi Himmelfahrt, ein mir persönlich wichtiger Tag. Plane deshalb einen Ausflug an die Schlei, kleine Wanderung mit vorbereiteten Butterbroten (dünne Schwarzbrotscheiben mit wahlweise Pastrami oder Blütenkäse, dazu Forellenhappen mit Radieschensalat), abends habe ich einen Tisch in einem Gasthof, der von einer Österreicherin geführt wird. Netter Plausch über die Politik des Nachbarstaats (Gernot Blümel, Leute) und die größten Hits von Werner Ambros. Zum Abschied einen Obstler (Williams Christ) und ein frisch gezapftes Bier, das erste seit Oktober.

Die Last der letzten Tage fällt ab, ein erleuchtender Moment, fast spirituell. Die Rückreise verläuft unkompliziert und schnell, trampen funktioniert auch in Krisenzeiten.

14.05.2021

Wirrer Traum: Setting ist in der Theater AG meiner Schule, das Stück spielt in den 50ern und ich bin ein Reporter, kleine Nebenrolle. Während der Aufführung bemerke ich, dass die Performance meiner Mitschüler*innen zunehmend antisemitischer wird und obendrauf niemand so richtig seinen Text geübt hat. Wache verschwitzt auf und muss mich erst mal sammeln. Beim Vital-Frühstück lese ich, dass Forscher*innen einen seltenen »Fußballfisch« gefangen und beobachtet haben. Ich persönlich finde einen Großteil der Tiefsee und des Ozeans unangenehm und gruselig und plädiere dafür, die

Tierchen doch in Ruhe zu lassen. Vor allem aus Selbstschutz, die meisten Tiefseewesen sehen einfach eklig aus.

Auf dem Weg ins Büro sagt ein Mann zu mir: »Ich mag deine Tochter, aber ich will sie nicht.«

Genialer Satz, merke ich mir.

15.05.2021

Tag verläuft ereignislos. Gehe 30 Minuten laufen, bin schrecklich doll außer Form und bestelle im Affekt ein Trimm-dich-Rad. Außerdem kommt ein neues Silberarmband der Marke Van Cleef & Arpels, ich will ja nicht leben wie ein Hund.

Abends wird angegrillt, von verschiedenen Fleischspeisen und Salaten bleibt mir vor allem das selbstgebackene Landbrot in Erinnerung. Saftig und schmackhaft.

Als mein Mitbewohner sich mit seiner Partnerin bettet, trinke ich noch Rotwein und stiere gegen die Wand. Das Leben ist schön.

16.05.2021

Selbstständig sein, heißt Leid hinnehmen. Arbeite den gesamten Vor- und Nachmittag an Wochenbuch, Treatments, One-Pagern, Romanideen, Alltäglichem, Steuer verschiedenster Couleur und beschäftige mich nebenbei noch mit den Nöten und Problemen meiner Liebsten. Kommt her, meine Kinder, ich habe so viel zu geben! Nur die Zeit, die Zeit fehlt mir in jeder vergangenen Sekunde.

Bei einem meiner Toilettengänge sehe ich mein Spiegelbild und erschrecke: aufgedunsen, verfettet, ich habe mich seit Tagen nicht mehr rasiert. »Wie eine Kröte!«, schießt mir in den Kopf.

Lasse die restliche Arbeit liegen, heute muss ich mich um mich selbst kümmern. Mit Aquamaske, Peelings und einem ausgiebigen Bad bringe ich den Köhn auf Vordermann. Wechsle sogar die Rasierklinge, das mache ich aus verschiedenen Gründen selten. Am Ende bleibt ein weicher und wohlduftender Hinnerk über, glatt, glänzend, farblos und ohne Kanten.

Zum Souper reiche ich Ziegenkäseparfait mit Balsamico-Erdbeeren und ein Stück jamaikanisches Rinderfilet, dazu »Black Star« aus der Pfalz, schön vollmundig. Nach ausgiebiger Fußwäsche ins Bett.

17.05.2021

Ich werde alt. Ich kann es nicht mehr abwenden, ich merke es immer öfter. Normalerweise war es so, dass ich meiner Mutter Sachen am Smartphone oder Laptop zeigen musste, mittlerweile hätte ich gerne wen, der mich in die große, weite Wunderwelt der neuesten technischen Errungenschaften einführt. Mit 27 schon verbittert, ich merke die ersten konservativen Werte in mir aufsteigen. »Ich weiß noch, 2012, das war Musik!«

Grund: Ich habe fast neun Minuten gebraucht, um die Kapsel-Kaffeemaschine in Gang zu bringen. Peinlich, Demütigend. Wie habe ich es überhaupt so lange geschafft? Mal wieder kommt der intensive Wunsch hoch, mein Leben von der Pieke auf zu ändern. Weniger Alkohol, weniger Rauchen, mehr Sport, mehr gesundes Essen, weniger bestellen, sparen, sparen, sparen, die Welt sehen, lesen, verstehen, schreiben – ich will so viel, aber nichts dafür tun. Das muss sich ändern!

Aber erst mal Podcast, heftiger Konsum, geile Vibes, alberne Folge. Zuhause noch eine Flasche Sekt mit Mitbewohner getrunken, dabei die Tour-Dokumentation der Band

»Justice« gesehen. Drogen und Electro, das Leben könnt so einfach sein.

18.05.2021

Ich weiß nicht, ob es die schiere Willenskraft oder einfach Zufall ist, aber ich habe keinen Kater und gut geschlafen. Mache mir einen Früchtetee, einen griechischen Joghurt und einen Espresso zum Frühstück, dann beginne ich mit der Köhntransformation. Endlich mal wieder sich spüren, die Trauer und den Alkohol rauslaufen. Aber wie so häufig kicken die Müdigkeit und die Erschöpfung erst, wenn ich das Gefühl habe, dass alles gut werden könnte. Nach 20 Minuten gebe ich auf, keine Chance.

Das war schon immer mein Problem – ich gebe entweder 120 % oder 0, dazwischen gibt es nix. Ein kleiner unmotivierter Ball aus Gefälligkeit, mehr bin ich nicht. Klein und weich, zu nichts zu gebrauchen.

Um 16 Uhr kommt der DHL-Bote mit zwei Impulskäufen, einem Trimm-dich-Rad und der Biographie von Stephen King (»Vom Leben und Schreiben«). Das Rad ist schnell zusammengebaut und ich bekomme Angst, dass das Aufbauen mehr Spaß bringt als das Radeln an sich. Wie ein Alien begutachte ich es, berühre es an verschiedenen Stellen, ziehe alle Schrauben fünfmal nach, bevor ich mich das erste Mal raufsetze. Es fühlt sich gut an, natürlich. Ich radle ein wenig und suche meinen Drive – dabei lesen? Hörbuch hören? Was schauen?

Bleibe unentschlossen. Der Einstand ist ganz in Ordnung, ich habe großes Vertrauen in meine Errungenschaft und stoße darauf an mit einer Piccoloflasche Crémant und einem Dönerteller. Training beginnt morgen.

19.05.2021

Morgens drehe ich einen Beitrag, nachmittags habe ich keine Konzentration mehr. Kaufe mir deswegen am Kiosk eine aktuelle Tageszeitung und einen recht mittelmäßigen Coffee-to-go, setze mich auf eine Parkbank und schmökere in den Zeitungsannoncen. Treffe auf dieses Meistwerk unter »Er sucht Sie«:

Er, 78 Jahre jung, stattliche Rente und vorzeigbar, sucht eine Sie mit Lust und Spaß am Erforschen neuer Menschen, bereit für Tagesausflüge, keinen Urlaub

Da steckt so viel drin, es ist unfassbar. Am liebsten würde ich Kontakt mit dem »vorzeigbaren« Herrn aufnehmen, aber ich glaube, er hat eine Menge Game bei der Damenwelt und ich würde gar nicht durchkommen, so heiß, wie sein Telefon am Bimmeln ist. Abends besorge ich Zweierlei bei Pauli Pizza und schlafe bei meiner Freundin. Sie wohnt in einem Studentenwohnheim, aus Platzgründen schlafe ich immer auf einer Klappmatratze mit Schlafsack. Klingt schlimmer, als es ist, fast aufregend, wie eine Nacht im Zelt mit weniger Rückenschmerzen.

20.05.2021

Am Samstag wird in Hamburg die Außengastro eröffnet, das heißt, dass es nicht mehr lange dauern kann, bis auch wieder die Pferderennbahnen aufgemacht werden. Ich habe so einige Euros, die verjubelt werden dürfen. Wer mich kennt, weiß, dass ich sehr resistent bin gegen Laster. Neben Alkohol und Zigaretten bin ich ein unbeschriebenes Blatt. Nur der Sport der Könige, das Pferderennen, hat mir irgendwie den Kopf verdreht.

Ich finde, Pferde sind ziemliche Kacktiere, gruselig und gefährlich, langsame Motorräder mit hoher Tötungswahrscheinlichkeit, aber wie der Jockey das Pferd antreibt, die Fusion von Mensch und Tier, das ist einfach nur faszinierend. Finde im Internet aktuell leider noch nichts zu genauen Öffnungsplänen, aber ich stelle mir einen Google Alert ein.

Suche stattdessen frohen Mutes nach Urlaubszielen und Möglichkeiten. Überlege, zum ersten Mal eine Interrailtour zu machen: Nach Italien, dann auf dem Rückweg Wien, Budapest, Prag, Berlin.

Als mir bewusst wird, dass das sehr viele heiße Sommertage in Zügen sind, verwerfe ich den Plan und entscheide mich zu Gunsten des Luxus für einen Städtetrip. Reicht auch erst mal, muss ja das Reisen wieder erlernen.

Abends bereite ich Pasta Puttanesca vor für meinen Freund K. und mich. Bei einigen Flaschen Vino Verde reden wir angeregt über verschiedene Größen der deutschen Popkultur und ob sie wirklich trocken und clean sind oder nicht. Der Verdacht, dass einige zwar drogenfrei sind, aber dafür eine starke Medikamentenabhängigkeit entwickelt haben, verfestigt sich. Lallend entlasse ich K. in die Nacht, falle ins Bett.

21.05.2021

Wie im Traum aufstehen, Katzenwäsche, Büro. Dort mal wieder hastiger Kaffeeverzehr, Kleinkram abarbeiten. Gegen 16 Uhr treffe ich meinen Freund J. auf einen Kaffee, aus dem sehr schnell eine ganze Flasche Rotkäppchen Halbtrocken auf leeren Magen wird. Bringe ihn zu seinem Termin und eile nach Hause, da ich um 20 Uhr nochmals Besuch bekomme von meinem Freund Jasper. Er verspätet sich, so kann ich noch eine halbe Stunde auf dem Rad machen. Mit dem Trainingsprogramm eines Arbeitskollegen komme ich ordentlich ins Schwitzen, bin wieder nüchtern und schaffe es gerade eben noch, mich frischzumachen, bevor es an der

Tür schellt. Es schellt an dem Abend häufiger, wir trinken zu zweit eine halbe Flasche Akashi Whiskey und einen Kasten Ratsherren. Wieso auch nicht? Zeig mir etwas Erfüllenderes und ich werde es nutzen, bis dahin lass mich allein mit meinem überteuerten Alkohol und der Gewissheit, nicht zu genügen.

22.05.2021

Kneipen sind auf, Wetter ist scheiße. Schwer verkatert quäle ich mich zu einem Bierdate in der Doppelschicht, A. und ich trinken jeweils ein 0,4er Jever und rauchen zwei Zigaretten. Verwerfe jegliche Saufpläne und gehe einkaufen für das lange Wochenende.

Mangels Alternativen versuche ich mich an dem Klassiker der »asiatischen« Küche: gebratenen Nudeln. Erkenntnis: Ohne Glutamat schockt das nicht.

Bei zwei kühlen Flaschen Augustiner Helles (das Einzige was ich mag!) gucken meine Freundin und ich den ESC und naschen Popcorn und Avocado-Lachs-Rollen. Meine Favoriten sind Portugal, Ukraine (geiler Mittelalter-Jodeltechno) und die Italiener, die es am Ende auch holen. Der Sänger kokst vor der Kamera, beeindruckend. Wirklich spannend dieses Jahr, das Publikumsvoting ändert absolut alles, ein Fest des europäischen Fernsehens! Schade um den Schweizer, der wirklich aussieht wie der Bruder von Faber, und um Audrey Toutou, tolle Performance.

Danach wieder die traurige Erkenntnis, in Deutschland zu wohnen: Barbara Schöneberger hat die Energie eines Junggesellinnenabschieds, der bei der Happy Hour im Extrablatt einen Aperol zu viel hatte und jetzt über Wortspiele wie »Perversico« lacht. Michael Schulte ist eine langweilige Heulboje, Jan Delay auch irgendwie überholt. Dass Sarah Connor noch lebt, war mir neu.

23.05.2021

Nach der ESC-Nacht erst mal schön bis 13 Uhr geschlafen, zum Frühstück gibt es Pannekoeken und eine große Melange. Den Kaffeegenuss auf wenige, dafür aber rituelle Momente zu verlegen, klappt mittlerweile ganz okay, die Teeoptionen haben mich gar nicht abgeholt und von Lupinenkaffee muss ich kotzen. Habe mich deswegen dazu entschieden, ein wenig mehr Geld in die Hand zu nehmen und erlesene Sorten bei meinem Kaffeehändler des Vertrauens zu bestellen. Bei Onetake Coffee gibt es sehr leckeren Kaffee, weiß gar nicht mehr, warum ich aufgehört habe, dort zu bestellen. Geldmangel? Blutfehde?

Wahrscheinlich, weil es irgendwann bequemer war, eine Packung dieses gelben Fairtrade-Kaffee beim Einkaufen mitzunehmen. Doch diese Zeiten sind vorbei, jetzt wird wieder genossen.

Tag ansonsten ohne Planung, vielleicht gibt es ein leckeres Bier im Molotow, vielleicht schwinge ich mich aufs Rad, vielleicht koche ich eine 40.000-Kilokalorien-Lasagne und esse sie mit der Hand. Es bleibt ungewiss.

24.05.2021

Ich persönlich mag Tocotronic ja gar nicht. Ich konnte irgendwie nie etwas mit dieser hochgestanzten, kryptischen Indiepopperei anfangen, ich glaube, weil sie einfach zu 100 % humorlos auftreten. Mit dieser Meinung stoße ich selten auf Zustimmung, ich gehöre anscheinend zu dem Typus des potentiellen Fans: Neue Bekannte sind eher bei der Frage »Welche ist deine Lieblingsplatte« als bei »Magst du die überhaupt?«. Da ist man einmal trauriger als der Otto Normalbürger und schon wird einem ein Stempel aufgedrückt.

Ich kann das ja anerkennen, was die Tocos da erschaffen haben. Ich höre es einfach nicht gerne. Und damit kommen wir zu einem Knackpunkt, denn ich hasse es, wenn dann irgendwelche Hampelmänner um die Ecke tanzen und sagen: »Ah, okay, dann hast du entweder keinen Geschmack oder du verstehst die Texte nicht.«

Sorry, Sascha, über Geschmack will ich gar nicht erst anfangen, ich habe eine Zeit lang ausschließlich Darkwave gehört, ich weiß, dass ich mich da nicht so weit aus dem Fenster lehnen kann. Aber Tocotronic ist nicht die Dialektik bei Hegel, also calm den fick down und lass mich meinen Schranz hören, während du stilles Wasser trinkst, weil das besser für die Stimme ist (hat dein Vocal Coach dir geraten). Wollte es nur mal gesagt haben.

Abends Podcast, intensiver Genuss von Kümmel und Flaschenbier, mit schwerer Zunge ins Bett.

25.05.2021

Meine Augen sind wie schwere, samtene Vorhänge in einem alten Chateau, ich brauche mehrere Versuche, um sie aufzubekommen. Dieser verdammte Alkohol, ich komm nicht von ihm los. Ich versuche es aber auch nicht wirklich.

Bedrückend. Ich möchte mein Leben so gerne ändern, weil mich irgendetwas daran stört, aber was? Wie soll man gegen Dämonen vorgehen, wenn man nicht mal weiß, ob man das wirklich will? Es ist alles ganz okay, es reicht irgendwie. Doch in mir ist ein wildes Tier gefangen, das sich nach mehr sehnt und auch bereit ist, dafür zu kämpfen, aber schwere Ketten hindern es und so bleibt alles gleich.

Zum Frühstück schneide ich mir eine Aprikose in den Joghurt und esse zusätzlich noch eine Pampelmuse, um den Blutzucker erst mal auf Trab zu bringen. Frisch, fruchtig, lecker.

Beschließe spontan, einen sogenannten Haustag zu machen. Maximal Müll rausbringen, Balkon wird gemieden. Dresscode ist heute Jogginghose und Schlabberpulli und nicht wie sonst blankgeputzte Budapester und der feine Zwirn, in den ich mich regulär kleide. Ich bin immer noch Mensch!

Tag verläuft dementsprechend nicht sonderlich ereignisreich. Beobachte fast eine dreiviertel Stunde einen Zaunkönig, der auf meinem Balkon umhertollt. Süße Tiere. Abends ein Essen, das dem Tag gleicht: Nudeln mit Pesto, ich war auch mal Student.

26.05.2021

Ausgeschlafen und gut gelaunt gehe ich arbeiten, entspannte vier Stunden, dann schneller Einkauf im nahegelegenen SB-Kauf, zum Dinner eine reichhaltige Lasagne, dazu Bier.

Der Abend gilt dem Köhn'schen Roman, den ich einfach nur noch vernachlässige. Keine Ahnung, woran es genau liegt, aber ich komme sehr langsam und schleppend voran und jeder Satz wird seziert und analysiert, dabei will ich einfach nur 70 Seiten bei einem geilen Verlag abgeben und sie sagen: »Herr Köhn, Sie sind der neue Kracht!« Es ist doch nicht zu viel verlangt!

Quäle mir unter größter Anstrengung drei Seiten aus den Händen, Output ist extrem melancholisch und düster, fällt sehr aus dem restlichen Projekt raus. Ist das ein guter Bruch oder arbeite ich gerade unbewusst an zwei Büchern? Die helle und die dunkle Seite des Köhn.

Jaja, ich bin ein Mysterium. Freundlich und witzig, melancholisch und verschlossen. »Ja, der ist echt witzig und zuvorkommend, aber manchmal sitzt er auch alleine am Tresen, betrinkt sich und stiert gegen die Wand.«

Sexy: Ich bin ein Prototyp Schriftsteller. Peinlich: Ich habe noch nichts veröffentlicht und rede von mir als Schriftsteller, das gibt 20 Punkte auf der Aufschneiderskala. Gegen 3 Uhr gehe ich ins Bett und liege noch zwei Stunden schlaflos rum.

27.05.2021

Wache verwirrt auf, in meinem Traum ging es hauptsäch-
lich um Vintageklamotten von Firmen, die nichts mit Kleidung zu tun haben sollten (Porsche, Havanna Club, Harley
Davidson). Egal, Träume sind Schäume. Die Zeiten meiner
Überzeugung, das »zweite Gesicht« zu besitzen, sind vorbei,
trotzdem habe ich unglaublich Lust, mir ein Shirt von Harley Davidson zu kaufen mit einem Adler-Print.

Komme schleppend mit der Arbeit voran, sowohl privat
als auch sonst. Bestelle mir nach langer Zeit mal wieder was
zu essen, Bun Bo Nam Bo. Das Restaurant scheint gut da
frequentiert zu sein, die Lieferung benötigt anderthalb Stunden. Absoluter Nicht-Tag, ich schaffe nichts, es interessiert
mich nichts. Abends soll Moritz bei mir für ein paar Tage
übernachten, er hat beruflich in der Hansestadt zu tun. Aufgrund von Zugproblemen verzögert sich seine Ankunftszeit
um dreieinhalb Stunden, ich informiere mich in der Zwi-
schenzeit über die aktuellen Jobangebote des BND und versuche mit meinen begrenzten Hebräisch-Kenntnissen, die
Homepage des Mossad zu entschlüsseln.

Um halb zwei klingelt es, Moritz kommt mit einem McCa-
fé bewaffnet an. Wir trinken noch ein Bier und reden über
Belanglosigkeiten und die verpatzte Geiselnahme Münchens
1972 während der Olympiade. Zähneputzen, einkuscheln.

28.05.2021

Der Vorteil eines Familienvaters als Übernachtungsgast ist
die biologische Uhr. Ich wache um 8 Uhr davon auf, dass
Moritz mir über den Kopf streichelt und mir ins Ohr flüstert: »Guten Morgen, kleiner Prinz, ich habe dir einen Kaffee gemacht.«

Endlich mal wieder betüdelt werden. Gegen 9:30 Uhr gehen wir ins Büro, innerhalb von sechs Stunden schaffe ich

mehr weg als in zwei Wochen zusammen. Was vielleicht auch daran liegt, dass wir nicht alle 15 Minuten rauchen gehen wie sonst immer.

Abends kredenze ich Lammschulter Sous-vide mit Kartoffelpüree und Sauce Provencale, dazu einen 2017er Pithium von Bassermann-Jordan für mich und eine Paulaner Spezi für den kleinen Momo.

Nach dem Dinner machen wir es uns schön auf der Couch und gucken ein »Counter Strike«-Turnier, Ninjas in Pyjamas vs. G2, spannend.

Nachdem ich fünf halbe Liter Augustiner getrunken habe, rauche ich drinnen und nicke fast weg, wanke dann aber in mein Zimmer und lasse Moritz alleine.

29.05.2021

Als ich aufwache, ist Moritz bereits weg. Es ist 14:32 Uhr, ich schmecke nach Starkbier und Tabak. Gebückt schlurfe ich in die Küche und mache mir eine Tasse Kaffee (übrigens immer noch Feine Milde von Tchibo, ich traue mich an die erlesenen onetake-Produkte nicht ran, jedes Paket sieht so edel aus wie ein Fabergé-Ei).

Verbringe die nächsten zwei Stunden mit sinnlosem Gedaddel am Smartphone, bewege mich nur zwischen Bad und Sofa hin und her. Eigentlich hatte ich mir vorgenommen heute am Flügel ein wenig zu komponieren, sag's mit X. Gegen 18 Uhr kommt Moritz wieder, kurz darauf kommt meine Freundin dazu. Wir kochen (O-Ton ich: »Endlich mal ein paar Mäuler zu stopfen«, peinlich!), kniffeln (jede*r gewinnt ein Mal), gucken Stand-up-Programme (alle drei von Tom Segura, Empfehlung). Wie eine richtige, kleine Familie.

30.05.2021

Halb elf hoch, Frühsport, Kaffee und Moritz verabschieden. Gute Reise, guter Freund, auf bald!

Halbe Stunde Cardio, dann ein leichtes Frühstück (Eiweißbrot mit Meerrettich und Lachs, Limettenwasser, hartgekochtes Ei).

Wetter ist ausgezeichnet, Freundin und ich entscheiden uns für einen ausgedehnten Spaziergang und Mittagessen in einem Restaurant auf dem Weg (polnische Küche, essen beide Piroggen). Freundin fährt nach Hause, sie muss ihre Studien noch finalisieren. Was mache ich denn nun mit diesem angebrochenen Tag?

Vielleicht sollte ich mal ein wenig die Bieroptionen in der Umgebung auskundschaften, ich meine, das habe ich mir verdient – Sport, einen Tag Arbeit, Kniffel. Alles aufregend und kräftezehrend.

Auf einen Sonntagnachmittag sind die Möglichkeiten allerdings überschaubar, ich trinke in drei verschiedenen Lokalen jeweils ein kleines Bier (dreimal Jever, na gut) und gehe dann mit leichtem Schwips nach Hause.

Vor Ort noch ein Augustiner, dann gieße ich die Pflanzen und döse auf der Couch beim Hörbuch »Heinz Strunk in Afrika«.

31.05.2021

Wache mit gemischten Gefühlen auf. Erfahrungsgemäß wird die erste Juni-Woche immer heiß und drückend, ein Wetter, mit dem ich eher mäßig klarkomme. Beobachte vor einem Café eine sehr kleine Frau bei einem Telefonat in extremer Lautstärke. Sie schreit: »Was bist du für ein Mensch? Du läufst doch vor deinen Problemen davon!«

Dafür liebe ich Hamburg, alle meine Sitznachbar*innen sind plötzlich hochinteressiert an den Hintergründen des

Gesprächs. Wir tauschen uns über die Tische aus und flaxen, uiuiui, spannend.

Mit drei Flaschen Pfaffmann Grauburgunder zu M., Podcast. Erfrischend nüchtern nach Hause, dort kompletter Absturz bis fünf.

Juni

01.06.2021

Dienstage sind Hinni-Tage, ich kümmere mich immer gut um mich selbst und genieße die Zeit allein. Nach einem kurzen Büroaufenthalt schwinge ich mich in weiche und zu große Klamotten und bestelle beim Griechen meines Vertrauens, man muss nicht immer kochen. Mit einer Aquamaske und der Mykonos-Platte widme ich mich einem heimlichen Hobby: Nazikram.

Nach »Napola – Elite für den Führer« schaue ich noch drei Folgen »The Man in the High Castle«. Laufzeit liegt eigentlich bei bummelig vier Stunden und 15 Minuten, da ich aber alle potentiellen Wahrheiten direkt recherchiere, verbringe ich knapp sieben Stunden mit dem alten Stopp-Wikipedia-Weitergucken-Stopp-Spiel.

Behalte von den Informationen wenig bis nichts, um 3 Uhr ins Bett. Alptraum: Ich überrede Menschen, sich in einem Treppenhaus von ganz oben runterzustürzen. Wer küchenpsychologisch Interesse hat: Bitte!

02.06.2021

Ich würde so gerne mal jemandem gegen die Stirn klopfen und rufen: »Hallo, jemand zu Hause?!«

Was genau ich mir davon verspreche? Ich weiß es nicht, aber dieser Satz, diese Geste, das ist einfach pure Magie.

03.06.2021

Ich weiß nicht, warum, vielleicht habe ich mich verlegen oder der übermäßige Alkoholkonsum hat etwas in meinem Kopf durcheinandergerüttelt, aber ganz St. Pauli riecht nach Ei. Ich bin ein großer Verfechter des Ei-Konsums, natürlich widerlich vom Gedanken her, aber schmackhaft! Trotz meiner Affinität für Ei und die verschiedenen Eierspeisen der Welt – den Geruch möchte ich nicht unbedingt dauerhaft in der Luft haben.

Im Büro guter Durchlauf, ackere erst mal richtig was weg und bin dann verabredet. Erquickende Gespräche mit L. bei ihr zuhause, größtenteils Musikgeschäft und ESC. Danach hole ich meinen Mitbewohner aus dem Molotow ab, vor Ort klingeln die Alarmglocken. Nicht versacken, Hinnerk, morgen hast du einiges zu tun! Wie ein Mantra sage ich es mir immer wieder, zwinge mich, mehrfache Bier- und Schnaps-Angebote abzulehnen. Doch meine Willenskraft ist klein, ich versacke.

04.06.2021

Gepennt wie ein Toter, erwacht wie ein wunderschöner Schmetterling. Ich bin ein gutaussehender, junger Mann in seinen Zwanzigern, heute wird gelebt!

Ziehe mir ein schniekes Hemd an und die gute Jeans, ich gehe aus. Gönne mir mal was. Ein wenig flanieren, ein wenig bummeln. Hamburg liegt mir zu Füßen, ich bin der Prinz dieser Weltstadt!

Teste zum Reinkommen erst mal eine eiskalte Weinschorle, kippe direkt zwei hinterher und tanze durch die Straßen. Es ist eine Musical-Szenerie, ich singe und die Leute singen mit mir! In einer ausgefallenen Choreografie werfe ich eine Passantin hoch, fange sie wieder auf und wir tanzen einen schnellen Swing. Applaus, Applaus!

Auf dem Rückweg treffe ich meinen Freund J., sein Haus brennt. Ärgerliche Sache das, aber meine Löschfähigkeiten sind begrenzt. Wieder zuhause schlägt mir mein Kreislauf ins Gesicht, jegliche Farbe entweicht und ich liege nass und keuchend auf der Couch. Danach scharfes Indisch und »Star Trek«, klassischer Freitag.

05.06.2021

Vermisse Mutti, setze mich ins Auto und fahre zu ihr. Spontanbesuch ist bester Besuch, Tränen der Rührung, Umarmungen und Küsse. Klassische Köhn-Sprüche (»Erst mal ein Kaffee oder direkt ein Bier?«), Lachen, ernste Blicke – das Flens ploppt.

Ich denke an all die schönen Momente mit meiner Mutter zurück, wenigstens eine kleine Last möchte ich ihr nehmen und baue ihren neuen Liegestuhl auf, ich guter Sohn. Dann gibt es einige heftige Kniffelduelle, aber gegen 62 Jahre Erfahrung kommt auch kein Talent an.

Um vier ins Bett, schmökere noch in »Gespensterpark – Die Geheimtür zur Geisterwelt« von Marliese Arold, spannend.

06.06.2021

Auffallend, dass Tagebücher immer den Touch von Briefen aus dem Krieg haben: »25.8.1943: Ein Schlag ins Gesicht für jeden aufrichtigen Deutschen, der für sein Vaterland kämpft.«

Heute fällt mir das Wochenbuch erstaunlich schwer. Die Rückreise aus Eckernförde lief flüssig und OBV (ohne besondere Vorkommnisse), trotzdem fühle ich mich schlapp, krank, ausgelaugt. Dieses verdammte Drecksswetter, verfickter Sommer, schweißtreibendes Ärgernis! Verfluchen soll ich dich, denn für Temperaturen wie 25 Grad bin ich nicht nach Hamburg gezogen!

Was gäbe ich für einen schneebedeckten Morgen in der Hansestadt, doch auch dies sei mir nicht vergönnt, sei es Winter, sei es Sommer – die Jahreszeiten bleiben Feinde.

Um dem entgegenzutreten, trinke ich Sekt, das hilft zumindest für die Moral. Nach einer Stunde schließe ich erschöpft den Laptop, esse ein scharfes Curry und entschlafe sanft.

07.06.2021

Kaum gepennt, die Hitze macht mich fertig und drückt auf Geist und Gemüt. Ich bin fahrig und dünnhäutig, dazu diese stetige pochende Wärme. Mein Blut ist zu dick für St. Pauli. Damit ich mich ein wenig runterkühlen kann, besorge ich Eiswürfel für die Pulsadern und einen 6er-Träger Weißwein für die Schorlung.

Ab 25 Grad Celsius läuft der Motor halt nur noch mit Schorle, ich bin ein merkwürdiger Mann, aber ich habe Prinzipien. Bei Weißwein kann man wenig falsch machen, als Basic für eine Schorle kann ich den Grauburgunder von Pfaffmann empfehlen, angenehm trocken und sauer, perfekt für Schorle auf dem Balkon.

Abends rechne ich hoch, wie viel Geld ich für Alkohol und Zigaretten und wie viel ich für »Nützliches« wie Essen, Miete, Putzmittel etc. ausgebe.

Überraschenderweise sind die Ausgaben für »Nützliches« doch höher, mir fällt abermals auf, dass ich deutlich über meinen Verhältnissen lebe. Ich werde nichts daran ändern, ich habe Angst davor und außerdem stirbt man eh irgendwann, scheiß aufs Geld! Lieber doll Schulden machen und mit 40 Freitod durch Tabletten, so wie die Großen.

Podcast mit M. (gute Folge), zuhause noch ein wenig geschrieben und einen Schlummertrunk zu mir genommen (lauwarmes Bier, einen Grappa).

08.06.2021

Tag verläuft ereignislos, mal wieder schlecht geschlafen und dementsprechend das Gefühl, krank zu werden. Wenn ich müde bin, verläuft alles um mich herum wie ein Slow-Motion-Filter, alles ist unfassbar laut und dröhnend, während die Zeit langsam vor sich herschneckt, kleine Schritte, keine Eile.

Abends sind wir bei einer Nachbarin zum Grillen eingeladen, ich erwarte, dass der Abend ruhig verläuft. Paar Bier,
paar Gespräche, um Mitternacht in die Heia. Wir bringen
einen gemischten Salat und Tomate-Mozzarella mit, erst als
wir vor der Tür stehen, werden uns die Ausmaße bewusst.
Wir gehen auf die 30 zu. Tendenziell ist mir mein Alter
wirklich egal, aber ich wusste nicht, dass ich schon so nah
dran kratze, dass ich vielleicht ein wenig anders mit dem Alter umgehe, nur ein kleines bisschen.

Aber am Ende saufe ich viel und bin dann doch ganz normal. Ein kleiner Wichtigtuer, ein Fake-Bohemian, ein Wan-
nabe, ein Löschblatt als Mensch. Ich sauge alles auf, um es
mir anzueignen, aber es bleibt doch nur eine Kopie von dem,
was ich sein möchte. Ich bin schlecht abgepaust. Ein Man-
dala, bei dem man über den Rand gemalt hat.

09.06.2021

Es ist 8 Uhr morgens, als ich mich von unserer Nachbarin
verabschiede. Wir saßen auf dem Balkon und schauten der
Sonne bei ihrem Aufstieg zu, ein Moment, den ich selten erlebe. Von nun an ist da ein Band zwischen uns, das nahezu
unmöglich zu kappen ist.

Und vor allem sind dort Kopfschmerzen und die uner-
trägliche Gewissheit, auch viel Schrott gelabert zu haben.
Gegen 14 Uhr wache ich schreckhaft auf, Kopfschmerzen
und doch Klarheit, die schlimmste Kombination. Zwei Ibu-
profen, anderthalb Liter Spezi, ein großes Glas stilles Wasser (eiskalt), kalte Pizza von Dominos, Magenschmerzen,
Diarrhö, Entschlackung, zwei Liter Wasser, ein Jever Fun,
Brechreiz, Horrorfilm »Babadook«, Bett, zuckhaftes Wälzen,
Schlaf.

Ich drehe für das Vierte Deutsche Fernsehen einen Beitrag über Menstruationsschmerzen inklusive Eigenversuch. Ich wünsche das nicht mal meinem schlimmsten Feind, was für ein unfassbarer Scheißdreck ist das denn? Was für ein Gott soll das sein, der Menstruationsschmerzen zulässt? Da merkt man mal wieder: Sechs Tage irgendwie halbgar die Welt hingewichst und am siebten Tag schön am Gammeln gewesen, natürlich kommt dabei nix Gutes rum.

Die ersten Tage hat er sich anscheinend noch richtig Mühe gegeben, aber ab Bergfest war dann Schicht. Ich kenne das ja auch, meine Motivation sinkt mit jedem Wochentag, aber hier ging es schließlich nicht um die Projektleitung eines Kindergeburtstags, hier ging es wirklich um was!

Und nun? Krieg, Pest, Cholera, Menstruationsschmerzen, Hass, Christoph Daum, Prost Mahlzeit.

Wenn es einen Gott gibt, dann habe ich das Gefühl, dass wir eine recht mäßig ausgearbeitete Beta-Version sind. Ware zweiter Klasse.

Unangenehmer Gedankengang, ich bin unzufrieden mit meinem Leben und das ist noch nicht mal die komplettierte Fassung?

Lieber wieder an was Schönes denken wie z. B.: Bier. Eiskalt, erfrischend, freundlich. Trinke zwei im Büro, eins im Molotow und acht zuhause. Der sogenannte »Gott-Modus« setzt ein, ich trinke und trinke, aber werde nicht besoffen. Was in meiner Jugend als Trinkfestigkeit und positive Eigenschaft galt, ist heutzutage einfach nur noch bedrückend. Ich trinke doch nicht, um irgendjemandem etwas zu beweisen, sondern um vor mir selbst zu fliehen. So eine Scheiße, um halb vier mache ich den Fernseher aus und gehe nüchtern ins Bett.

11.06.2021

Vitalfrühstück, eine Tasse milden Kaffee (Bohne aus Kenia, nussig, leichte Cranberry-Note), dann Büro. Der Instagram-Algorithmus macht sich offenkundig Sorgen um mich, denn ich erhalte durchgehend Werbung für Jobs in der Eventbranche. Ein mittelgroßes Festival in Mecklenburg-Vorpommern vergrößert das Team. Festivalkonzeption reizt mich tatsächlich, ich klicke drauf.

Abstoßendes Hipstergewäsch und Verklausulierungen erwarten mich, ich hasse die Stelle direkt.

»Office Manager*in« ist nach Lektüre der Stellenbeschreibung einfach die Person, die an der Rezeption sitzt. Dazu gibt es noch Jobausschreibungen für »Head of Food«, »Head of Karma« und vor allem für »Head of Kindsein« – diese Menschen suchen keine Eventmanager*innen, die suchen Clowns. Wohlfühl-Motivationscoachs, Animateur*innen, Klassenkasper.

Ich bewerbe mich. Wenn ich den Job kriege, dann werde ich das Unternehmen von innen heraus zerstören.

Zum Dinner gibt es Trüffelpasta und Mascarpone-Creme mit frischen Früchten, Lektüre Stephen Kings »It«, erst mals im O-Ton. Bin begeistert.

12.06.2021

Auftritt in Hamburg-Moorburg, 20 Versprengte und ein paar Kinder. Die Stimmung ist nicht vorhanden, ich will einfach nur weg. Hippies und zufällig Anwesende. O-Ton: »Wir hatten 17 Anmeldungen, das ist super!«

Nein, ist es nicht, aber ich bin Profi und ziehe durch. Fahre mit dem Taxi 45 Minuten nach Hause, bin zu schwach, um noch etwas Schönes zu erleben.

Ich habe einen Auftritt. Außerhalb Hamburgs. Wann war ich das letzte Mal auf Tour? Es scheint ewig her zu sein, ich erinnere mich kaum mehr mehr an die Details, die das Tourleben ausmachen. Brauche fast anderthalb Stunden, um meine Tasche zu packen. Mir über die Deutsche-Bahn-App ein Ticket zu ziehen, erscheint mir eine unbezwingbare Aufgabe, aber nach einer halben Stunde habe ich eine Fahrkarte, einen negativen Schnelltest und sitze im ICE 681 nach Hannover. Es dauert nur eine Stunde und 20 Minuten, es kommt mir trotzdem vor wie eine der längsten Reisen meines Lebens. Vielleicht hätte ich meinen Mitbewohner richtig verabschieden müssen, als würde ich auf eine mehrmonatige Schifffahrt gehen, bei der unsicher ist, ob die gesamte Besatzung zurückkehrt.

Allgemein, ich bin das letzte Mal im September Zug gefahren, fühlt sich alles unwirklich an. Um das zu verkraften, hole ich mir einen Sekt im Bordbistro. Beim Öffnen schäumt der Sekt über und es landet alles auf meiner hellgrauen Hose, nein, nein, nein! Ich habe natürlich nur diese mit, also werde ich in der Oper zu Hannover in einer befleckten Hose auftreten.

Ich bin eingerostet, hundertprozentig habe ich noch etwas vergessen. Auf den Schock hole ich mir noch ein Bier. Was tun? Kurze Hose in der Oper? Das kann ich nicht machen. Aber Geschäfte haben auch dicht, es ist Sonntag. Vielleicht fällt das im Scheinwerferlicht nicht so auf?

Und selbst wenn – es geht um meine Texte, nicht um meine Hose. Aber das Publikum ist oberflächlich, ich gewinne immer nur, wenn ich süß aussehe.

Scheiße! So eine Scheiße! Jetzt ist alles egal, ich gehe einfach barfuß auf die Bühne und hau mir paar Sekt vorher rein, was soll schon passieren?

Brettharte Kopf- und Magenschmerzen, wenig geschlafen, viel geschwitzt. Das Fenster meines Hotelzimmers zeigt direkt auf eine viel befahrene Stadtautobahnbrücke, unter eben jener haben ca. 30 Jugendliche einen illegalen Rave veranstaltet. Ich gönne es ihnen, aber das Unvermögen, zu schlafen, zermürbt mich in der Regel mehr als der schlimmste Kater. Dazu das Wetter, der Fleck auf der Hose, der Stress, die konsequente Angst, das dauerhafte Gefühl, laut losbrüllen zu müssen.

Dusche eiskalt, um mich ein wenig hochzupumpen. Der Auftritt gestern war fantastisch. Sehr wenig Menschen, Stimmung wie im Club, ausgehungerte Tiere, die sich nach Kultur gesehnt haben. Mal sehen, wie lange das anhält.

Pessimismus ist mein liebstes Hemd, ich trage es so oft wie möglich. Das Publikum ist jetzt freudig erregt und geifert nach Kultur, aber bald ist es wieder satt und man muss um die Aufmerksamkeit, die Lacher buhlen. Na ja, alles wie vorher, also alles wie immer.

Zugrückfahrt ohne besondere Vorkommnisse, hole mir viel zu spät eine Tasse Bordbistro-Kaffee und muss den Pappbecher mit nach Hause nehmen. Frage mich mal wieder, wie sie es hinbekommen, dass der DB-Kaffee so extravagant schlecht schmeckt, dass ich ihn vermisst habe. Ich kann es schwer beschreiben, er schmeckt in erster Linie stark und hat eine spezielle Note, die ich vielleicht am ehesten mit »nussig« umreißen würde. Vielleicht hat sich in all den Tourjahren einfach ein spezielles Verlangen nach schlechtem Essen und schalen Getränken festgesetzt.

Zurück in Hamburg arbeite ich nach Maß an verschiedenen Projekten, mache Mittagsschlaf, abends Podcast mit M. Zuhause mühsame Versuche, zu schreiben, kein Erfolg, Bett und tiefer, traumloser Schlaf.

Ungewöhnlich frühes erstes Erwachen, kann aber noch einmal einschlafen und wache gegen 11 Uhr erneut auf. Frühsport (20 Minuten Cardio), dann Tomate-Zwiebel-Salat, Morgentoilette. Lese einen Artikel über Staudensellerie im Spiegel:

»Staudensellerie besitzt wichtige Nährstoffe für gesunde Haut, Augen und Haare und soll aphrodisierend wirken.«

Ich bezweifle das. Bin noch nie geil geworden, weil ich Staudensellerie gegessen habe. Maximal wütend, vielleicht auch satt. Aber unwahrscheinlich, denn Staudensellerie hat – laut Spiegel – sehr wenig Kalorien. Ich frage mich, wie dieser Artikel zustande gekommen ist. Wenn es eine freischaffende Person war, die ihn geschrieben hat, muss ja jemand in der Redaktion gesagt haben: »Leute, ich habe da was ganz Großes. Der Fred aus meinem Kleingarten-Verein, der hat so ein mieses Killerding über Staudensellerie, scheiß auf Wirecard, wir ficken den Spiegel wieder nach vorne!«

Peinlich. Wenn sogar die großen Zeitungen dem Sommerloch verfallen.

Andererseits: meine Chance einen Artikel zu platzieren! Setze mich nach langer Zeit mal wieder an mein Essay »Kölln Haferflocken – Mythos oder Wahrheit?«, wenn ich das richtig angehe, könnte das mein Durchbruch als investigativer Journalist werden.

Kleiner Dämpfer in meiner Karriere: Kölln Haferflocken sind weit von einem Mythos entfernt. Wird also noch ein wenig dauern mit meinem Durchbruch als kongenialer Kosmopolit mit einem Hang zur Melancholie, bis dahin klemme ich mich also wieder hinter den Schreibtisch und arbeite an Großprojekten. Stolpere bei meiner regulären Arbeit für verschiedene Arbeitgeber*innen immer wieder darüber, dass mein Vorname wirklich nicht geläufig ist. Dass die meisten Ansprechpartner*innen sich bis zum ersten Telefonat nicht sicher sind, ob ich Herr oder Frau Köhn bin, nehme ich als Kompliment. Weitere schöne Formen meines Namens:

Hinek
Hinnark
Herr Hinnerk
Hinnerte
Heinerk
Hinnerl

Ein typischer Verschreiber meinerseits: HJinnerk, mein Name in der rechtsradikalen Untergrundszene ist also gesetzt. Ich habe mich auch lange gegen einen Spitznamen gewehrt, aber manche Riesen kann man nicht bekämpfen. Mittlerweile liebe ich sie aber alle: Hinnsen, Hinnzi, Hinni und Köhnimann. Mein Name ist Hinnerk, denn wir sind viele.

Außer Hinnerk Baumgarten, den finde ich eklig. Hinnerk Schönemann wiederum ein toller Typ.

17.06.2021

Für Temperaturen über 30 Grad Celsius bin ich nicht nach Hamburg gezogen, ich kann es nur wiederholen! Die Suppe läuft, ich öle, wie eine Sardine bewege ich mich durch die Massen von Menschen, die sich auf der Reeperbahn tummeln. Es ist, so leid es mir tut, Kurze-Hosen-Wetter.

Ein Verbrechen an der Modewelt, aber Hitze ist auch ein Verbrechen an der Menschlichkeit. Wieso soll ich mich quälen, sofern die Shorts nicht kariert sind und Taschen an den Seiten haben, kann man es wenigstens einigermaßen kombinieren, ohne direkt wie ein Incel aus der Berufsfachschule auszusehen. Für den Look braucht man übrigens nur noch eine schwarze Digital-Uhr, ein Bandshirt, schwarz, und den Samba von Adidas.

Der Sommer ist für mich im Allgemeinen eine Zeit der männlichen Modesünden. Ich würde so gerne weniger schwitzen und die Hitze besser aushalten, doch ich muss mit dem arbeiten, was ich habe: durchgeweichte Hawaii-Hemden mit Koi-Print, kurze Hosen, Bootyshorts (ohne Booty) und Schlappen. Fake-Birkenstocks, die nach wenigen Tagen den unangenehmen Geruch eines Fischkutters annehmen oder die Originalbirkenstock-Römersandalen, die scheuern. Vom Regen in die Traufe, im Sommer merke ich mit jedem Tag, dass Leben auch Sünde heißt.

Zusätzlich werde ich nicht braun, erst nach einem schmerzhaften Sonnenbrand kann man eine leichte Verfärbung erkennen, die mich zumindest menschlicher macht. Juni, Juli, August – für manche Urlaub zuhause. Für mich die Hölle auf Erden.

Trinke den Tag über 4 Liter Wasser, verliere 5 Liter über Ausdünstungen. Abends leichter Mischsalat und Antipasti, dazu Baguette und »True Detective« im O-Ton (unverständlich).

18.06.2021

Zu heiß für Schlaf und auch der Wetterbericht foltert mich. Ich habe gebangt und gehofft, die ganze Woche war Regen und Gewitter für heute angesagt, aber es ist mir nicht vergönnt. An dem Tag, an dem ich eine Streamshow moderieren soll, knacken wir die Höchsttemperatur des Jahres. Und was macht Hinni? Hinni sitzt im Dachgeschoss vom Grünen Jäger und moderiert Lesen für Bier.

Ziehe mich im Laufe des Tages zweimal um, Show funktioniert überraschend gut und macht Spaß, werde aber einfach nicht besoffen, da in dem Kabuff der Alkohol direkt absorbiert wird.

Weil ich es als unschicklich empfinde, zu trinken und nichts zu merken, ziehe ich mir nach der Show auf Press noch drei Bier rein. Die erwünschte Wirkung tritt schnell ein, ich bin stark dehydriert und laufe wie eine humanoide Pfütze nach Hause. Dusche mich nochmal ab und schlafe auf der Couch ein, werde von Mitbewohner geweckt und wanke verwirrt in mein Bett. Bei Hitze trinken, ist Amnesie auf Knopfdruck, mir fehlen weite Strecken des gesamten Tages. Aber wird schon alles seine Richtigkeit gehabt haben.

19.06.2021

Kaum geschlafen. Die Nacht war ein Perpetuum Mobile der Beschissenheit. Wenn der Standventilator an war, war es zu laut, wenn er aus war, konnte ich wegen der Hitze nicht schlafen.

Gegen Acht flutsche ich aus dem Bett und dusche ausgiebig und kalt. Ich habe jetzt mehrere Tage schlecht geschlafen, habe das Gefühl, den Verstand zu verlieren. Tasse Kaffee, halbe Banane, dann habe ich einen Dreh in der Mittagssonne. Instant Sonnenbrand, aber nettes Team, und wir trinken im Schatten noch alle eine zuckerfreie Limonade (Bier).

Wieder zuhause kollabiere ich und liege wie ein nasser Sack auf der Couch, unfähig, mich zu bewegen, unfähig, um Erlösung zu bitten. »Hilfe!«, will ich rufen, »So soll es nicht enden!«, aber keine Chance. Niemand wird kommen, niemand wird mich retten. So ist es nun also. Oberkörperfrei und nassgeschwitzt, ohne meine Liebsten, ohne Freude. Allein.

Nach einer Viertelstunde geht es mir wieder besser und ich gehe mit meiner Freundin essen, Pappardelle in Trüffelsauce mit Steinpilzen, dazu eine Flasche Wasser und ein Glas Crémant de Bordeaux Rosé.

20.06.2021

Gesunder Durchschlaf, eine Wohltat nach den letzten Tagen. Zum petit-déjeuner einen leichten Obstsalat mit Zimt und Honig von meinen eigenen Bienen. Vor der täglichen Waschung Lektüre der Tagesschau-App (wie so häufig: erstaunlich viele Rechtschreibfehler für die Öffentlich-Rechtlichen!) und ein wenig schmökern in »Das Leben und das Schreiben« von Stephen King. Halte eigentlich nichts von Schreibratgebern, aber es wurde mir so häufig empfohlen, dass ich es mir einfach besorgen musste. Habe auch bereits viel mitgenommen und oft zugestimmt, ich glaube, Stephen und ich würden uns gut verstehen (wenn er noch saufen und koksen würde).

Der Sonntag gehört der Regeneration, ich mache ein wenig Sport, rasiere mich, mache die Wäsche und übertrage meine Kontakte in mein neues Adressbuch. Kann man altmodisch finden, aber so kann ich persönlich immer wieder abwägen, wen ich in meinem doch begrenzten Bekannten- und Freundeskreis behalten möchte. Tendenziell übertrage ich die meisten, die anderen werden es schon mitbekommen, wenn ich sie aus meinem Leben verbanne. Es ist ja nicht böse gemeint, seht es eher als einen freundschaftlichen und rechtzeitigen Abschied, bevor wir uns hässlich streiten und den Kontakt abbrechen.

Adé, meine Freunde, es war schön, doch nun muss ich weiterziehen wie das stolze Wildpferd, das ich nun mal bin.

Ich habe kein Brot mehr, gehe also zum Discounter um die Ecke.

Eingepfercht zwischen Hochbauten liegt ein kleiner Sparmarkt in meiner unmittelbaren Umgebung. Der Weg fühlt sich jedes Mal an wie die letzten Meter zum Schaffott, links und rechts türmen die Wohnhäuser, die Bewohner*innen schauen raus und mustern mich abschätzig. Ich rechne jedes Mal mit gehässigen Chören (»Hängt ihn! Köpft ihn!«), doch bisher wurde ich nur von den Blicken unzähliger Großmuttchen durchbohrt.

Wie gerne erinnere ich mich an die menschenverachtende Penny-Markt-Dokumentation von Spiegel TV über den SB-Markt auf dem Kiez. Freundlich umschreiben sie die Einkaufenden als »Freakshow«. Warum gibt es eigentlich keine Neuauflage? Würde ich auftauchen?

»Auch die Bohème fühlt sich von dem Penny-Markt auf der Reeperbahn magisch angezogen. Hinnerk Köhn ist freischaffender Autor und einem guten Glas Rotwein nicht abgeneigt.

H.: ›Doppio Passo, perfektes Preis-Leistungs-Verhältnis, macht nicht so dolle Kopp, aber schmeckt nicht wie Pisse. Außerdem kann ich nach einer Flasche noch schreiben, nicht so wie bei dem Wodka hier.‹«

Beschämend. Um auf andere Gedanken zu kommen, mache ich mir zuhause ein Jever auf, habe noch Podcast mit M. – da ist jede Hoffnung auf Besserung schon verloren.

Normalerweise rauche ich sowohl alleine als auch nüchtern und vormittags wenig bis gar nicht, heute schon nach dem

Morgenkaffee drei ohne Filter reingezogen. Ungewöhnlich, ich werte das als böses Omen. Ich rauche ja wirklich gerne – es sieht cool aus, es schmeckt mir, es macht verwegen, kurzatmig und Krebs. Aber woran soll man sich in dieser schnellen Welt sonst festhalten als an der kleinen Inschrift auf dem gerollten Papier, an dem bläulichen Rauch, der Insignie »P&S«?

Rauchen gerät immer mehr aus der Mode. Ich habe eine gute Zeit lang Jugendbetreuung gemacht, um festzustellen, dass meine Adoleszenz (Exzess und alkoholisierte Rebellion) nicht vergleichbar ist mit den Jugendlichen von heute (geilen Job kriegen und wirklich was verändern, Fridays for Future, dies das).

Als ich 16 war, habe ich viel getrunken, gelesen und auf meinen Führerschein hingefiebert. Wie klein, unbedeutend und nutzlos das heute wirkt. Täglich treffe ich Menschen unter 25, die mehr erreicht haben als ich – gut für sie, schlecht für mich.

23.06.2021

Die Gläser sind tief, in die ich schaue, deswegen muss ich mir in geregelten Abständen immer wieder ins Gedächtnis rufen, dass ich mehr als Genusstrinker wahrgenommen werden möchte. Ob man es glaubt oder nicht, ich bin ein großer Fan von Rot- und Altbier, besorge mir einen Kasten Kilkenny und trinke wie ein Kenner aus dem Glas. Was solch kleine Änderungen alles bewirken, ich fühle mich wie ein Connaisseur, ein Glas schwenkender Kenner im Kaminzimmer. Es gibt einige Bereiche, in denen ich mich gerne gut auskennen würde oder zumindest gut genug.

Natürlich habe ich das Image des traurigen, kettenrauchenden Alkoholikers, aber tief in mir drin war ich schon immer ein Mensch, dem savoir-vivre äußerst wichtig ist.

Gutes Essen, guter Wein, gute Musik und ein leichter Sepia-Filter über allem. Good ol' Times, aber bitte ohne Nazis, Faschismus, Rassismus und Sexismus. Also eigentlich nur Anzug tragen und bei der Arbeit betrunken sein, während man beim Geschäftsessen einen Hummer auseinandernimmt.

24.06.2021

In sechs Monaten ist Weihnachten. Wird ein wenig vorgezogen bei mir, ich miete mir ein Auto und bekomme meine zweite Impfung in einem kleinen, nicht näher erwähnenswerten Kaff in Meck-Pomm. Auf der Fahrt fällt mir mal wieder die romantische, aber karge Landschaft Mecklenburgs auf – inspirierend, aber gleichzeitig drückt das fahle Licht auch die gesamte Zeit wie schwüle Luft auf das Serotonin-Level. Mecklenburg macht traurig und schön, vielleicht verbringe ich meinen Lebensabend an der Seenplatte.

Mit dezenten Geschwindigkeitsüberschreitungen zurück nach Hamburg, heute Abend erste Show mit Moritz seit September. Um 17 Uhr sollen wir da sein, um 17:30 Uhr ist Soundcheck, ab 18 Uhr ist Einlass.

Um 18:10 Uhr komme ich im Schrödingers zu Hamburg an, Moritz steckt im Stau und ist kurz vor Beginn da.

Auftritt holprig, aber macht Spaß. Moritz solide abgeliefert, wir reden noch ein wenig über die kommenden Auftritte, dann bringe ich ihn zur Bahn.

Eine komische Stimmung hängt in der Luft, als wir uns verabschieden. Wir umarmen uns ein wenig zu lange, dann lässt er mich los und klopft mir auf die Schulter.

Ob wir uns das nächste Mal küssen?

25.06.2021

Höre das absolut geniale Cover von »The Passenger« von David Hasselhoff. Da hat die Musikindustrie sich an die eigene Nase gefasst und die beiden Godfathers zusammengebracht, Iggy des Punks, David der Einigung. Habe Tränen der Rührung in den Augen, wo wären wir ohne The Hoff? »David!«, möchte ich rufen, »Danke!« – doch mein Ruf verhallt in den endlosen Gängen des Gefängnisses, das ich Leben nenne.

Zum Dinner ein Jever Fun und Chili sin Carne, lecker!

26.06.2021

Tiefer, gediegener Durchschlaf von 12,5 Stunden. Zum Frühstück gibt es Dinkelpfannkuchen mit Hagebuttenmarmelade, danach ein kleiner Ortskontrollgang mit anschließendem Check-up-Bier in der Nachbarschaftskneipe meines Vertrauens. Belausche nebenbei ein wenig das EM-Spiel (egal gegen Italien), ein leichter Sommerregen setzt ein und in mir herrschen absolute Zufriedenheit und Ruhe. Ich bin die kleine verfickte Mitte einer eigenartigen Welt. Unter diesem Schirm vor der Doppelschicht, prasselnder Regen, betrunkene Fußball-Fans um mich herum, ballt sich eine Mischung aus Langeweile und Abscheu. Abscheu vor diesem Brot-und-Spiele-Fick, vor meiner eigenen Sucht und meiner eigenen Angst, als unbeschriebenes Blatt durchzuweichen und die wenigen lesenswerten Informationen unbrauchbar zu machen. Selbstzweifel und Selbstüberschätzung liegen nah beieinander. »Ich kann das doch ganz gut, oder? Na ja, also dann wäre ich ja erfolgreich, wenn ich es könnte? Aber vielleicht bin ich ja verkannt? Oder ich bin einfach nur schlecht?«

Ein ewiges Karussell, das mich von morgens bis abends begleitet, ein Ringelspiel der toxischen Ich-Beziehung.

Freud hätte seine rege Freude an mir (haha, Freud–Freude, ich bin genial).

Zur Feier des Tages – ich habe Erkenntnis gewonnen – betrinke ich mich und kniffel alleine in meiner Küche. Ich gewinne.

27.06.2021

Verlorene Eier Joinville zum Frühstück, es ist Sonntag, da soll man leben und ruhen. Lasse mich trotzdem nicht von meiner Radtour abbringen und komme verschwitzt und erledigt, aber glücklich zurück. Heiße Dusche, wärmende Fußcreme, Balkon und Lektüre der ZEIT. Wie immer bei solchen Wochenblättern lese ich den Feuilleton, bisschen Politik und der Rest wird benutzt, um leicht Zerbrechliches zu verschicken. Wirtschaft ist leider nicht mein Steckenpferd, ich wüsste gerne mehr über Aktien und die Börse, aber Hand aufs Herz – es interessiert mich nur wegen der Vermehrung meines Vermögens, nicht weil es spannend ist.

Spanne ein neues Sonnensegel über die Dachterrasse und döse ein wenig in der Nachmittagssonne. Zum Abendbrot eine dicke Scheibe Landbrot mit Ham and Eggs, Sprossen und Frischkäse (Natur), Roséwein auf Eis mit Früchten. Danach warte ich gespannt auf die Tagesschau und lackiere meine Nägel.

28.06.2021

Manchmal fühle ich mich wie eins von den Kindern, die auf US-amerikanischen Milchkartons gedruckt sind – verloren.

Der ganze Tag schleppt sich wie eine Karawane durch die Wüste, ein unendlicher Kampf gegen Verpflichtungen und eigenes Bestreben. Der Weg ist das Ziel, aber der Weg ist weit und scheiße. Manchmal wünsche ich mir, dass ich morgens aufwache und alles nur ein böser Traum war. In Wirklichkeit bin ich ein 46-jähriger Angestellter bei der Sparkasse und habe zwei Töchter, heiße Matthias und lebe mein Leben einfach so vor mich hin, bis ich Gendern nicht mehr verstehe.

Aber ich wache nie auf.

Außer jeden Tag.

29.06.2021

Verkatert aufgewacht und innerhalb kürzester Zeit den Tagessoll erledigt. Unter Schmerzen. Wie kaputt ist das eigentlich, dass ich mir Gift in den Körper kippe und am nächsten Tag mit anderem Gift diese Schmerzen bekämpfe? Mittlerweile ist Alkohol ein fester Bestandteil meines Lebens geworden, ich kann mir ein Leben ohne nur schwer vorstellen. Nur Kaffee, nur Zigaretten? Tage ohne Freude.

Ich brauche die Flucht vor der Realität, dann doch lieber den legalen Ausweg nehmen, als 24/7 auf Heroin im Bahnhofsviertel rumzuliegen.

Den Großteil des Tages verbringe ich mit philosophischen Gedanken zum Weltfrieden. Meiner Meinung nach unwahrscheinlich und nicht wünschenswert. Es müsste ja nur ein ignoranter Wichser auf krumme Ideen kommen und er könnte jedes Land mit einem Buttermesser erobern.

30.06.2021

Ich brauche ein neues Handy. Mein aktuelles ist abgenutzt, alt und zerkratzt. Außerdem möchte ich, dass Kinder für meinen Luxus sterben.

Bei der Telekom geht aber niemand ran, in den einzelnen Shops auch nicht. Handy muss warten. Was nicht warten kann, ist Geld, also mache ich noch richtig sanfte vier Stunden im Büro, dann bereite ich eine kleine Auberginen-Soße zu und kredenze mir selbst ein Mahl, das dem eines Königs gleich ist.

Mein Leben ist ein Actionfilm.

Juli

01.07.2021

Mache Liegestützen. Schaffe fünf.

02.07.2021

Fahre für einen Abend zu meiner Mutter, möchte ausspannen und die frische Brise genießen. Vor Ort aber absolutes Chaos: unaufgebaute Möbel, nicht erledigte Einkäufe, Banktermine! Bringe alles in Ordnung und erledige Einkauf und Banktermin. Nach der raschen Zufuhr von sieben Flensburger Pilsener beschließe ich, dass »das ja nicht so lange dauern kann mit den Möbeln«.

Nach vier Kommoden, zwei Bücherregalen und einer Box für Gartenmöbelauflagen falle ich um 5 Uhr ins Bett.

03.07.2021

Es geht wieder los: Moritz und ich haben einen Auftritt. Drinnen. Vor Leuten. In Weikersheim in der Tauberphilharmonie. Ein unfassbar teurer Bau in einem Kaff für 7.000 Leute. Wir fahren siebeneinhalb Stunden hin und hassen alles. Show ist aber absurd gut, die Weikersheimer Menschen sind gütiges Publikum, sogar mein Vorprogramm wird mit Lachern und Applaus prämiert. Moritz reißt richtig ab, danach Mett & Greet mit dem Bürgermeister. Kein Wortspiel, bei Mettbrot und Weißwein schnacken wir über die Kulturpolitik der Gegenwart. Karl ist seit 23 Jahren im Amt. Länger als Hitler, muss man erst mal schaffen.

Danach in den Biertümpel, fünf Halbe, Nazi-Dokumentation und ins Bett.

04.07.2021

7 Uhr. Ich kann noch nicht aufstehen, jede Pore meines Körpers schreit, es geht nicht.

7:05 Uhr. Ich stehe auf, dusche kurz, kalt und schmerzlos. Im Maritim Würzburg gibt es Frühstücksbuffet, allerdings muss man die Löffel, Gabeln etc. für das Auffüllen mit Einmalhandschuhen benutzen. Es fühlt sich an, als würde ich Hundekot aufsammeln.

Dann im Bauernbenz nach Hause, wir kommen erstaunlich gut durch und Moritz wirft mich um 12 Uhr am Hauptbahnhof Hannover raus, damit ich nicht mit ihm in sein Kaff fahren muss. Die Verspätung kickt mies in meinen Terminkalender, fast eine Stunde. Um mich zu beruhigen, gehe ich zum Sektfrühstück ins Molotow, dort genehmige ich mir ein paar Weißwein und ziehe mit der illustren Runde noch weiter in die Kombüse (mexikanisch). Mehr Weißwein. Zuhause dann erneute kalte Dusche und ein kleines Glas Whiskey als Vorbereitung auf die anstehende Sommerfeier einer befreundeten Firma. Da wird dann richtig Gas gegeben.

05.07.2021

Herrje, es wurde so Gas gegeben. Saß noch mit A., J. und Q. bis in die späten Abendstunden (sagt man da dann Morgenstunden? Die frühen Morgenstunden?) und habe dem Bacchus gefrönt. Lange nicht mehr so versumpft, habe quasi eine ganze Traubensorte ausgelöscht. Weinvölkermord. Gönne mir ein fettiges Mahl, um meinen geschundenen Körper ein wenig zu besänftigen, habe wie so häufig im Suff keinen Appetit mehr gehabt. Wie es wohl den anderen geht?

Verliere jegliche Kontrolle über alles, was mich normalerweise auszeichnet, und kombiniere Klamotten, die nicht mal in einem Paralleluniversum zusammenpassen. Sehe aus wie ein Clown und fühle mich unwohl. Im Büro gibt es direkt ein Bier in die Hand, keine Chance, zu widersprechen. Mein Umfeld befeuert meine Sucht und regt sich gleichzeitig drüber auf. Heuchlerisch!

Bei M. gibt es dann erst mal eine Pizza Hawaii und sechs halbe Liter Flens plus Jägermeister, Sekt, Mimosas und Helbing, um in den Podcast-Modus zu kommen. Bin in einer eigenartigen Schwebe, fühle weder den Alkohol noch die Traurigkeit, die mich normalerweise nachts befällt. Gegen eins gehe ich nach Hause, gefühlt könnte ich noch Auto fahren. Furchtbar, ich bin doch Effekttrinker – ohne Wirkung ist Alkohol sinnlos.

06.07.2021

Ich verliere den Überblick, geschätzt bin ich seit fünf aufeinanderfolgenden Tagen jeden Abend stark betrunken gewesen. Gefährlich, aber lustig. Bekomme spontanen Frühstücksbesuch von F., ich leihe ihr eine Ballpumpe und verbleibe mit besten Grüßen. Um 14 Uhr hole ich meine Freundin von ihrer Fakultät ab und wir gehen aus, Wohlers steht heute auf der Agenda. Netter Laden, tolles Essen, interessante Klientel. Neben ein paar älteren Damen, die sich bei Kaffee und Kuchen ausgedruckte Fotos ihrer Enkelkinder zeigen, sitzen direkt ein Tisch weiter zwei junge Typen, die aussehen, als wären sie aus einem Cloudrap-Musikvideo rauskopiert worden. Sie scheinen befreundet zu sein, reden aber nicht miteinander. Kein Wort, aber Hauptsache das Essen wird für Instagram fotografiert. Wusste nicht, dass das noch ein Ding ist. Apropos: Sie scheinen in der Massephase zu sein, wobei sie elegant das Definieren auslassen – beide bestellen zwei Hauptgerichte (Käsespätzle und Wiener Schnitzel), beide schaffen die Portion. Fühle mich schwach und erbärmlich mit meinen Gemüsebratlingen. Ich bin ein Lauch, klein und mager.

Abends Jever Fun, Wasser, Tee – den Körper ein wenig auf Vordermann bringen, Entschlackung deluxe, Saftkur, Cardio, leichter Wassermelone-Feta-Salat.

07.07.2021

Guter Durchschlaf, Morgentoilette & Eigengewichtstraining, 50 Hampelmänner und 20 Burpies, dann Büro. Schaffe ordentlich was weg, gehe mit den Kolleg*innen kaum rauchen und habe Kopfhörer drin, um möglichst fokussiert zu bleiben. Gut für die Arbeit, aber die Psyche fordert es heraus. Fühle mich wie ein lonesome Cowboy, ein einsamer Wolf, alleine gegen die Kosten- und Finanzierungspläne. Dabei bin ich doch so bedürftig, was Harmonie, Liebe, Zuneigung angeht. Wie ein Furby laufe ich durch die Welt: »Liebe mich, streichle mich, ich bin süß und brauche Pflege!« Doch niemand füttert mich. Ein menschgewordenes Tamagotchi, welches sich mit jedem Atemzug der steilen Klippe, dem Abgrund nähert. Das Leben ist eine Suppe und ich bin eine Gabel.

Abends Besprechung und Vorbereitung der Liveshow von M. und mir, es wird wahrscheinlich recht gut, zumindest sind die Ideen hervorragend. Zuhause dann Pizza, Tiramisu und ein leichter Lambrusco.

08.07.2021

Ausgeschlafen und voller Energie, frisch rasiert, Hydro-Maske aufs Gesicht. Alles für die Fans!

M. und M. haben Bock, A. fährt uns hin, wir holen noch Lilien und alles für den Drink der Woche. Wir sind wie Hühner, wir haben Bock, Bock, Bock! Heute ist Live-Podcast in Hamburg, wir nehmen den Abend über Richtmikrofone auf und haben endlich mal zwei Wochen Urlaub.

Aufbau, Soundcheck, Einlass – alles easy. Betterov und Ilona Hartmann als Special Guests, beide wie immer freundlich, lustig, zuvorkommend. Applaus, wir kommen auf die Bühne, ein großes Hallo!

Nach 15 Minuten Showtime bricht ein verfickter Tsunami aus, es regnet fast bis zum Ende durch. Ich gebe meinen Schirm ins Publikum: »Gute Reise, da draußen braucht dich jemand mehr als ich!«

Abseits der Umstände eine grandiose Show, man hat uns zwar nicht verstanden, aber dafür ist ja das Mischpult abgeschmiert, sodass alle Aufnahmedateien weg sind.

Aus alkoholischen Gründen noch bis 4 Uhr morgens ausgiebig »getanzt«, recht zügig alle Gäste rausgeworfen und dann noch zwei Stunden im Bett herumgewälzt.

09.07.2021

Kein Kater. Was Wasser und Elotrans nicht alles bringen, oder?

Habe heute große Familienfeier, Cousins und Cousinen, Anhang, Bruder, Mutter – ich fahre groß auf!

Für sieben Personen zu kochen, traue ich mir nicht zu, entscheide mich fürs klassische Grillen. Also kaufe ich für 150 Euro Fleisch und Fleischersatzprodukte ein, habe jeglichen Bezug zur Realität verloren. Ich entscheide mich für den Einkauf in der Rindermarkthalle, dafür miete ich mir ein Miles, wahrscheinlich darf ich die nächsten zwei Wochen nicht fahren bei meinem Alkoholkonsum, aber was soll's. Nehme zwei rote Ampeln mit und schneide so einen Wichser in einem dunklen BMW, was ein Affe. Autofahrtipp: Lichthupe, links blinken, rechts rüberziehen, dabei Mittelfinger zeigen, einscheren und ausbremsen. Anders lernen sie es ja nie!

Köhn-typisch kommen alle eine halbe Stunde zu spät. Das Grillen rückt schnell in den Hintergrund, als recht öffentlich eine Magnumflasche Prosecco geköpft wird, um halb elf müssten wir eigentlich alle schon in stabile Seitenlage, aber ein Köhn gibt auf den letzten Metern nicht auf, also raus mit dem Kniffelbesteck und her mit dem Sylter Aquavit! Die Flasche hält bis ungefähr halb eins, mittlerweile lallen wir uns gegenseitig voll und spielen Scharade. Ich liebe diese Familie. Um vier werfe ich alles raus und penne auf dem Teppich ein.

10.07.2021

Wache um 7 Uhr auf, weil die Sonne mir ins Gesicht dröhnt. Habe einseitigen, stechenden Sonnenbrand und lege mich mit Aloe Vera Wickeln nochmal ins Bett. Gegen 14 Uhr schaffe ich es, aufzustehen und ein wenig das Chaos des Vorabends zu bereinigen, geistesgegenwärtig habe ich noch die Spülmaschine angemacht, Gott sei Dank. Mit dem Enthusiasmus einer Schildkröte creepe ich durch die Wohnung, wische ein wenig notdürftig rum, nichts Halbes, nichts Ganzes. Anscheinend werde ich heute nochmal grillen. Und Sonntag auch.

Wir passen auf einen Frenchie auf, eine wahre Soundmaschine. Nach kurzer Zeit gewöhnen wir uns daran, dass immer irgendwas im Augenwinkel umherhuscht und stöhnt, keucht, grunzt. Irgendwie possierlich, aber nichts für die Ewigkeit.

Der Hund liegt die meiste Zeit rum wie eine Wurst, uns verbinden unübersehbare Parallelen. Zum Abendbrot dann die große Tagesüberraschung: Es wird gegrillt. Stehe neben meinem Mitbewohner und sage Dinge wie: »Alles unter 400 Gramm ist Carpaccio« oder: »Grillen wir heute mit den Frauen oder ohne Salat?« und will die ganze Zeit mit Flens Gold ablöschen. Werde unter Androhung roher Gewalt davon abgehalten, da man – wusste ich nicht – einen Weber-

Elektrogrill nicht ablöschen sollte. Jeden Tag lerne ich etwas Neues, toll!

11.07.2021

Schrecke um 7 Uhr das erste Mal hoch, dämmere ab dann nur noch ein wenig weg und stehe gegen Viertel vor zwölf auf. Mein Mitbewohner bekommt die Nägel gemacht und eine Gesichtsmassage, denn wir kriegen heute hohen Besuch aus Konstanz (sprich Konschtanz, nicht wie Substanz) von meiner Freundin A. Sie ist in Hamburg für »Privates« und »Berufliches« – frage mich, wozu ich gehöre. Wir fahren ans Falkensteiner Ufer und sitzen im Regen am Strand, weil wir traurige Künstler*innenseelen sind und das Leben ach so unfair ist. Die Rückfahrt dauert fast eine Stunde, ich komme mit diesen E-Autos irgendwie nicht klar. Wir gleiten wie in einem Raumschiff über die Straßen, lautlos und elegant wie eine Gazelle. Wenn man mit einem E-Auto angefahren wird, ist das eine richtige Überraschung, man hört es ja nicht kommen! Guter Aufhänger für einen Horrorfilm: »E-Au-TOD – auf leisen Reifen in die Hölle«.

Zur Feier des Tages grillen wir und betrinken uns zärtlich mit Sekt (Rotkäppchen Halbtrocken) und Weißweinschorlen.

12.07.2021

Italien ist Europameister! Ein wirklich furchtbar langweiliges Spiel, welches am Ende noch mit der hässlichen Fratze des Rassismus aufzutrumpfen weiß. Schrecklich und beschämend, so viel zu Respekt, Teamgeist und Zusammenhalt. Erinnern wir uns doch nochmal an 2014, als »unsere Jungs« auf der offiziellen Festivität zum Weltmeistertitel den Evergreen

»So gehen die Deutschen« intonierten. Was für eine weltoffene und tolerante Nation wir doch sind, ich könnte brechen. Ich entscheide mich dazu, ab sofort den gesamten Bereich Fußball nicht mehr zu unterstützen, und werde mich stattdessen immer mal wieder mit folgenden Sportarten beschäftigen: Tour de France, Curling, Darts, Timbersports, Schach, LKW mit den Zähnen ziehen (in dieser Reihenfolge).

Abends Podcast mit M., wir helfen zu zweit vor der Aufnahme noch bei einem Umzug und kriegen als Dankeschön ein Fläschchen Dornfelder, nett! Gegen halb eins stark alkoholisiert zu Hause, direkt ins Bett und schnelles Einschlafen.

13.07.2021

Leichter Kater, aber stabiles Schaffen über den gesamten Tag, habe mir also einen Hinni-Abend verdient. Es ist immer wichtig, sich Zeit für sich selbst zu nehmen, und gerade der Dienstag bietet sich perfekt an – ich bin zumeist verkatert, müde, schlecht gelaunt und rieche. Bestelle mir also einen Burrito und Nachos und gucke den Film »Warcraft – The Beginning« von David Bowies Sohn. Unfassbar teurer und sehr schlechter Film, fällt nicht mal in die Kategorie Trash, die ich ab und zu gerne gucke, sondern eher in die Kategorie »Ich werde wütend und schmeiße irgendwas um«.

Diese Wutattacken häufen sich zuletzt, ich hatte sie eine Zeit lang immer gut unter Kontrolle und seit der Pubertät waren sie immer seltener geworden, aber gerade in der Schulzeit waren Ausraster meinerseits bei Kleinigkeiten keine Seltenheit. Habe ein mieses Flashback, wie ich aus Rache M. den Stuhl weggezogen habe und sein Kopf auf den Tisch geknallt ist. Peinlich aus heutiger Sicht, vielleicht hatte er es aber auch verdient. An den Grund erinnere mich nicht.

14.07.2021

Was macht eigentlich Christian Tramitz? Witze über Schwule sind ja nicht mehr en vogue. Bully versucht sich als herausragend schlechter Regisseur und Rick Kavanian lebt nicht mehr, aber wo zum Teufel ist Christian abgeblieben?

In meiner Vorstellung sitzt er allein und verbittert in einem riesigen Landhaus irgendwo in Bayern, manchmal nimmt er an Treibjagden teil und versucht, wenn möglich, Kontakt zu Einheimischen zu vermeiden. Sie empfinden ihn als arrogant, dabei hat er einfach nur soziale Ängste. Sein Freund Michael Herbig ruft nur noch selten an. Früher waren sie beste Freunde und er, Christian, durfte ihn sogar bei seinem Spitznamen »Bully« rufen, der nur für seine Engsten vorgesehen war. Und heute? Pflichtkontakt, maximal. Eine Farce. Und all das, nachdem sie so viel miteinander erlebt haben: Schuh des Manitu, (T)Raumschiff Surprise, Lissi und der wilde Kaiser.

Aber Christian wird nicht einfach so aufgeben. Eine einsame Träne läuft über seine Wange, er ballt seine Hand zur Faust. »Bully«, flüstert er leise, »wieso?«

Er wird sich Bully zurückholen. Und dann wird er bleiben. Für immer.

15.07.2021

Zackiges Wachwerden, Morgentoilette, leichtes Frühstück (zwei weichgekochte Eier, kalter Hagebuttentee, eine Scheibe Mischbrot mit dicker Kruste und Frischkäse und Sprossen, ein halber Apfel). Ich bin heute auf einem Symposium eingeladen zum Themenbereich »Studiengebühren – Ja? Und wenn ja: Sollte Kaffee mitinbegriffen sein?«. Ich fühle mich fehl am Platze, habe aber überraschend gute Einwürfe und kriege Szenenapplaus. Habt Dank!

Beim nachträglichen Balztanz um die Gespräche mit den Redner*innen stellt sich mir ein Mann mit dem Namen Fürchtegott vor. Wie bitte, hatte ich mich verhört? Tatsächlich, er zeigt mir Personalausweis und Führerschein – Fürchtegott. Mein erster Gedanke ist, dass es albern ist, sein Kind Fürchtegott zu nennen, besonders schlimm in jungen Jahren. Dann aber erschleicht mich die Qualität des Namens beim weiteren Nachdenken. Fürchtegott. Fürchtegott Köhn. Das klingt weisungsbefugt, mächtig und kraftvoll. Ein Name, wie geschaffen für einen Hochschuldekan.

Schreibe ihn zu der Liste mit den weiteren Vorschlägen (Nepomuk, Florenza, Fips, Kalleinz & Bogomil). Abends London Pub mit Freund*innen, Bier und Schnaps.

16.07.2021

C. sagt: »Wenn du nach einem Whiskey Cola einen Gin Tonic trinkst, dann schmeckt das wie Staub.«

17.07.2021

Ich bin heute Herrenhaarschnittsfriseurmeisterprüfungsmodell (falls jemand mal was für Galgenraten braucht). Nach Abschluss der Prüfung wird ausgiebig Sekt getrunken, lieber feiern vor den Ergebnissen, im schlimmsten Falle hat man sonst keinen Grund.

Abends Pizza mit A. und H., dann noch zwei Bier in der Doppelschicht bei einer herrlichen Mischung aus Quatsch und ernsthafteren Themen. Zuhause ist die Eskalation eingeleitet, Alkohol in rauen Mengen, laute Musik, heute wird getanzt! Ich hatte früher eine Chance auf eine Profistelle im Tanzbereich, aber wegen einer Knieverletzung konnte ich den Traum meiner russischen Großmutter leider nie erfüllen. Wische bis 4 Uhr morgens mit meinen Knien den Boden, dann werfe ich relativ flott und überstürzt die Gäste raus und decke mich mit einem Buch zu.

18.07.2021

Das war wirklich mal wieder nötig. Meine Knie bluten, meine Füße sind verdreht, aber das hat einfach nur Spaß gemacht. Freundin und ich gucken nachmittags »Alita: Battle Angel« und ich bin begeistert ob der katastrophalen Qualität des Filmes. Vegane Soße nach Bologneser Art und ein Wassermeloneneis, zum Abendbrot kommt Jasper vorbei und wir essen jede*r vier große Bier.

19.07.2021

8:30 Uhr Weckerschellen, Katzenwäsche, Zahnhygiene (ausgiebig mit Menthol-Zahnseide), ein Kirschjoghurt zum Frühstück und eine Laugenstange mit Butter. Seit dem Moment des Augenaufschlagens habe ich eine Melodie im Kopf, die nicht verschwinden möchte, aber ich komme einfach nicht drauf. Wortfindungsschwierigkeiten sind eine erbliche Angelegenheit, ob Songs, Schauspieler*innennamen, Filme, Bücher, allgemeiner Wortschatz – seit jeher bestehen Familienfeste bei uns immer aus vielen »Nu sag doch!« und »Ich hab's gleich!« oder auch »Wartet, es liegt mir auf der Zunge!« und dann warten wir zwei bis vier unangenehme Minuten, bis wir das Thema wechseln, da es anscheinend doch nicht auf der Zunge lag. Zwei Stunden später ruft dann jemand zusammenhangslos »Steve Buscemi!« in den Raum, niemand weiß mehr genau, in welche Lücke man dieses Puzzlestück nun stellen soll, aber wunderbar, eine Information – klasse!

Ich habe das oft auf der Bühne. Grandiose Grundvoraussetzung, wenn man bei jeder zweiten Pointe ins Publikum fragt: »Na, wie heißt die denn, die is eher klein und blond, aber dreckiger Humor – MEINE MUTTER, genau, danke! Ja, es geht um meine Mutter!«

So auch heute. Wir sitzen in der Redaktionsbesprechung und tagen über die fröhlichen Themen der Welt (Krieg, Leid, Völkermord), als es mir passiert. Es ist wie ein Drang, ich kann nichts dagegen tun, es muss raus.

»Grup Tekkan«, rufe ich ins Meeting. Alle starren mich an. »... die gabs auch mal. Was die wohl heute machen?«, sage ich und entschwinde auf Toilette, um mich zu geißeln ob der Scham.

Katzenwäsche klingt immer so unhygienisch, aber alle führenden Forscher*innen (ich behaupte das einfach) sagen ja, man soll nicht jeden Tag duschen. Grund: Montags ist zumeist Podcastaufnahme, ich trage dann Klamotten, die eigentlich schon einen Tag drüber sind – es lohnt einfach nicht in der Raucherhölle. Am nächsten Tag muss die gesamte Garderobe eh gewaschen werden, inklusive Haar und Haut. Auch dieses Mal: entspannte Aufnahme, dann versacken bis vier, beschwerliches Einschlafen.

20.07.2021

Grup Tekkan plante 2018 ein Comeback, aber anscheinend sind den dreien ihre weltlichen Jobs zu sehr ans Herz gewachsen, denn ich habe davon nichts mitbekommen.

Ich bin abends mit J., H. und L. verabredet in ihrer alten Stammkneipe, der Köpinsel. Ein wirklich besonderer Laden – eine Gratwanderung zwischen Kaschemme und freundlichem Familienbetrieb, bei dem jede*r aufgenommen wird. Hier gendert man zwar nicht, aber du kriegst immer eine Bockwurst mit Senf und – wie der Name schon verrät – ein großes Köpi. Da der Schuppen auf der Ecke Landwehr ist, sind die ganz heftigen, unangenehmen Alkis nicht da. Ausnahme: wir.

Ich bin verkatert und spät dran, nehme mir deswegen ein Miles und stehe im Stau. Ich bin tendenziell eh recht dünnhäutig nach der Zeche, aber heute ist es besonders schlimm. Als ich den Wagen parke und ihn nicht zurückgeben kann, irgendein technischer Fehler, schreie ich einen armen Typen im Callcenter zusammen. Ich weiß, er kann nichts dafür, aber es musste raus.

Dann Köpi auf Press. Tut gut, die drei wiederzusehen, es ist ziemlich genau ein Jahr her und wir erfreuen uns an alten Geschichten und neuem Gossip. Gegen 22 Uhr stößt ein junger Mann dazu, er stellt sich vor und zuerst denken wir, dass er ein betrunkener und unangenehmer Typ ist. Nachdem er seine Lebensgeschichte erzählt hat (Flucht aus politischen Gründen, in HH gestrandet, nun Ausbildung), schließen wir ihn alle ins Herz.

Mit dem Taxi zurück, Mitternachtssnack (Falafelbällchen von Aldi, kulinarisch verwerflich, aber geil um halb 1) und traumloser, ruhiger Schlaf.

21.07.2021

Ich sehe am Rathausmarkt einen Mann, oberkörperfrei, enganliegende Sportsonnenbrille, tätowiert. Auf den ersten Blick sieht seine Brusttätowierung aus wie ein Reichsadler, als ich näherkomme, erkenne ich aber, dass es ein Paragraph-Zeichen mit der Nummer 1 ist. Darunter in Fraktur:

»Die Würde des Menschen ist unantastbar.«

Alter, was ein Statement! Irgendwie scheiße und irgendwie geil.

Der Tag beginnt so, wie er enden soll: beschissen. Habe eine furchtbar unruhige Nacht, komme kaum zum Schlafen und wälze mich von Seite zu Seite. Da ich einen Drehtermin habe, muss ich aber aufstehen. Unter der Dusche mache ich diesen Move, den man sonst nur aus Filmen kennt: Ich lasse mir das Wasser den Nacken runterrieseln und blicke mit dem Kopf zur gefliesten Wand, stütze mich dabei mit einer Hand ab und fahre mir mit der anderen durch die Haare. So ein typisches Edward-Norton-Fight-Club-Ding. Schade eigentlich, dass das keiner sieht. Aber auch gut, sonst wären in meiner Dusche Kameras. Hat das jemand gesehen? Hab mich das immer bei der »Truman Show« gefragt, ob die Kameras auch Trumans erste Spielereien an sich selbst mitgefilmt haben. Bedenkliches Material! Oder allgemein, all die Intimitäten? Erst ab o Uhr vielleicht? Na ja.

Habe abends einen Auftritt als Support von M., bin unfassbar aufgeregt und versage auf voller Strecke. Ein Abend zum Aufhören. Hänge wieder im ewigen Kreislauf von Selbstmitleid, Versagenspanik und Zukunftsängsten.

Fahrt nach Eckernförde läuft auf vier Stunden hinaus, ab Neumünster mit einem SEV-Bus, anschließend Sprint zur Regionalbahn nach Eck und von dort Taxi. Ein Bier bei Mutti, dann unendlicher Schlaf.

23.07.2021

Ich bin nachts noch nach Eckernförde gefahren, weil meine Freundin ihre zweite Impfung bekommt und ich da sein wollte, falls es ihr schlecht geht. Es geht ihr allerdings hervorragend – im Gegensatz zu mir, ich merke, wie eine Panzerung aus Stress von mir fällt und werde instant krank und schwach. Nachdem ich meiner Mutter ein wenig bei der Gartenarbeit geholfen habe, gucken wir auf Pro7 Werbung und zwischendurch »Die Tribute von Panem«, meine Mutter schläft zwischendurch ein und erkennt die Schauspieler*innen nicht (siehe 19.07.: »Woody Harrelson!«).

Kurzer Exkurs zur Gartenarbeit: ich verstehe mittlerweile den Reiz dessen. Lange Zeit blieb es mir verschlossen, was genau so geil an Jäten und Unkraut und Auf-dem-Boden-Kriechen sein sollte, aber ich habe es nun begriffen. Es ist wie mit Matsche spielen, aber gesellschaftlich anerkannt und es sieht besser aus. Aber bei dem Geräusch von Kartoffelmesser auf Fugen fühle ich mich wie ein Hund, der bei dieser einen Frequenz anfängt, zu jaulen.

Abendbrot: Poutine mit Pilzen der Saison.

24.07.2021

Rückreise aus Eckernförde ähnlich katastrophal und anstrengend. Sehe in der S-Bahn zwei unglaubliche Szenerien: Eine Frau um die 35, komplett in pinker Kleidung mit einem Tretroller, an dem vorne eine Deutschlandfahne befestigt ist. Zwei maximal 14-Jährige, die von einem Betrunkenen angeschrien werden, dass er ja kein Mann sei, wenn er seine Freundin nicht ordentlich durchficken würde. Ein Mann greift ein, der Betrunkene stürzt und kriecht wimmernd von dannen, sein Mantra wiederholend: »Ich bin nicht alt, ich bin nicht alt!«

Absoluter Wahnsinn, widerlich und real, direkt, schmutzig und echt. Eine Szene aus der Geschlossenen, verlagert in die S3. Aber auch traurig, mitleiderregend. Was denken die beiden Adoleszenten? War das traumatisch? Oder sind sie als Hamburger*innen an sowas gewöhnt? So viele Fragen und keine der Antworten interessiert mich wirklich.

Zum Lunch spielen Mitbewohner und Freundin und ich eine Runde Rummikub, ich mache mir einen Wrap »New York« (Avocado, Hähnchen, Allerlei).

25.07.2021

Gesunder Durchschlaf, Krabbenbrot vom Fischmarkt, Wohnungsputz und Sport (Schwerpunkt Pilates). Auch wenn die Reisen traumatisch waren, konnte ich mich gut erholen, ich merke es am organischen Erwachen und dem Energiehaushalt – wenig Alkohol, viel Schlaf, kein Druck oder Stress. Schaffe bis 13 Uhr Dinge, die ich seit Wochen aufschiebe – eine Wohltat für Körper und Geist.

Wir ziehen aus privaten Gründen den Podcast vor, ich bereite mich mit einer großen Portion Chachupa, dem Nationalgericht von Cap Verde, als Grundlage drauf vor. »Bloß nicht zu viel trinken!«, denke ich mir. »Nicht den großen Vorsprung an Energie und Frohsinn verspielen!«

Um 18 Uhr mache ich mich mit einer Flasche Martini auf den Weg zu M.

26.07.2021

So eine Scheiße, ich habe einfach keine Willenskraft! Zerkratzt wache ich auf, Blick aufs Handy: 8:10 Uhr. Stehe auf, Tasse Grüntee, Kanne Kaffee, Spiegelei. Fahre zum Katzensitten ins Münsterland, treffe am Gleis meinen Freund M. Im ICE ist die Kühlung für die Getränke ausgefallen, es gibt nur handwarme Drinks. Logischer Schluss von M.: »Na, dann muss es wohl Rotwein sein.«

Zwei Flaschen später steige ich in Münster aus und rauche erst mal vier Zigaretten nach, bevor ich den Anschlusszug nehme. Ich bin der festen Überzeugung, dass man »vor-« und »nachrauchen« kann, Nikotin ist ebenfalls ein Haushalt, eine Batterie, ein Akku. Man schließt ihn an die Zigarette an und er lädt sich auf. Zugfahrten, Autobahn, Flüge – alles möglich mit taktischem Rauchen.

Abends gucke ich im Katzenhaus John Carpenters »The Thing«, gut gealtert und spannend. Sowas wird ja heutzutage gar nicht mehr hergestellt. Dazu Münsterländer Korn und eine große Funghi vom örtlichen, mir empfohlenen Italiener (der auch Indisch und Griechisch und deutsche Hausmannskost anbietet) – überraschend okay.

27.07.2021

Ausschlafen, späte Dusche, zwei Tassen Yogi-Tee »Wellbeing«. Nichts Außergewöhnliches auf der Agenda, fahre einkaufen und decke mich mit viel Krimskrams ein. Rewe und Edeka sind gefährliche Supermärkte, sie haben immer so viele Kleinigkeiten, die man nirgendwo bekommt, und dann denkt man sich: »Oh, Rosenlimonade für 3,90 Euro – die nehme ich mal mit!«

Zahle für 17 Artikel fast 90 Euro. Zum Glück war ich nicht bei der Bio Company.

Zum Dinner Brotzeit mit dreierlei Hummus, Krabben, Dill-Feige-Honig-Aufstrich und lokalem Käse. Dazu zwei Flaschen Mittelklasse-Crémant, zwei Aperol und eine Tasse Mokka. Zum Verdauen beide Teile von »Mamma Mia«, bei »Les Miserables« bin ich eingeschlafen, habe aber noch gerade so die grandiose »I dreamed a dream«-Szene mitgenommen.

28.07.2021

Rückreise Münsterland–Hamburg. Das Bordbistro hat zu und ich habe so unfassbar großen Bierdurst. Warum steht sowas nicht in der App, dann hätte ich mich bei einem der örtlichen Schrottbäcker (Yormas, Le Crobaq, Der gude Bäcker etc.) mit Bier eingedeckt. Den ganzen Tag habe ich mich schon drauf gefreut und jetzt kommt nicht mal so ein Hansel mit einem Schiebewagen vorbei. Begründung laut Schaffnerin: »Wir haben kein Personal bekommen.«

Wie bitte? Und die Kontrolleur*innen können mir nicht mal so eben ein Pils rausgeben, oder was? Wir können auch schwarz machen, wer braucht denn eine Rechnung?! Erste Entzugsanzeichen, werde wirklich genervt deswegen.

Ankunft um halb elf, mit Taxi nach Hause, vier Jever, ein Glas Akashi Whiskey und ab in die Kemenate.

29.07.2021

Aufstehen, zwei Kilometer Sprint am Hafen, dann Tai Chi mit meiner Ortsgruppe im Stadtpark. Zuhause kalte Dusche, zwei Scheiben Roggenbrot mit Sprossen und Frischkäse.

Nachmittags kommt überraschend ein Paket, ein Geschenk von einem Verehrer: »Nationalgerichte – alle Rezepte« vom Hobbykoch Dr. Ruprecht Schnackenberg. Schon beim Durchblättern entwickelt sich eine kulinarische Reise am Gaumen, ich versuche mich an Diri Djon Djon (haitianisches Pilz-Reis-Gericht). Sehr speziell, aber schmackhaft.

Spontaner Besuch von L. und C., sage zu Beginn bereits, dass spätestens um 22 Uhr Zapfenstreich ist. Um halb eins werfe ich sie schwer alkoholisiert raus. Jeder Tag ein Kampf.

30.07.2021

Gute-Nacht-Bier & sinnloses Starren auf Schrankwand.

31.07.2021

Nachbarin bittet zu Tisch, die WG schreit »JA!« und gönnt sich ab mittags Verschiedenes. Wir werden den Altersdurchschnitt wahrscheinlich drücken, ziehen wir jetzt Hemden und Jacketts an?

Die Damen und Herren des Abends haben mir eine Sache voraus: Kontrolle und Festigkeit. Halte nur mit Mühe bis 5 Uhr morgens aus und muss die Party dann verlassen – habe ich zu früh angefangen oder kommt mit dem Alter diese unbändige Feierwut? Werde ich auch eines Tages so? Oder gehöre ich zur Sorte, die mit 40 nicht mehr trinken sollte – oder darf? Schaffe ich es überhaupt so weit?

Der Schlaf kommt plötzlich während der deprimierenden Gedanken.

August

01.08.2021

Verkaterung totale plus Magenkrämpfe und allgemeines Unwohlsein. Am liebsten würde ich heute in Bademantel und Unterhose alles an mir vorbeiziehen lassen: Gyrosteller Mykonos, zwei Liter Zitronenlimonade, ein Anime, bei dem ich nicht aufpasse. Aber die Pflicht ruft und ich quäle mich zitternd und frierend wie ein geprügelter Hund zu M., um Podcast aufzunehmen. Was für eine Folge: ein Bier, eine Zigarette, ein Schnaps und ein Cocktail. Fühlt sich nicht richtig an, ungewohnt, falsch. Als hätte ich mein T-Shirt auf links angezogen.

In der Halbzeit esse ich eine schlechte Nudelsuppe und werde unfassbar wütend.

Um Mitternacht gehe ich nach Hause, zwei Kartoffelbrote mit Käse und Butter, ein Hagebuttentee und eine halbe Folge »True Blood«. Meine Freundin guckt das gerade, ich komme nicht rein und muss ganz oft nachfragen. Finde es trotzdem gut, das liegt aber auch vielleicht an meinem Schlafdefizit. Im Bett lese ich noch den Wikipedia-Artikel zum »Wunder von Grotenburg«, spannend, erquickend.

02.08.2021

In Astrid Lindgrens »Madita« gibt es eine Stelle, bei der sie ihre Mutter fragt, was sie sich am meisten auf der Welt wünscht. Die Mutter: »Zwei ganz brave und liebe Mädchen.« Madita daraufhin keck: »Und wo sollen Lisabet und ich dann hin?«

Süß. Und exakt das Gleiche habe ich meine Mutter mit 8 Jahren auch gefragt, mit genau der gleichen Pointe. Ich habe »Madita« nie gelesen, es ist also was dran, dass unterschiedlichste Menschen häufig auf die gleichen Ideen kommen, obwohl sie nichts miteinander zu tun haben. Das erleichtert meinen Job prinzipiell zunehmend, wenn ich mir angucke, wie viele Leute ihre Witze einfach von beliebigen Internetseiten abschreiben. Könnte ich ja nicht. Ich klaue nur bei Freunden.

03.08.2021

Ich sitze auf einer Bierbank und trinke Bier, begleitet von der dauerhaften Panik, dass die Bank umkippt. Bierbänke und alle möglichen Unfallvariationen mit ihnen sind eine deutsche Urangst. Sitze ich genug in der Mitte, falls wer aufsteht? Ich darf mich nicht zu weit zurücklehnen, sonst falle ich! Beim Aufbau war das Metall schon arg rutschig, oder?

Ich versteh den praktikablen Zweck hinter diesen Garnituren. Aber wenn ich sitze, will ich lehnen und nicht nach vorn gebuckelt hängen, eine Hand am Bier und eine an der Zigarette, abstützend, ob der Last des Alltags.

Bierbänke sind die proletarische Version der Couch. Hart im Nehmen, rau, unbequem. Bierbänke sagen ihre Meinung, auch wenn es mal wehtut. Doch nach all den Jahren verschiedener, schwitzender Männerkörper, die sich auf ihnen Bier hinter die Kiemen sprengen, da wird auch das härteste Holz mal morsch. Wir alle brechen irgendwann, kleiner Bankfreund, wir alle.

Fange um halb neun noch an, Shakshuka zu kochen. Für Pegel und ein wenig Improvisation überraschend gut, schaue mir beim Verzehr eine Dokumentation über das Charles-Bonnet-Syndrom an.

04.08.2021

Ich bin auf einem Konzert in Hamburg, Lattenplatz. Drei Bands für 16 Euro, da kannst du wirklich nichts sagen, aber Lattenplatz heißt, viele Zuschauer*innen, die nicht bezahlen. Was soll's, ich habe mein Gewissen reingekauft. Die ersten beiden Bands sind überraschend, ich kannte sie nicht und finde sie dadurch ein wenig besser, als wenn ich mir gezielt was von ihnen angehört hätte. Das war bei mir schon häufiger so: Wenn ich zu Konzerten mitgeschleppt wurde von Bands, die ich überhaupt nicht mochte, konnte ich denen danach immer zumindest ein wenig was abgewinnen.

Zwischen den Auftritten macht ein Moderator »Stimmung«, ich versinke vor Scham. Stilistisch und vom Humorlevel ist er ein Äquivalent zum Nachmittagsprogramm im Bierkönig. Es herrscht zwischen Konzerten eh eine befremdliche Stimmung, Soundcheck ist ja üblich, aber dann läuft immer so vollkommen unpassender Reggaeton und auch die Klientel ist durchwachsen. Eine Zeit lang wird mitgeklatscht, brav auf 1 und 3, so funktioniert Faschismus.

Wir freunden uns mit dem anderen Pärchen an, T. und F.

Obligatorische Fragen am Anfang: »Kennst du, kannst du, woher?« Auf die Frage, ob ich A. aus Eckernförde kenne, muss ich lachen. Ja. Ja, wirklich, ich glaube, ich kenne alle aus Eckernförde.

Dann kommt der Auftritt, wegen dem wir überhaupt klamm und angetrunken auf diesem Konzertplatz stehen: Tristan Brusch. Ein Gigant des Songwritings, grandiose Kompositionen, angenehm weird-freundliches Auftreten. Akustisch noch Chanson-ähnlicher als von Platte. Obwohl es nur eine halbe Stunde ist, fühlt sich seine Performance an wie ein langer Abend am Kamin mit einem schweren Rotwein und einem Reboot von Jaques Brel. Die Zerrissenheit seiner Stimme, die Wortwahl – all das löst Gänsehaut und wohlige Schauer aus.

05.08.2021

Stellt euch mal vor, wir hätten Annika Schleu geschlagen, weil sie keinen Bock hat?

06.08.2021

Berlin, Berlin, wir fahren nach Berlin! Ich habe meinen ersten Tag Urlaub und fahre in die Stadt, die ich am wenigsten mag. Ich fühle mich in Berlin immer unwohl, ich bin nicht so kosmopolitisch, wie ich immer dachte, ich bin in erster Linie ein kleiner Mann aus Schleswig-Holstein, der sich sehr viel einredet. Aber jetzt sitze ich im Zug und trinke Rotkäppchen-Sekt und helfe Freunden bei ihrer Veranstaltung.

Open Air. Es regnet. Durch. Ich laufe an dem Tag wegen Engpässen fast 18 Kilometer und habe dauerhaft einen leichten Sektpegel. Um halb zwölf kann ich nicht mehr und falle ins Hotel, nackt, zitternd, wie ein ungeliebtes Kätzchen wühle ich mich in die Bettdecke und denke an den gerechten Schlaf des Arbeitenden.

07.08.2021

In der Hotellobby läuft »Save Tonight« in einer ganz furchtbaren Akustikversion. Das Hotel befindet sich in Weißensee, einem Stadtteil Berlins ohne U- oder S-Bahn-Anschluss. Ich hasse es so doll, in einer Stadt zu sein, wo ich für jede Strecke so lange brauche, wie meine Eltern zu besuchen. Ich weigere mich, mit dem Bus zu fahren, und gehe anderthalb Stunden in die Stadt rein.

Auf einer Vernissage wird mir zwischen Techno und Sekt ein Tattoo gestochen, danach gehe ich mit J. noch eine Weinschorle im Kuchenkaiser trinken und fahre zur Open-Air-Show. Es regnet. Durch.

Ich habe einen viel stärkeren und ausgeprägteren Sektpegel als gestern, schaffe trotzdem nicht länger als halb eins. Im Bett noch ein Bier und Olympia-Zusammenfassung.

08.08.2021

J. und ich fahren gemeinsam in einem völlig überfüllten Zug zurück nach Hamburg. Wir trinken Bier, die Leute beäugen uns misstrauisch. Da wir aus verschiedenen Gründen (Menschenhass, Corona) nicht neben uns fremden Personen sitzen wollen, stehen wir auf dem Gang. Die Schaffnerin versucht, uns dauerhaft dazu zu bewegen, dass wir uns doch bitte irgendwo hinsetzen. Es tut mir leid, aber kämpfen Sie keinen Kampf, der nicht Ihrer ist.

J. muss noch weiter, ich steige in HH aus und gehe nach Hause. Eine Waschmaschine, eine kleine Mahlzeit (Landbrot, pochiertes Ei, frischer Katenschinken) und dann penne ich innerhalb von vier Minuten bei einer Folge »Wallander« ein.

Gegen 19:30 Uhr wache ich auf und bestelle Mulligatawny und trinke Jever. Ist das Glück?

09.08.2021

Ich fahre in den Urlaub, zum ersten Mal seit Jahren. Eine Woche Wien, meine Herzensstadt mit meinem Herzensmenschen. Weil ich Romantiker bin, habe ich ein Privatabteil im Nachtzug gebucht, wir fahren zwölf Stunden. Ich fühle mich wie im Hogwarts Express, aber hier gibt es Bier und Schnaps und vor allem eine feine Zeit mit einem Tablet-PC und runtergeladenen Netflix-Folgen. Auch, oder vielleicht sogar gerade im Urlaub soll man sich entspannen. Ich bin kein aktiver Urlauber, ich bin vollkommen d'accord damit, den ganzen Tag am Pool zu liegen in einem All-In-clusive-Hotel in Griechenland oder der Türkei und mir mittelmäßige Cocktails in die Birne zu bimsen.

Ich mache es mir einfach, aber es muss ja auch nicht immer schwer sein, oder?

10.08.2021

Furchtbare Nacht, habe maximal zwei Stunden gepennt.
Meine Freundin friert wie ein Schneider, sie hat gar nicht
geschlafen. Im recht happigen Preis von 247 Euro ist ein Kaffee und ein Brötchen mit Marmelade zum Frühstück drin.
Du eiskalter Nachtzug, du entpuppst dich nicht als Schmetterling, sondern als falsche, fettige Made!

Wir sind so erledigt, dass wir uns erst mal im Hotel hinlegen und fast verpennen. Abends machen wir einen kleinen
Spaziergang und kassieren zusammengerechnet 47 Mücken-
stiche.

11.08.2021

Wenn ich weiterhin so viel Aperol in der Sonne trinke,
werde ich nicht nur rot, sondern orange. Heute ist Kul-
turtag und 34 Grad Celsius, der Asphalt dampft vor Hitze und wir geben uns eine Ausstellung, die zumindest ich
nicht verstehe. Ich mag Kunst, aber kenne mich nicht aus.
Wozu auch? Message ist wichtig, aber ich bin konsumie-
render Fan, ich will unterhalten werden und bespaßt. Dass
das nicht das Ziel der Kunst ist, weiß ich, aber wenn ich
noch einmal Van Goghs Sonnenblumen sehe, dann fühle
ich wirklich gar nichts mehr.

12.08.2021

Wie kaputt ist eigentlich Österreich? Diese kleine Ko-
lonie steckt irgendwie zwischen der k. u. k.-Dynastie und
der NS-Zeit fest. Bei meinem ersten Wienbesuch stand ich
am Stephansdom und es gab eine FPÖ-Wahlveranstaltung.
Eine Band mit klassischer Besetzung (Keyboard, Sängerin,
Schlagzeug) hat irgendetwas wie »Österreich über alles!« ge-

sungen und HC Strache fuhr langsam aus dem Bühnenboden hervor und hielt eine Österreich-Fahne in der Hand. Beängstigend, aber irgendwie geil.

Dass Kurz bald zurücktreten wird, ist eh klar. Hinter jeder Tür liegt Nazigold, der ehemalige Wiener Bürgermeister Martin Häupl besteht zu 90 % aus Weißweinschorle und rechtes Kabarett ist nirgendwo so groß wie hier.

Wenn man das so betrachtet, ist es ein wenig befremdlich, dass ich es hier so liebe. Aber ich glaube, es ist die Verbindung aus Wiener Schmäh, akzeptiertem Alkoholmissbrauch und einer Scheißegal-Haltung, die ich so faszinierend finde. Wie der Pumuckl – irgendwie süß, aber aus der Zeit gefallen.

13.08.2021

Mein Freund F. lädt uns zum Geburtstag seiner Freundin ein, »bisschen saufen in der City«. Das ist lang her, »saufen in der City«, hoffentlich bringt er V+ mit oder Wodka-Bull. Irgendwie sind alle um mich herum polyamorös oder so, ich fühle mich sehr normal. Bin ich ein Spießer? Vielleicht. Kann ich gut auf Druck saufen? Auf jeden Fall.

Wir sitzen mit einer Bluetooth Box auf einem kleinen Platz, ich fühle mich wie 16. Bier aus Dosen und eine Mischflasche irgendwas, die Österreicher werden immer unverständlicher. Um Mitternacht ist die Party vorbei, in Wien trinkt man zielgerichtet. Es is a Sprint, ka Langlauf.

14.08.2021

Lese heute Abend im Hotel, eine kleine Gefälligkeit unter Freunden. Und es bleibt auch wirklich unter Freunden, von den 14 Leuten, die da sind, kenne ich elf. Es macht überraschenderweise aber Spaß, sogar der Junggesellenabschied, der sich mittendrin dazugesetzt hat, lacht und stört nicht.

Danach starke Cocktails und israelische Küche.

15.08.2021

Ich fahre ja gerne ins deutschsprachige Ausland, weil mein Englisch so schlecht ist. Warum ich ausgerechnet dorthin fahre, wo ich aber trotz gleicher Muttersprache niemanden verstehe, wird mir für immer ein Rätsel sein. Wenn mein Freund C. ein Seidl zu viel hatte, dann verfällt er so sehr in seinen Linzer Dialekt, dass er auch Mandarin mit mir reden könnte.

16.08.2021

Adé, du güldene Stadt Wien, ich komme wieder! Mit Sack und Pack zum Wiener Hauptbahnhof, ein Sinnbild für ganz Österreich – groß gedacht, aber am Ende klein ausgefallen. Wir fahren neuneinhalb Stunden bis Hamburg-Altona, ohne umzusteigen, ich habe sicherheitshalber noch schnell meine Reiseapotheke mit Nikotinpflastern aufgefrischt. Durch Komplikationen im Buchungssystem (Dummheit) kann ich nicht durchgehend neben meiner Freundin sitzen, wir unterhalten uns per Dosentelefon. Zwischen Passau und Nürnberg sitzt eine Frau neben mir, die wahrscheinlich schon den ersten Weltkrieg miterlebt hat. Normalerweise hätte ich sie gefragt, ob sie mit meiner Freundin tauschen kann, aber ich habe Angst, dass sie in der Mitte durchbricht wie ein Zweig.

Zwei Stunden Verspätung schon, Ankunftszeit Mitternacht. Eine Zugfahrt raubt jegliche Erholung eines Urlaubs, Klimaanlage ist zu kalt eingestellt, das Bordbistro hat fast nichts mehr im Angebot. Unter größten Anstrengungen

kann ich zwei kleine Flaschen Rotkäppchen für 10 Euro er-
werben, wir haben zwar nur gefrühstückt, aber was anderes
haben sie leider nicht im Angebot.

Gegen halb eins kommen wir zuhause an und essen noch
schnell eine Portion Mirácoli (immer im Haus für Notfälle).

17.08.2021

Ich habe es vielleicht schon öfters erwähnt, aber in mir
schlummert ein Nerd. Ich habe ein großes Interesse an Man-
ga und Anime, nicht unbedingt der klassische »Ich-trag-ei-
nen-Schulrock-und-rette-die-Welt-mit-magischen-Sei-
fenblasen«-Kram, es gibt durchaus wirklich anspruchsvolle
Beispiele, die eher in Richtung Graphic Novel gehen.

Und dann gibt es die Animes bei Netflix. Manche von denen sind total drüber, andere sind wirklich gut oder waren es
mal und sind schlecht gealtert. Und dann – fragt mich nicht,
wieso – habe ich die Serie »Beastars« angefangen. Humanoide Tiere in der Pubertät, die Bock aufeinander haben, sowohl
im sexuellen als auch im nahrungsspezifischen Kontext. Es
ist eigentlich totaler Mist, rein objektiv betrachtet. Und ich
liebe es. Egal, was passiert, die gesamte Zeit liegt so ein ko-
mischer Porno-Hentai-Vibe in der Luft, dabei geht es in-
haltlich eher um Erwachsenwerden, Charakterbildung und
ein wenig Crime.

Sonstiges: Heute ist wenig passiert, zum Abendbrot gab
es Kartoffelauflauf und zwei Salzburger Stiegl (in den schönen Dosen, die aussehen, als hätte Fritz Lang sie designt).

18.08.2021

Ich glaube, ich schaffe nicht mehr lang. Ich bin dauerhaft angespannt, gestresst, ich wache auf und habe Angst. Vor allem,

vor jedem, vor der Zukunft. Ich will mich einmauern, Winterschlaf. Nur ich. Mein Urlaub ist drei Tage her und mein ganzer Körper schreit. Ich bin erschöpft. Am Ende. Ich kann nicht mehr.

19.08.2021

Ich sitze im Café Marmor und trinke einen Flat White, ich muss zugeben, gar nicht mal so schlecht. Hier treffe ich mich gleich mit S., einer bildenden Künstlerin, mit der ich gerne zusammenarbeiten möchte. Sie ist ein Geheimtipp in der Szene, kennengelernt habe ich sie auf einer Vernissage in Sprockhövel anlässlich des 70. Geburtstages des Dramaturgen Klaus Schrodt. Neben dem üblichen Geplänkel mit Sektempfang, Laudatio und Preise für irgendwelche Lebenswerke hielt ich einen kleinen Plausch mit meinem alten Studienkollegen W., der mich damals in das Werk von S. einführte. Zugegeben, ich verstehe nicht viel von Kunst, aber S. Werke haben einen beeindruckenden Impact auf mich.

Leider habe ich die schlechte Angewohnheit, die Leute zu googlen, mit denen ich zusammenarbeiten möchte. Und da S. sich auf Instagram »Pippilotta Schokominza« nennt, werden wir wohl leider nicht zusammenkommen. Obwohl das Gespräch gut und das Brainstorming interessant ist, kann ich einfach nicht anders, als die gesamte Zeit an diesen Scheißnamen zu denken. Am liebsten würde ich sie schütteln und rufen: »Warum, S., warum?!«

Zum Abschied will sie mich umarmen, ich reiche ihr die Hand. Das wird wohl leider nichts, schade ums Fördergeld.

Abends brate ich Zander mit Senf-Dill-Sauce, dazu Salzkartoffeln (Reste müssen auch verbraucht werden) und einen leichten 11 %-Weißwein, Sylter Graugischt.

Vor dem Büro stehe ich und rauche. Ein, zwei, drei Zigaretten. Moritz wird mich gleich abholen und dann fahren wir auf Tour, ein paar Tage raus. Auftreten, auf andere Gedanken kommen. Die Show ist im Schweriner Schloss, ein wahrlich opulenter Bau, und beinhaltet den Landtag. Die AfD und DIE LINKE teilen sich einen Flügel, da ist bestimmt immer richtig Party.

Aber wie sollte eine Tour starten? Genau, mit einem brennenden Bus (kein Personenschaden, vielleicht psychisch). Wir stehen fast drei Stunden bei der Ausfahrt Reinbek und fangen eine Stunde zu spät mit der Show an.

Wir verkaufen das Merchandise aus dem Auto heraus, wie Hehler, die in Ostdeutschland die guten Westklamotten verkaufen wollen. »Fassen Sie mal an, feinste Bioqualität!«

Das Tourmanagement plus Merchandise und Vorprogramm mache ich seit September 2018, von diesen drei Jahren waren anderthalb Pandemie. Normalerweise erledige ich das alles betrunken, da ich aber mal wieder einen Anflug von »Ich habe kein Problem, ich beweise es euch allen« habe, trinke ich die gesamte Tour nicht. Es fällt mir erstaunlich leicht. Nachts fahren wir noch zu meiner Mutter, sie hat Geburtstag. Gegen zwei Uhr kommen wir an, alles Gute nachträglich.

Kriege seit Tagen Spam-Anrufe von OTTO Gourmet, ich habe vor Ewigkeiten mal ein Rezeptbuch bei denen bestellt, seitdem bekomme ich ab und an Werbung, aber eigentlich nicht per Telefon.

Kuriose Situationen ergeben sich im Tourauto:

»Hallo, hier ist Hinnerk Köhn.«
»Hallo! Es sind die rassigen Rauchwochen bei OTTO Gourmet!«

»Nein, kein Interesse.«
»Aber it's all about the smoke!«
Aufgelegt.

Nach einem emotionalen Abschied von Mutti fahren Moritz und ich weiter nach Kiel, eine Nachmittagsshow in brüllender Hitze auf einem umgebauten Sportfeld. 90 Minuten ohne Pause, Catering ist heißes Ratatouille. Nach 75 Minuten sind die Zuschauer*innen einfach nur Gehirnmatsche, es geht nicht mehr. Hör auf, Moritz, lass die armen Leute! Aber Moritz ist ein Tyrann und spielt das Set durch.

Weil wir klug sind, fahren wir direkt danach weiter nach Wuppertal, lockere fünf Stunden auf der A1, die gefühlt alle paar Tage komplett saniert wird. Gegen halb elf kommen wir an, müde, ausgelaugt, traurig.

Doch Ruhe ist uns nicht vergönnt. Die Zimmer sind dreckig, meine Bettdecke schimmelt und im Badezimmer liegen mehr Schamhaare, als ich habe (bitte keine dummen Witze hier).

Schlafe unter einem Handtuch und denke an zuhause.

22.08.2021

Ich hätte genauso gut die gesamte Nacht durchjoggen können, es wäre dasselbe Erholungsgefühl. Wir frühstücken bei unserem guten Freund Patrick Salmen. Da er ein Lebemann alter Schule ist, gibt es allerdings Torte. Marie Antoinette lässt grüßen. Moritz spielt mit den Kindern, ich drücke mich so gut es geht davor. Irgendwie habe ich immer Angst, was kaputtzumachen bei Kindern, ich würde am liebsten direkt zu jedem Kind sagen: »Hör mal, das wird uns beiden keinen Spaß machen, dir nicht, mir nicht, deinen Eltern erst recht nicht. Hier hast du fünf Euro, wir sehen uns, wenn wir zusammen was trinken können.«

Dann spielen Moritz und ich eine Doppelshow in einem leergepumpten Freibad in Wuppertal. Kurios. Trinke über den Tag verteilt acht Krombacher Alkoholfrei und eine Kanne Kaffee (schwarz). Ich habe ein Problem, ich gebe es zu. Es fehlt mir, sehr sogar, bleibe aber stark. Shows machen beide Spaß, wir fahren nachts noch nach Köln und reden über Buchprojekte meinerseits, die alle nie was werden.

Im Bett gucke ich noch »Paradies: Glaube« und trinke alkoholfreies Kölsch. Das ist, als würde man sehr viel Kaffee trinken, bevor man in einen Technoclub geht – nimm doch einfach direkt das, was kickt.

23.08.2021

Moritz hat zwei Aufzeichnungen, ich trinke Latte Macchiato im Bett und schaue Frühstücksfernsehen. Auf 3sat läuft eine Wiederholung von Thomas Gottschalks Literatursendung, eine unfassbar absurde Idee: Zwei Lektor*innen und Saša Stanišić sitzen in einem abgedunkelten Raum und reden über Literatur. Gastgeber und Moderator Thomas trägt eine Kapitänsuniform und schiebt sich den eigenen Chardonnay zwischen die Kiemen, 3,95 bei Netto.

Das ist Literatur, meine Freunde. Scheiß auf Punkrock, so geht Rebellion!

24.08.2021

Was ist das eigentlich für eine Tour? Schloss, Sportfeld, leergepumptes Freibad, ehemaliger Schrottplatz, Schloss. Sehr nette Leute, ganz entspannte Show, am Ende gibt es einen komischen Gruppenfoto-Moment. Ich erinnere mich daran, dass mein Konfirmationspastor damals meinte, dass es wahrscheinlich das einzige Blitzlichtgewitter unseres Lebens sein wird, wenn nach dem ganzen Jesus-Mist die Kameras gezückt werden. Tja, ich hatte schon zwei, Hans-Peter, da guckst du, was?

Wir fahren nachts noch in ein Parkhotel in Göttingen für knappe fünf Stunden Schlaf. Ich zähle in Unterwäsche das Geld aus dem Merchverkauf, trinke ein alkoholfreies Bier nach dem anderen. Ich fühle mich wie eine Figur aus Breaking Bad.

25.08.2021

Die ersten vier Wecker ignoriere ich gekonnt, dann dusche ich in Rekordzeit und stehe um Punkt acht Uhr morgens in der Lobby und warte auf Moritz. Wir liegen gut in der Zeit, deswegen nehmen wir den Frühstückskaffee wahr. Ein unglaublicher Dialog zwischen mir und der osteuropäischen Dame beim Buffet entwickelt sich.

Frau: »Kann ich Ihnen helfen?«

Ich: »Ich will nur zwei Tassen Kaffee, eine mit Milch. Haben Sie hier eine Maschine?«

Frau: »Nein, nein! Jeden Morgen ich brühe frisch auf und mit feinster Bohne (sprich: Bonne) direkt in Edelstahlkanne, das macht froh und wach, nicht? Hahahah.«

Ich (mich mit den Tassen wegdrehend): »Ja ... äh ... bestimmt.«

Frau: »Ja und jetzt erst mal schön (sprich: schon) Kaffee mit Zigarette (sprich: Sigaredde), oder Jungchen?«

Ich flüchte.

Wir fahren nach Schneverdingen, den meisten bekannt aufgrund der Nähe zu Bispingen (Snow Dome und Center Parks), Moritz dreht mit irgendwem. Ich verabschiede mich und fahre nach Hamburg, ich habe Termine. Abends bereite ich eine große Platte Vitello Tonnato zu, meine Freundin und ich frönen erneut dem Serienbinge und trinken anderthalb Flaschen Moët & Chandon (wir erinnern uns: Möt und Schänden).

Ein unfassbarer Sektdurst macht sich in mir breit, bereits morgens ist einer der ersten greifbaren Gedanken halbtrocken und feinperlig. Habe mein Fitnessprogramm stark vernachlässigt und übertreibe direkt nach dem Aufwachen, das werde ich die nächsten Tage noch merken. Ich finde Muskelkater deutlich schlimmer als Alkoholkater, aber beides macht mich traurig.

Die letzten Tage habe ich nichts getrunken auf Tour, da wir nach den Shows direkt weiter zur nächsten Stadt gefahren sind und ich langsam mal verstehen muss, dass das kein Spaß, sondern mein Job ist. Ich gehe ja auch nicht besoffen ins Büro (nicht mehr). Und mir geht es viel, viel besser. Ich dachte ja, dass ich eher gereizt und genervt sein würde (siehe die letzten Monate, Alkoholismus etc.), aber mir geht es gut. Ich bin fit, ich bin engagiert, ich habe mehr Selbstbewusstsein. König Alkohol hat mich gerichtet und wollte mich hängen, doch ich habe rebelliert. Ein befreiendes Gefühl, darauf stoße ich heute Abend an.

Show im Schrödingers mit Till und Moritz, es macht sehr viel Spaß und ist sehr kalt. Bleibe vorerst nüchtern, ich will es ausreizen, ob ich die Verbindung Bühne und Saufen getrennt habe. Schaffe ich gekonnt. Danach ist die Sommerfeier meiner alten Agentur. Ich schiebe mir drei Gläser Sekt rein und gehe dann tatsächlich nach Hause. Doch wie jedes Mal stellt sich die wärmende Kraft des Alkohols als falscher Freund heraus. Ich bin süchtig. Trinke zuhause noch drei Gläser Whiskey und drei große Bier, rappe vor dem Spiegel alte K.I.Z-Songs mit und singe »Walking on Broken Glass« von Annie Lennox. Niemand schaut zu.

27.08.2021

Blaupausentag. Büro, Arbeit, Einkaufen, Kochen, Film, alkoholfreies Gösser. Als ich nach Hause komme, schlüpfe ich direkt in die kuschelige Hose. Es ist anscheinend so weit, ich dachte immer, das wäre ein urbaner Mythos, aber es stimmt wohl: Mit steigendem Alter lege ich den Fokus mehr auf Bequemlichkeit als auf gutes Aussehen. Ich stürze in ein Meer aus Crocs, Jogginghosen und Flauschepullovern mit Aufdrucken von Universitäten, auf deren Campus ich nie einen Fuß gesetzt habe. Jack & Jones-Sprüche, »Surf Club L. A. 1832«, Einteiler und Pantoffeln. So werde ich immer mehr den gutsitzenden Hemden entwachsen, das Jackett spannt, der Hosenknopf knackt mit jedem Schritt. Ich werde weich. Ein weicher, kleiner Berg aus Ruhe, Bequemlichkeit und »flotten Sprüchen«. Verabschiedet euch von Hinnerk Köhn, Onkel Hinnerk ist da!

Ich bin ein wandelnder Trinkspruch mit vulgärem Bezug.

28.08.2021

Heute Show in Göttingen. Eine Stadt, die mir in keiner Art und Weise irgendetwas gibt. Die Freundin meines Cousins kommt aus Göttingen, ich war hier mal saunieren und habe einen Freund besucht, der einen Monat sein Studium in dieser kleinen Student*innenstadt ausgehalten hat. Aber ich lasse mich schnell überzeugen, wenn Auftritt und Kneipe meinem Gusto entsprechen.

Leider ist die Gesellschaft unangenehm, ich hole mir an der Theke noch zwei Flaschenpils und gehe in die kleine, schrammelige Jugendherberge. Besoffen lese ich noch ein wenig, werde ich alles morgen nachholen müssen. Nachts schreit die Person im Nebenzimmer, ich klemme den Stuhl unter die Klinke.

Ich besuche meinen Freund R. und seine Familie. Ich komme normalerweise sehr schlecht mit Kindern zurecht, aber
die beiden habe ich irgendwie in mein Herz geschlossen.
Vielleicht weil sie intelligent sind, vielleicht aber auch weil
sie einen kompletten Fick auf alles geben. Zwei kleine, humanoide Mittelfinger, die einfach nur zeigen, was Anarchie
alles kann.

Abends spiele ich wieder mit Moritz, dieses Mal in Lüneburg. Im Gegensatz zu Göttingen habe ich ein sehr emotionales Verhältnis zu Lüneburg. Das Publikum hasst mich,
kommt aber trotzdem immer zu meinen Shows. Ich war
hier mal unglücklich verliebt, ich war hier mal so betrunken,
dass es kritisch war mit dem Sprechen. Ich habe hier Nächte
durchgemacht und Tage verpennt. Lüneburg ist für mich ein
Kompromiss zwischen Hamburg und meiner Heimat. Das
würde gerade noch so gehen als Wohnort. Aber vielleicht ist
dort auch schon zu viel passiert und ich könnte nie Ruhe finden in dieser kleinen, beschaulichen Stadt, die mit Salz und
Studium protzt wie ein Ort, der was zu sagen hat.

Nach der Show fahre ich noch nach Hamburg, Sekt im
Bordbistro, Bier zuhause, Schlaf im Bett, Reise ins Traum-
land.

Gucke eine Dokumentation über Kleidung für den Mann.
Runtergebrochen folgende Dinge, die offensichtlich beim
Lebemann von heute gar nicht gehen:

Zu viel Herrenschmuck
Moschus-Parfum
Ketten über dem Rollkragenpullover
Budapester Lochmusterung

Kappen, jegliche Form
Rahmenlose Brillengestelle
Flechtgürtel

Mein Kleiderschrank scheint der Alptraum eines jeden Modemagnaten zu sein. Schrecklich, ich bin nicht en vogue. Ein beklemmendes Gefühl, wieso sagt mir denn niemand, dass ich aussehe wie ein Clown?

31.08.2021

Tag der persönlichen Arbeit, ich enteise das Gefrierfach und putze den Kühlschrank. Was man alles findet, unfassbar! Die Cornichons haben zwei Umzüge überlegt, was habe ich mir dabei nur gedacht?

Auch all diese Grillsoßen, wie lange sind sie denn wirklich haltbar? »Zügig verbrauchen«, was bedeutet das? Zwei Wochen? Drei Monate?

Ist doch eh alles mit Konservierungsmitteln vollgepumpt wie nichts Gutes! Was soll daran denn schlecht werden? Räume alle ins Gemüsefach und bin mir gewiss, dass sich dieses Schauspiel nächstes Jahr wiederholen wird.

September

01.09.2021

Ich will so sehr ein guter Mensch sein, aber irgendwie schaffe ich es nicht. Ich bin zu nett und zu weich, keine Härte, keine Konturen. Ein humanoider Blob, eine Masse, ich bin austauschbar. Ein Chamäleon ohne eigenen Charakter. Immer will ich beeindrucken, immer will ich mehr von mir, von allem. Will ich Erfolg? Will ich Anerkennung? Was ist das für ein Leben, das nur aus Angst besteht, aus dem Gefühl, nicht zu reichen?

Ich lebe einfach vor mich her. Keine Ziele, keine Perspektive. Ich will, ich will, ich will, doch ich will nichts dafür tun. Was bleibt? Die Gewissheit, ein Blatt Papier zu sein, welches zerknüllt im Mülleimer des Lebens liegt, ein ungeliebtes Kuscheltier, das im Bettkasten liegt. Nur einmal ein kleines Zeichen, die Gewissheit, gebraucht zu werden. Geliebt werde ich sicher, aber wenn ich keinen Zweck erfülle, wie kann mein Leben dann erfüllt sein?

02.09.2021

Gucke mit meiner Freundin das Reboot von »Candyman« im Kino. Ich gelte als äußerst schreckhaft, das wird durch meine konstante Müdigkeit stark unterstützt. Popcorn is around me, die Cola überlebt auch nicht lange. Auch ohne Corona wären anderthalb Meter Abstand um mich rum.

03.09.2021

Ich bin seit meiner Kindheit passionierter Fingernägelkauer, meine Kuppen sehen aus wie Schlachtfelder, rot und zerfetzt, abgenagt. Ich weiß nicht, womit es anfing, aber in meiner Hochphase konnte man überall in meinem Zimmer Nägel und Reste eben jener finden. Mittlerweile ist es besser, Corona sei Dank. Es lag nie an Nervosität oder Entzug oder Aufregung. Es gefällt mir einfach. Ein befreiendes Gefühl vom kurzen Anknabbern bis zum rasanten Riss und dann hat man ihn, den Nagel, das Horn. Leider auch eine recht widerliche Angelegenheit.

Richtig gute Angewohnheit während einer weltweiten Pandemie.

04.09.2021

Ich habe seit einigen Tagen ein unstillbares Verlangen nach Gelage, deswegen lade ich Freund D. zum Dinner ein, mit dem versteckten Hintersinn, mir mies die Kante zu geben.

Als Vorspeise gibt es eine kleine Portion Goyza, zum Hauptgang reiche ich Hühnchen Teriyaki und zur Nachspeise kippen wir uns richtig einen rein mit Feigenlikör und Flensburger aus der Flasche. Nach vier Runden Kniffel werde ich biestig und zu meinem bösen Zwilling Krennih, der Hass und Zwietracht sähen möchte. Ich schieße mit wohldosierten, verbalen Giftpfeilen auf D., aber er hält sich wacker und nimmt nichts persönlich. Was für gute Freunde ich doch habe, die wissen, dass ich ein Wichser bin.

05.09.2021

Ein Tag aus Samt, verkatert und verkuschelt krieche ich von Bett zur Couch und kriege Gelüste nach schlimmen Speisen. Ganz oben auf der Liste an furchtbaren Köhn'schen Eigenheiten ist das Ei-Brot mit Scharfer Soße. Einfach, schnell, tödlich. Ein Gericht, das nur existiert, um geil beim Kater zu sein und gleichzeitig deinem Magen so sehr eine reinzuhauen, dass du dir eine Magenschleimhautentzündung wünschen würdest.

Ich fühle mich wie ein Hacker aus der Matrix, mein Drucker schnurrt wie ein Kätzchen und druckt, wie ich es ihm auftrage. Nach dreieinhalb Stunden habe ich ihn zum Laufen gebracht. Man könnte meinen, dass ich Digital Native bin, aber ein Gros der technischen Möglichkeit unserer Jetzt-Zeit bleiben mir für immer verschlossen. WhatsApp habe ich nur wegen meiner Mutter, Excel und Word kann ich Grundlagen, Internet wird mir für immer ein Geheimnis bleiben, schon bei extrem einfachen Kleinigkeiten komme ich mir vor, als wäre ich ins Pentagon eingebrochen. Bis ich mit Instagram klarkam, war TikTok schon groß und Snapchat Geschichte. Ich habe seit letztem Jahr einen Twitter-Account, ich bin so late to the party, dass ich nur noch beim Aufräumen helfe.

Höre durch Zufall Radio, es läuft mehrfach hintereinander deutscher Indierock. Mit ein wenig musikalischem Talent kann man aus dem Stehgreif ein Album produzieren, das sich anhört wie beliebiger deutscher Indierock.

Bandname: Sülze.
Debütalbum: Cassiopeia
Bandbesetzung: Frau an den Drums, ein Sänger mit Gitarre, vorinstallierte Snythies

Tracklist:
Chateau Bonjour
Zum Sterben gehen die Rentner nach Sylt
Parfüm
Kaleidoskop
In the end you'll miss me (Remix by Frank the Tank)

Diadem
Frangelico (es tut so weh)
Lara
Der Wichser vom Kinoschalter wollte meinen
Studentenausweis sehen und deswegen kann ich Venom 2
nicht gucken

Hidden Track: Quentin Tarantino

08.09.2021

Habe heute einen Auftritt in Ratingen. Ratingen ist eigentlich in Düsseldorf und tut so, als wäre es eine eigene Stadt,
zum Glück ist es nur vier Stunden entfernt und ich brauche
sechseinhalb. Die Veranstaltung ist makaber bis ins Mark:
ein lustiger Abend, organisiert vom Hospiz zum Thema
»Wie wollen wir sterben?«.

Ich schreibe ein kleines humoristisches Essay zum Thema
Suizid. Dem Publikum gefällt es. Wie kaputt ist diese Welt?
Als Preis gibt es einen 50-Euro-Buchhandlungsgutschein,
mein Ehrgeiz wurde erweckt. Da wir in Ratingen sind, ist
eine After Show nicht möglich, ich sitze mit J. und J. in der
Hotellobby und zwiebel mir ein paar Tassen Weißwein rein,
da sie keine Gläser haben.

09.09.2021

Ich habe einen Banktermin, das heißt, ich werde erwachsen. Habe mir vorher einiges zu den Themen Bausparverträ-
ge, Riester-Rente etc. angelesen, einfach nur um mithalten
zu können. Ich will zwar bloß ein Sparbuch eröffnen, aber
ich kenne Bankmitarbeiter*innen, die sind Füchse, und ich
neige zu Impulskäufen und dann passe ich einen Moment

nicht auf und mir gehört ein Haus in der Uckermark zuzüglich eines 400 Jahre laufenden Kredits.

Wenn ich einen Banktermin habe, mache ich mich tatsächlich extra schick, finde ich angemessen. Du trägst Anzug, ich trage Anzug, wir sind gleich alt und siezen uns. Meine Bank heißt Jochen. Schlimme Werbung, ich will nicht, dass meine Bank Jochen heißt! Meine Bank soll ein Reihenhaus haben und einen Hund und auf den Namen »Herr Möller« hören, sowohl der Hund als auch mein Ansprechpartner.

Nach anderthalb Stunden sind wir fertig und ich besitze jetzt ein kleines Haus unweit von Usedom. Muss man auch gar nicht viel dran machen.

10.09.2021

Nachts noch Pizza gegessen, wache von Sodbrennen und Übelkeit gegen 4:50 Uhr auf und kann nicht mehr einschlafen. Lege mich zitternd im Bademantel auf die Couch und versuche, die Müdigkeit wegzudenken. Als das nicht funktioniert, mache ich mir eine Kanne Kaffee, Gegenangriff. Strample eine Dreiviertelstunde auf dem Trimm-dich-Rad und prügle mir Energie in den Körper. Ich fühle mich gar nicht so sonderlich unsportlich, aber zehn intensive Jahre des Rauchens fordern ihren Tribut. Ich kann kaum 15 Minuten laufen, ohne zu japsen wie ein Koyote.

Beschämend. Fühle mich wie ein Fußballtrainer der B-Jugend, der nach drei Bieren anfängt, zu weinen, weil er »fast Profi geworden wäre, aber diese blöde Knieverletzung«. Mein Stimmungsbild gegenüber meiner körperlichen Gesundheit schwankt immer zwischen »Scheiß drauf« und »Oha, fuck, das geht nicht mehr lang«. Bis hierhin habe ich mich irgendwie so durchgeschlängelt, aber ich bin jetzt 27, die natürliche Verfettung des Köhns beginnt. Soll ich aufgeben oder weitermachen? Tendiere ja zu Ersterem, aber ich kann meine Mutter nicht enttäuschen.

Abends aus Gründen gedünstetes Gemüse und Lektüre »Mein Weg zum Glück« von Hans Georg Maaßen.

11.09.2021

Letzter Tag eines Theaterprojekts, ich bin als Gast geladen. Aufführung läuft wie am Schnürchen, Dernierenfeier ist in einem Restaurant, das anscheinend empfohlen wurde. Es ist halal. Es gibt keinen Alkohol. Ist das ein Test, Gott?

Dafür fantastisches Essen, trotzdem eile ich danach in mein trautes Heim und trinke schnell viel Bier. Ich bin zum ersten Mal seit anderthalb Wochen allein. Es ist so still und ruhig, fast befremdlich. Die Tropfen plattern an die Scheibe meines Schlafzimmers und ich liege einfach nur und lausche, nehme einen Schluck, höre zu. Eine Form von Meditation stellt sich ein, ich liege fast zwei Stunden auf meinem Bett, bis mir die Augen zufallen. Um vier wache ich nochmal auf, verwirrt und verschwitzt, trinke hastig zwei Gläser Scotch on the rocks und schlafe ein.

12.09.2021

Meine Freundin K. ist zu Besuch, ich habe groß aufgefahren ob der Vorfreude und bereite einen großzügigen Brunch vor mit selbstgemachten Aufstrichen, Fisch, Häppchen, frischen Brötchen, Obst, Gemüse und einer kleinen Auswahl von sechs verschiedenen Säften. Und dann kommt sie nicht. Ich warte und warte, fange schließlich an, zu essen, und trinke die ganze Kanne Kaffee aus.

Gegen halb drei ein klägliches: »Sorry, gestern ging es länger haha, naja, mein Zug geht gleich, sehen wir uns in Leipzig?«

Jetzt sicher nicht mehr, du dummes Stück Scheiße. Aus Frust ziehe ich mir meinen Badeponcho an und esse Räucherlachs mit der Hand. Genuss und Gewalt liegen nah beieinander.

13.09.2021

Moritz erzählt ab und an auf der Bühne davon, dass Nazis seine Adresse rausgefunden und ihn auf eine Todesliste geschrieben haben. Das heißt, prinzipiell könnte es jederzeit passieren, dass ein rechtsextremer Terrorist im Publikum aufsteht, eine Knarre zieht und vier Schüsse in Moritz' Oberkörper jagt. Das ist natürlich schrecklich. Aber was für ein Karriere-Boost wäre das denn für mich?

Ich laufe zu ihm, eine Gruppe aus dem Publikum überwältigt den Attentäter, ich knie mich neben Moritz, er hustet Blut und guckt mich an.

Unter Tränen schreie ich ihn an: »Du musst durchhalten, Moritz, du musst durchhalten!«

Und Moritz sagt: »Wir waren ein gutes Team, oder?«

»Wir sind ein gutes Team, Moritz, hör auf, so einen Quatsch zu reden!«

Moritz lächelt.

»Es ist vorbei, Hinnerk. Sorge dafür, dass die Leute an mich erinnert werden. Und sag meiner Frau und meinen Kindern, dass ich sie liebe.«

Ich drehe mich um: »Ruf doch einer mal einen Scheiß-Krankenwagen!«

»Es wird ganz warm, Hinni, ich werde so müde.«

»Du darfst nicht einschlafen, Momo, schlaf bloß nicht ein!«

Seine Hand lockert den Griff und gleitet zu Boden.

»Ich hatte noch so viele Witze zu erzählen ...«

Ich schreie in den Himmel: »Wieso? Wieso, Gott?!«

Alle Nachrichtenmagazine berichten über den Abend, ich werde von allen interviewt. »Moritz hat mich gebeten, sein Erbe in die Welt zu tragen. Und so, wie ich hier stehe, verspreche ich euch: Ich mache weiter – für Moritz!«

Meine Shows wären sowas von ausverkauft.

14.09.2021

Mein ganzer Körper ist fettig. Wie mit Butter eingerieben, meine Haare sind keine einzelnen Strähnen mehr, sondern dicke Placken, an den Kopf gedrückt. Dusche ausgiebig, das Gefühl bleibt. Vielleicht ein Tag, um zuhause zu bleiben, eingepfercht wie Quasimodo oder das Phantom. Sehen Sie mich nicht an, ich bin abstoßend!

Allgemein schwanke ich zwischen zwei Gemütszuständen. Ich trage zwei Wölfe in mir, der eine will allein sein und nicht gestört werden, der andere sehnt sich nach Nähe und Zärtlichkeit. Aber immer nur in Extremen, nie in einer gesunden Mischung. Ich bin ein sozialer Freak.

15.09.2021

Noch elf Tage, dann ist Bundestagswahl. Habe mich mal wieder nicht sonderlich intensiv mit den Parteien beschäftigt, also mache ich einen Durchgang mit dem Wahl-O-Mat. Die Ergebnisse sind einfach nur lächerlich, blanker Hohn. Hinnerk Köhn wählt die V³-Partei, ganz sicher. Mir fällt mal wieder die Tierschutzpartei auf. Genialer Name für eine Partei, ich kenne niemanden, der gegen Tierschutz per se ist.

16.09.2021

Wir spielen heute wieder in Lüneburg. Offensichtlich kein rechtsextremer Terrorist im Publikum. Das Publikum hasst mich und ich hasse sie. Einer der schwersten Auftritte des Jahres, lange nicht mehr so etwas Schreckliches erlebt. Trinke deswegen Weißwein. Keine Ahnung, welcher, aber es war kein Vino Verde. Zwei betrunkene Mädchen belästigen Moritz, ich bin geistig zu schwach, um es zu verhindern. Ich mache meinen Job gewissenhaft, aber schlecht.

17.09.2021

Nach langer Zeit trete ich mal wieder im Deutschen Schauspielhaus auf, ein Haus, das ich so wundervoll finde, dass ich jederzeit als Nachtportier hier anfangen würde. Allgemein eine Profession, die mich kleiden würde: Nachwächter, Portier, Pförtner.

Bin großer Fan von Wolfgang Welt, grandioser Autor und Zeit seines Lebens der Nachtwächter im Schauspielhaus Bochum. Das wäre wirklich etwas für mich: rotzig-frech irgendwelche Musikalben zerreißen und nachts im Theater meine Brötchen als Wachmann verdienen. Klingt irgendwie romantisch und extrem kräftezehrend. Ehrlich gesagt klingt Wolfgang Welt in seinen Texten nicht sonderlich glücklich. Ich auch nicht, aber ich bin nicht wütend auf die Welt und hasse alles – sondern nur mich.

18.09.2021

Gehe mit L. und M. essen, vietnamesisch. Aus einer Laune heraus lade ich beide ein und bin allgemein recht generös. Richtig gute Idee als armer, einsamer Künstler. Danach zum ersten Mal wieder tanzen gehen, im Molotow herrscht 2G und das bedeutet, ich gönne mir doppelt. Nach anderthalb Jahren sozialem Abstand komme ich auf die Gesamtsituation nicht klar, setze mir mehrfach unbeholfen die Maske auf und wieder ab, hat keinen Zweck. Vielleicht muss ich mehr trinken, damit ich in die richtige Stimmung komme? Trinke sieben Gläser Sekt auf Eis, eine furchtbar schlechte und zeitgleich gute Idee.

Ich tanze ausgelassen für eine halbe Stunde, dann bin ich zu betrunken und remple nur noch Leute an. Der Türsteher befiehlt mir, zu gehen, ich gehorche und brauche für die 800 Meter nach Hause eine Dreiviertelstunde.

19.09.2021

Schrecklich versumpft, klebrig, unwohl fühle ich mich. Ein Morgen nach einer Partynacht, die mir so lange nicht vergönnt war, und mir fallen nur die negativen Seiten auf. Warum bin ich so, warum habe ich mich nicht unter Kontrolle? Filmriss, Kopfschmerzen, Übelkeit – die Dreifaltigkeit der Alkoholikers.

Setze Kaffee mit Salz auf, angeblich bekömmlicher, aber keine Ahnung, ob das stimmt.

Nach einer Spezialdusche (lauwarm – heiß – kalt) starte ich nachmittags in den Tag. Auf der To-do-Liste stehen Haushalt und Bohren, ich habe eine Wandhalterung für einen Bildschirm gekauft und das muss nun endlich erledigt werden. Immer schiebe ich auf, immer wird es eng, dauerhafter Stress ist das Ergebnis. Damit ist jetzt Schluss, heute lebe ich, wie ich es mir immer wünsche! Ich bohre und ich schaffe, ich koche und ich mache, abends gibt es Kamillentee und Lektüre. Ich bin nicht mehr der alte Köhn, hier ist der neue Hinnerk! Um 21 Uhr lege ich mich ins Bett, ich schmökere noch ein wenig und knipse gegen 23 Uhr das Licht aus, bloß um mich zweieinhalb Stunden hin und her zu wälzen.

20.09.2021

Ich habe Angst, Entzugserscheinungen zu bekommen. Könnte das sein? Bin ich schon im Sumpf? Die Spirale der Feuchtigkeit? Ich habe schon oft darüber nachgedacht, mir professionelle Hilfe wegen des Saufens zu suchen, aber irgendwie kam noch nie der wirklich richtige Impuls von mir. Ja, ich mache mir Sorgen. Ja, ich kann nicht aufhören. Ja, ich werde daran sterben. Aber irgendwie war da noch nicht der Kick, der mir gesagt hat: »Du hörst jetzt auf. Du suchst dir Hilfe.«

Einmal, im alkoholstarken Monat Oktober im Jahr 2019, habe ich mir vorgenommen, was zu ändern, habe meinen gesamten Mut zusammengenommen und bei der Hilfehotline angerufen. Nach mühseligen Gesprächen und Eingeständnissen am Telefon fragte der Hotline-Mitarbeiter mich nach meiner Adresse und es stellte sich heraus, dass ich bei der falschen Hotline angerufen hatte. Es gab zwei, eine mit einer guten Bewertung und eine mit einer schlechten. Die schlechte sollte für meinen Bezirk sein.

Die Steine sind groß, die mir in den Weg gelegt werden. Allein, dass das Suchtzentrum in Hamburg in der Martini-Straße liegt, ist ein kongenialer Witz, wäre es nicht die Realität. Der Rattenschwanz ist leider ewig lang, ich bräuchte neue Freunde, neue Wohnung, Akzeptanz im sozialen Gefüge. In einem Umfeld, in dem man sich nur trifft, wenn es Bier gibt, ist es natürlich hart, mit der großen Veränderung anzufangen. Sitze desillusioniert mit zwei alkoholfreien Jever bei M. und nehme Podcast auf. Ein Kurzer, ein Longdrink, ein Bier. Ich schaffe den Absprung. Vielleicht sollte ich einfach kleine Schritte machen, nicht mehr komplett abschießen, sondern schrittweise weniger. Ein Tag die Woche, eine Woche im Monat, ein Monat im Jahr?

Mein Mitbewohner kommt gegen halb eins nachts nach Hause und wir betrinken uns mit vier Flaschen Wein und Resten.

Erinnere mich nicht daran, wie ich ins Bett gegangen bin. Der Geschmack in meinem Mund verrät: Ich habe gekifft. Ekelhaft. Finde gut, dass ich Marihuana in keiner Form vertrage, sonst würde ich wahrscheinlich schwer drauf hängenbleiben. Andererseits wäre es eine Hilfe gegen die Panik und die Angst. Mir empfehlen die Leute immer CBD, aber das ist, als würde ich in den Club gehen und statt MDMA eine große Tasse Kaffee trinken.

Kiffen war für mich in meiner Pubertät eher eine kleine Rebellion gegenüber den Eltern, die aber keine Probleme damit hatten, weil sie auch mal jung waren und mein Bruder eh alles schon vor mir gemacht hat. Eigentlich war es eine Rebellion gegen meinen eigenen Körper, gegen das Gefühl, unbedingt besonders sein zu müssen, denn gut weggesteckt habe ich das Zeug von Anfang an nicht. Ich musste mich übergeben oder hatte einen extremen Kreislaufzusammenbruch. Schön für alle, die damit klarkommen – aber mir bleibt bitte weg mit euren klebrigen Verliererzigaretten.

Was ich aber unfassbar gerne mag, ist die Sprache bei den Konsumierenden, diese Mischung aus Clubvokabular und Hippiesprech. Eine Gratwanderung zwischen Zivilpolizist und Klebengebliebenen, immer ein wenig in der Zeit hängengeblieben. Ich habe Freunde, die sind vier Jahre jünger als ich und benutzen Begriffe wie »Bubatz« oder »Sportzigarette«. Und manche sagen allen Ernstes, früher sei alles besser gewesen.

Habe einen Auftritt in Ostfriesland bei der Erstsemesterbegrüßung einer Universität. Von vornherein wusste ich, dass es schlimm wird (Nachmittagsshow auf einen Mittwoch mit Laufpublikum), aber damit konnte niemand rechnen.

Die Abschlussklasse Medientechnik lädt ein und alle haben schon was vor. Die Bühne ist auf dem Vorplatz der Mensa, ein paar Versprengte sitzen herum und trinken Bier aus Plastikbechern. Im Backstage erfahre ich, dass ich mit jemandem zusammen moderieren soll. Er stellt sich mir vor und bereits während er mir die Hand gibt, merke ich, dass ich ihn hasse. Ein Widerling und Opportunist, ohne Rückgrat und Anstand. Gekonnt schlängle ich mich aus der Doppelmoderation heraus und spiele einfach nur den Slot mit meinen Kolleg*innen A., L. und H.

Während wir uns nach der furchtbaren Show das Catering einverleiben, tritt der stadtbekannte Comedy-Zauberer auf, den ich zuerst für den Inklusionsbeauftragten der Universität hielt. Er zieht die Massen an, 500 Leute gieren nach den Zauberkastentricks für Fünfjährige. Mittendrin sagt er, dass er den Unterschied zwischen Mitleid und Applaus kennt. Anscheinend nicht, denn er macht weiter. Wir gehen, als er »Las Vegas«-Feeling auf die Bühne bringen möchte und anfängt, mit vier Bällen zu jonglieren, während »Final Countdown« läuft. Die zweieinhalbstündige Rückfahrt verbringen wir schweigend. Zuhause trinke ich Kurze und Bier. Wie soll man nach so einem Auftritt trocken bleiben? Verstehe vollkommen, warum Alkoholismus so verbreitet ist: legale Betäubung.

23.09.2021

Letzter Open-Air-Auftritt des Jahres, erneut Support für Moritz im Schrödingers. Ich lasse heute mein Vorprogramm mitfilmen, das heißt, es wird scheiße. Und tatsächlich, ab dem Moment, wo die Kamera auf mich gerichtet ist, hasst mich das Publikum. Das ist nicht mehr Murphys Gesetz, das ist eine Aversion der gesamten Medienwelt gegen mein Schaffen.

Open-Air-Shows sind eh eine Qual für Stand-up, der gesamte Schall fliegt nach oben und zur Seite, wenn es keinen Szenenapplaus gibt, dann bekommt man keine Reaktionen des Publikums mit. Aber heute war es besonders schlimm. Dafür sind meine Freund*innen B. und F. im Publikum, ich setze mich zu ihnen und trinke Bier, die beiden Wein. Erst beim Gespräch nach der Show bemerke ich, dass die beiden vielleicht schon eine Flasche vorher hatten. Mein Angebot, noch ein wenig bei mir zu verweilen, wird umgehend angenommen, wir sitzen bis halb vier, dann schmeiße ich sie mit letzter Kraft raus. B. stolpert die gesamte Zeit, er ist hauptberuflich Schauspieler und bei ihm weiß ich immer nicht, was gespielt und was real ist. Als er beim Verabschieden gegen die Tür läuft, bin ich mir sicher, dass es gespielt sein muss. Ruhe setzt ein. Ich bin hungrig und mir ist schlecht gleichermaßen, zwinge mir noch ein Toastbrot auf und lege mich mit Karussell ins Bett.

24.09.2021

Kopf, Kreislauf, Kater. Um 12 Uhr klingelt mein erster Wecker, um 12:45 Uhr wache ich richtig auf. Um 13 Uhr soll ich allerdings meinen Bruder zum Essen treffen, innerlich hoffe ich, dass er abgesagt hat. Hat er nicht, also dusche ich schnell und verzichte auf Zähneputzen, trage ja eh Maske.

Vorm Restaurant versuche ich, ein Wasser zu trinken und eine zu rauchen, umgehend kippt mein Kreislauf so stark, dass ich kurz befürchte, mich hinlegen zu müssen. Kriege gerade noch die Kurve, zum Glück habe ich mir was Leichtes bestellt (Burger mit Spiegelei und Bacon, du dummer Idiot). Gespräche über Urlaub und Arbeit, nichts Besonderes, aber nett. Abends koche ich Kartoffel-Kürbis-Suppe mit Schmand, dazu stilles Wasser und entschlackende Meditationsvideos mit Walgesang.

25.09.2021

Erstaunlich, dass mein Körper nach 24 Stunden schon wieder so große Lust entwickelt, sich zu betrinken. Das Wetter ist gut, die Sonne scheint und ich habe Lust auf Abenteuer. Aktuell ist Reeperbahnfestival, es scheint schlecht organisiert zu sein, aber ich habe ein V. I. P.-Bändchen und werde mir ganz entspannt ein Konzert im Uebel & Gefährlich angucken.

Schnitt. Esse betrunken vor dem U-Bahnhof Feldstraße eine Currywurst. Wie ist das denn passiert? Habe während des Konzerts maximal vier Bier getrunken und plötzlich torkle ich? Meine Schuhe drücken unfassbar, ich würde sie gerne ausziehen. Ich muss ein erbärmlicher Anblick sein.

Brauche fast eine Stunde nach Hause, stoße die ganze Zeit auf, Sodbrennen und Bierübelkeit. Breche vor einen SUV, schlagartige Verbesserung meines Zustands.

In einer Kneipe treffe ich meine Freunde J. und J., die sich seit fast fünfeinhalb Stunden nicht bewegt haben und saufen. Setze mich bis vier Uhr dazu und nehme heimlich Speed auf der Toilette, damit ich mehr und länger trinken kann. Kombinationsdrogenmissbrauch.

26.09.2021

11:30 Uhr. Ich wache auf, übermüdet, aber glücklich. Bin ich noch betrunken? Wahrscheinlich, sonst hätte ich doch schon irgendwelche Erscheinungen gehabt, Kopfschmerzen, Unlust oder irgendetwas Vergleichbares.

Wenn ich verkatert bin, gucke ich am liebsten im Internet nach möglichst unsinnigen Geldausgaben. Ein Pappaufsteller vom Papst in Lebensgröße kostet »nur« 79,99 zzgl. Versand. Ein Schelm, wer da nicht zugreift. Wie viel kostet es wohl, von sich selbst einen machen zu lassen?

27.09.2021

Nach all den Jahren, den ganzen Quälereien und Momenten der Unzufriedenheit habe ich es endlich getan und bin aus der Kirche ausgetreten. Es tut mir leid, Vater, denn ich habe gesündigt: Ich habe nämlich 3 % meines hart erarbeiteten Einkommens an die Kirche abgetreten, einen Verein, der mir gar nichts gibt.

Religion ist schön und gut, aber muss es denn an eine Institution gebunden sein? Ich glaube zwar so oder so nicht mehr an Gott, aber trotzdem ist es irgendwie schade drum, dass mir das alles durch die Kirche so madig gemacht wurde. Eigentlich ist es ja nett, gerade für die, die niemanden haben. Ich habe recht viele, und einen Schluck Wein für zwei Stunden Singen und altertümliche Schriften schlecht vorgelesen bekommen – sorry, da bin ich nun mal raus. Und außerdem sind 3 % % echt happig für jemanden, der seit Jahren in einer prekären Situation »lebt«.

28.09.2021

Meinem Freund M. ist das Gleichgewichtsorgan ausgefallen, deswegen schwankt er beim Gehen wie ein Schiff. Das ist bereits ein netter Anblick, pikant ist allerdings, dass sein Gehirn durch den unsicheren Gang impliziert, dass er betrunken sein muss. Deswegen denkt das sein Sprachzentrum auch. Deswegen lallt er, obwohl er stocknüchtern ist.

Wie witzig ist das denn? Der menschliche Körper ist einfach ein Sammelsurium an nicht wirklich ausgereiften Ideen.

29.09.2021

Wie schlimm sind bitte Facebook-Erinnerungen? Ich will nicht wissen, was ich Peinliches vor über zehn Jahren gepostet habe, ich war pubertierend, das ist alles bedenklich und schlimm. »Hinnerk geht heute geil steil mit J. und den BoyZzzZ« – unfassbar, eigentlich habe ich mein Recht auf ein glückliches Leben verwirkt.

Tatsächlich stellt sich mir eine Frage und das seit geraumer Zeit. Sind Nacktbilder, die ich von meiner Ex bekommen habe, als wir minderjährig waren, Kinderpornographie? Weil wenn ja, dann stecke ich ganz tief in der Scheiße.

30.09.2021

M. und ich fahren nach Berlin, wir sind zu einer taz-Party eingeladen und erwarten Großes. Wir schlafen in meinem liebsten Hotel in Berlin, dem Indigo Eastside Gallery. Bisschen teurer, aber ich bin es mir wert. Außerdem gibt es eine Rooftop-Bar und spätestens damit kriegt man mich. Abends beim Sonnenuntergang eine rauchen, in die Ferne schauen und tiefgreifende Gedanken haben. Toll. Romantisch. Verwegen.

Danach zu einer – leider – sehr schlechten Party einer renommierten Zeitung, die um Mitternacht bereits vorbei ist. M. und ich entscheiden uns, noch ein wenig »zu tagen«, ab dem Betreten der Kneipe »Fette Ecke« fehlt mir alles an Erinnerung und, laut meinem Portemonnaie, an Geld. Und meine Würde liegt auch irgendwo dort.

Oktober

01.10.2021

Mein Kopf schmerzt nicht so sehr, doch mein Magen macht es mir schwer. Sodbrennen und dauerhaftes Aufstoßen, gefolgt von der Erkenntnis, gleich nach Kassel zu fahren, um einen Text zum großen, freudebringenden Themenbereich Suizid zu präsentieren. Schon wieder? Wirklich? Was denken die sich denn? »Nehmt den mal, der ist auch depressiv, aber er lebt so tapfer«?

Im Zug dreimal kurz vor »Malheur«, aber ich bin ein erwachsener Mann, das werde ich ja wohl noch schaffen. Kurz vor der Haltestelle Kassel-Wilhelmshöhe kippt mein Kreislauf, schwitzend und hundeelend schleppe ich mich zum Taxistand.

Passend zum Abend gehen wir danach auf die Veranstaltung, die einen am ehesten in den Tod treibt: den örtlichen Jahrmarkt. Vier Kleine mit Senf, einen Nutella-Crêpe und fünf Jahrmarkt-Pils später fühle ich mich wieder wie ein Mensch. Im Hotel trinke ich noch drei weitere Bier und gucke auf meinem viel zu kleinen Handy-Display einen austauschbaren Anime mit Kriegerinnen mit großen Brüsten und einem langhaarigen, bezopften Magier. Ein Leben zum Vergessen.

02.10.2021

Frühstück im Café Nordpol, laut Karte eine Mischung aus Döner und allem anderen. Sympathisch! Nächste Station ist das Haus der Schwiegereltern, das wird fein und hat immer Potential, eine denkwürdige Angelegenheit zu werden.

03.10.2021

Der erste Schluck tut gut. Aperol Spritz im Extrablatt in Haltern am See. Weniger Finesse ist kaum vorstellbar. Haltern ist Eckernförde mit Römern, nett, unaufgeregt, toll für Familien. Ein wenig erinnert es mich an meine Heimat, weniger Möwen, dafür mehr Römer. Eine Einkaufsstraße, die gleichen Geschäfte wie überall (Depot/Nanu Nana, Douglas, C&A, der örtliche Bio-Bäcker). Und sofort verstehe ich, warum meine Freundin und ich so gut zusammenpassen: Wir beide sind die gesamte Jugend durch die Hölle gegangen. Extravagant und unverstanden in der Kleinstadt, da sind Depressionen und psychische Krankheiten vorprogrammiert, und das Ganze garnieren wir mit einem Hauch Sucht.

04.10.2021

Gucke mit meiner zukünftigen Schwiegermutter »Mein Kind, dein Kind« und ich habe das Gefühl, beobachtet zu werden.

05.10.2021

Ich habe mein Musical ganz vergessen! Schicke sofort eine »WhatsApp« an meinen Komponisten. Nach zehn Minuten habe ich noch immer keine Antwort erhalten – das bedeutet für mich den Tod des Projektes. Ich bin es mittlerweile gewohnt, dass Leute in maximal 60 Sekunden antworten – wenn sie das nicht tun, sind sie keine Freunde. Geschweige denn Bekannte. Blockiere seine Nummer und breche den Kontakt mit allen gemeinsamen Freund*innen ab. Eigentlich irre, wir leben in einer extrem vernetzten, digitalisierten Welt und trotzdem kann man einfach so von der Bildfläche verschwinden, auf jeden Fall im gesellschaftlichen Raum.

06.10.2021

Sitze mit meiner Freundin bei einem absurd fantastischen Konzert von Tristan Brusch in einem Zirkuszelt. Bei jedem Lied, jeder Anmoderation guckt er mir direkt in mein Herz. Am liebsten würde ich auf die Bühne springen und diesen kleinen, wundervollen Mann küssen, bis die Securitys kommen. Aber ich muss es lassen, aus Eigenschutzgründen. Außerdem würde er sich in mich verlieben und ich könnte Tristan niemals das Herz brechen.

Mit ein paar Hellen im Kopf tanzen meine Freundin und ich durch die Wohnung und singen lauthals mit. Das Leben ist so schön.

07.10.2021

Ich würde mich so gerne mal wieder richtig wegschachern. Eine Flasche Berliner Luft an die Hand kleben und in der rechten Hand ein Koks-Tablett. Aber ich glaube, ich bin zu alt. Die wundervollen Eskapaden meiner Jugend lassen sich nicht reproduzieren, ich muss es einsehen: Rotwein und ein Schmusefilm, das ist meine Realität. Das Verwegenste an meinem Leben sind Rezepte aus der Brigitte, ab und an mal ein gutes Glas Irgendwas und Blätterteig-Taschen.

Auf der anderen Seite war ich bestimmt von den letzten 100 Tagen die Hälfte ange- bis sturzbetrunken. Ich tanze auf einem Drahtseil, links der alkoholinduzierte Abgrund, rechts der Abgrund der sozialen Inkompatibilität. Beide Seiten haben Reize, beide sind auf ihre eigene Art gefährlich, beide sind eigentlich nicht erstrebenswert. Mit jedem Tag merke ich, wie schwer es mir fällt, das Gleichgewicht zu halten. Aber eines Tages werde ich eine Entscheidung fällen müssen: nie wieder oder bis in den Tod.

08.10.2021

Ich bekomme einen Strauß Blumen geschenkt, über den ich mich viel zu sehr freue. Warum kaufe ich mir selbst nie Blumen? Ist doch nett und ansehnlich, vielleicht ein neuer Schritt Richtung Kontrolle und Selbstsicherheit?

»Wohne, wie du leben willst« – mein neues Lebensmotto! Aber wie will ich leben? Aufgeräumt, mit einem klaren Ziel und Fokus. Ich werde Marie Köhndo, einfach alles umkrempeln. Weniger ist mehr, der Verzicht macht mich zum Menschen. Zwei Hosen, fünf Hemden, fünf Shirts, drei Pullover.

Doch kaum öffne ich den Schrank, drängelt sich mein Messi-Syndrom nach vorne. »Erinnerungen«, sagt es in ruhiger und bassiger Stimme, »willst du sie einfach wegwerfen?«

Ich schließe den Schrank.

09.10.2021

Mein Freund J. besucht mich, einer meiner Engsten. »Eng« bedeutet, dass wir dieselbe Affinität zu Alkohol, Drogen und Melancholie haben, also fangen wir nachmittags um 13 Uhr an, uns zu besaufen und Kokain zu nehmen. Gegen Abend koche ich total drüber eine Pasta mit Pilzen, wir fressen wie die Schweine. Wofür habe ich überhaupt Teller gedeckt, wir schmecken ja nicht mal richtig. Hauptsache Nahrung, damit wir mehr trinken können, immer mehr.

10.10.2021

Durch Zufall entdecke ich den Sender TLC und seine Sendungen »Dr. Pimple Popper« und »Die Fußchirurgen«. Bis hierhin wusste ich nicht, dass ich ein besonderes Gefallen daran habe, wenn Menschen Zysten mit einem Löffel ausgekratzt werden, aber so lernen wir jeden Tag neue Seiten an uns kennen! Viele Menschen haben anscheinend eine diebische Freude daran, zu sehen, wie eitrige Hauben platzen und man dann etwas rausschabt, weiße Creme, Pudding, halbharte Knollen und Bälle.

11.10.2021

Ich bereite meine Steuerunterlagen vor. Anscheinend habe ich 2020 einem Mann namens Sören Hückstädter 450 Euro bei PayPal geschickt, keine Nachricht hinterlegt. Ich kann mit dem Namen überhaupt nichts anfangen, meine Recherche ergibt, dass er ein sehr schlechter Notar in Witten ist – oder ein IT-Fachangestellter, der in seiner Freizeit gerne Rennrad fährt.

Da seine Mail-Adresse »huecki132777@yahuu.com« ist, tippe ich auf Letzteres. Schreibe ihm also eine Mail, um zu erfragen, was ich gekauft habe. »Huecki« antwortet: »weiß ich nicht mehr, ging gestern lang, melde mich nachher.«

Sympathisch. »Hücki« und ich könnten gute Freunde werden, vielleicht entwächst ja daraus etwas? »Hücki« und ich auf seinem Gespann gen Dänemark. »Hücki« und ich in Billund, »Hücki« und ich mit einem Carlsberg in Kopenhagen. »Hücki« und ich am Meer.

»Hücki« schreibt mir: »Dein Kumpel hatte nicht genug Bargeld für die Vespa, du hast mir das geschickt.«

Okay, »Hücki« dann halt nicht! Meine Freundschaft ist mehr wert als deine dreckigen, einsilbigen Antworten. Wichser.

12.10.2021

Naturbursche. Ich mache die Augen auf und trotzdem geht das Wort nicht aus meinem Kopf. Naturbursche. Was für ein schlimmer Begriff. Sofort denkt man an versiffte Hippies mit Rastazöpfen und diesen Goa-Hosen, den ganzen Tag am Kiffen und freie Liebe Fordern. Naturbursche. Allein das Wort macht für mich das Kreuzchen bei der CDU. Widerlich. Abstoßend. Ekelerregend.

Ein Wort, das verboten gehört. Damit kandidiere ich: »Wörter verbieten – Hinnerk Köhn, Die Linke«

13.10.2021

Bin zur 70-Jahr-Feier des Ernst Deutsch Theaters eingeladen. Sektempfang, Häppchen, Altersdurchschnitt deutlich über meinem. Im Backstage erzählt mir eine ehemalige Schauspielerin von Kokain-Eskapaden. Wäre deutlich interessanter, wenn die Betroffenen noch leben würden.

14.10.2021

Heute Auftritt in Neumünster. Dass die Stadt existiert, stürzt mich jedes Mal aufs Neue in ein emotionales Loch. Ich war oft in Neumünster, vor allem nach meinem Abitur, da mein bester Freund bei einer NGO sein FSJ gemacht hat. Was ist denn mit mir los, bin ich einer von den Fantastischen Vier? NGO, FSJ und KKK. Haha, was ein Mist.

Immer wenn ich in Neumünster bin, ist es kalt und regnet und alle Neumünsteraner*innen wollen mich abstechen, zumindest bin ich der festen Überzeugung, dass das so ist. Es ist leider auch alles recht hässlich und bedrückend. Ein Ort wie ein Schlag ins Gesicht.

Das Publikum ist alt. Also wirklich alt. Ich bin mit fast 30 Jahren Unterschied die jüngste Person im Raum. Meine Witze funktionieren nicht. Sie verachten mich. Danke, beruht auf Gegenseitigkeit. Trinke den Backstage leer und fahre stark alkoholisiert mit der Regionalbahn nach Hause. Meine Freundin guckt das Staffelfinale von »Pose«, ich kann der Story nicht folgen, aber muss trotzdem heulen. Irgendwie ist alles schlimm und Crack und AIDS, und mich kriegt das total. Säuferemotionalität. Ich bin ein kleines Klümpchen Dreck, bitte wischt mich doch endlich sauber! Doch ich bestehe zu 100 % aus Mist, nichts würde überbleiben.

15.10.2021

Treffe mich mit meinem Freund R. bei mir zuhause. R. und ich kennen uns schon ewig, wir haben denselben Humor und vor allem denselben Hass. Bei einer Runde Monopoly zeigt sich jedoch, dass auch die engste Freundschaft am Kapitalismus zerbrechen kann. Nach viereinhalb Stunden habe ich zwei Millionen Euro Schulden und vor allem: schlechte Laune. Mit der Lüge, dass ich müde sei, werfe ich R. raus und probiere alleine verschiedene neue Strategien aus. Ich werde vorbereitet sein.

16.10.2021

Weizen schmeckt schlecht. Irgendjemand muss es ja mal laut aussprechen und meinetwegen mache ich das. Weizenbier schmeckt, als wäre es nicht mehr gut, wie vergorene Bananen. Plörre. Pisse. Die ganze Mentalität um Weizenbier ist abstoßend. Feucht-fröhliche Stammtischrunden, die alte Lieder singen. Der rechte Arm nach oben und das Bier in den Hals.

Lederhosen, Filzhüte, rote Wandersocken, Bayern, Weißwurst-Zuzeln, Weizenbier. Ur-Bayern, ur-bayrisch, konservativ und festgefahren. Das ist Weizen. Weizentrinker sind gegen die Ehe für alle. Weizentrinker sind Pro-Life. Weizentrinker sind schlechte Menschen.

17.10.2021

Viel zu wenig Schlaf, aber ich werde auch zu alt, um die Nacht durchzumachen. Zumindest ohne Alkohol oder sonstige Partydrogen. Morgensport (einmal um den Block, 50 Hampelmänner), Tasse Schwarzer Friese mit einem Schuss Milch. Bin bei M. zum Brunch eingeladen, Lachs, Früchtequark und Rührei. Belanglose Gespräche. Danach Podcast, trinken eine Flasche Sekt und eine Flasche Wein. Dumme Idee, Hinnerk, abends bist du doch zum Essen mit den Schwiegereltern verabredet. Dusche kalt und trinke drei Kaffee, nichts hilft so wirklich. Besoffen werden ist so leicht, aber gezielt nüchtern werden so schwer. Ich hätte eine Ausbildung zum Krankenpfleger machen sollen, dann könnte ich mir in solchen Momenten selbst eine Kochsalzlösung legen.

18.10.2021

Im Zug telefoniert eine Frau extrem laut und kreischt und lacht und ich hasse sie so sehr, wenn ich sie umbringen würde, wäre es Mord aus Leidenschaft. 47 Stiche in ihren Hals. »Sie sollte doch nur leise sein«, sage ich dann vor Gericht. Dumme Hure. Kurz darauf habe ich eine andere Frau im Zug angesprochen bzgl. des kulinarischen Angebots. Leider arbeitet sie gar nicht bei der Bahn, sondern hatte nur eine ähnliche Jacke wie das Personal an. Peinlich.

Ich fahre heute nach Leipzig, erster Tourtag vom kleinen Ostblock mit Moritz. Ich mag Leipzig gerne, diese kleine Insel im Nazimeer, durchgentrifiziert und hip, aber immerhin bezahlbar. Mein erster Mitbewohner R. ist vor Jahren dorthin gezogen und wir waren sehr eng, obwohl er immer laut AnnenMayKantereit vor dem Spiegel mitgesungen hat, wenn er dachte, dass ich nicht zuhause bin. Fast wäre ich mal der Liebe wegen nach Leipzig gezogen, aber das hat sich dann aus irgendwelchen Gründen nicht ergeben. Sowohl der Umzug als auch die Liebe.

Das Publikum in Leipzig mochte mich allerdings noch nie, verbohrte Studentenspießer. »Viel zu unpolitisch!«, rufen sie immer oder: »Alerta!« und ich will einfach nur meine Scheißwitze erzählen.

Bin schon seit der ersten Tasse Kaffee geladen, weil einfach nichts funktioniert. Kacke geschlafen, beschissenes Frühstück gehabt, versalzenes Ei, Stress, kein Bordbistro, verfickter ICE und diese Frau mit ihrer anstrengenden Lache. Ein furchtbarer Tag, ich bin wütend auf alles und jeden. Meine Halsschlagader ist so dick wie ein Arm, mein Ruhepuls ist 200.

19.10.2021

Sobald ich in Dresden bin, überlege ich, auf der Bühne ein Wortspiel mit »Nahostkonflikt« zu machen, aber ich habe dann doch zu viel Angst vor der gekränkten ostdeutschen Seele. Dresden-Neustadt ist ein Juwel in der Provinz des Ostens, ein Stadtteil, der so mehr Schanze ist als die Schanze selber. Unaufgeregt und cool, diszipliniert gegen Nazis, an der Front. Natürlich gibt es alles, was ich verachte, aber wenigstens noch mit Rückgrat.

Dann die große Überraschung: Meine Jokes funktionieren, sage paar Sachen à la »Dresden ,45'« und die Leute johlen. Ich liebe Zugezogene. Danach am Merchtisch unangenehme Gespräche mit betrunkenem Pärchen, wobei es der Dame deutlich unangenehmer ist. Zum Dinner um kurz vor Mitternacht noch eine Halloumi-Döner-Box. Tourleben ist mein genießerischer Tod.

20.10.2021

In unserem Hotel ist die Jahrestagung der Polizei von Sachsen-Anhalt. Ich habe mich noch nie so unsicher gefühlt. Dazu der neue Slogan des Bundeslandes: #moderndenken. Wohl eher #grandiosgescheitert.

Der Moritzhof ist eine fantastische Location, ein wenig Märchenflair kommt beim Betreten rüber. Heute will jemand auf der Bühne seiner Frau einen Antrag machen. Wir machen es natürlich möglich, aber was für eine furchtbare Idee ist das denn bitte? Das riecht doch schon nach peinlichen Situationen. O. will es aber unbedingt und wir erfüllen seinen Wunsch. Sie sagt ja, beide machen zu doll auf der Bühne rum, dann gehen sie. Gottseifuckingdank.

Ich habe nie verstanden, warum man in der Öffentlichkeit jemandem den Antrag machen möchte, ob Restaurant oder Live-Show oder Demo gegen Nazis. Sind die Leute geil auf Applaus? Oder wollen sie Vergünstigungen im Restaurant abgreifen? Dann kommt der Chef und sagt: »Hier, eine gute Flasche Chardonnay, geht aufs Haus für unsere Turteltäubchen!« und dann zwinkert er und die anderen Gäste lachen (»Hahaha! Ach, Rolf, wie bei uns!«) und dann ist der ganze Spuk auch schon wieder vorbei. Vielleicht sollte ich meiner Freundin öfter Anträge in Restaurants machen? Ich meine, eine ganze Flasche Wein? Das sind ja schon gerne mal bummelig 30 Euro, die man gut sparen könnte. Und den Ring verwertet man wieder! Aber die Idee hinkt. Das ist wie mit dem Lügen: Wenn man es zu oft macht, dann glauben die Leute einem nicht mehr.

21.10.2021

Moritz und ich fahren nach Berlin. Er wegen seiner Familie, ich, weil ich nicht weiß, wohin mit mir.

Am Görlitzer Park spuckt mir ein Mann ins Gesicht, das muss diese Berliner Gastfreundlichkeit sein. Lasse mir aus

Frust zwei neue Tattoos stechen, ich Rebell. Treffe abends dann J. und L., ich lade die beiden zum Essen ein, sie mich auf Drinks in einer Szenekneipe. Pech für sie, trinke sechs Old Fashioned und bestelle mir für die 900 Meter nach Hause ein Taxi, um in der Hotellobby noch mehr zu trinken. Es ist eine traurige Suchtspirale, nur noch mühsam werde ich aus ihr herauskommen. Aber will ich das denn überhaupt?

22.10.2021

Mein Hotel hat Märchenthematik, aufgrund eines Buchungsfehler muss ich auschecken und warten. Dann darf ich endlich in das Froschkönig-Zimmer. Wie wunderbar.

Berlin stresst mich. Schon immer. In der Pubertät war ich davon überzeugt, ein Kosmopolit zu sein: heute Madrid, morgen Mailand, übermorgen Paris und warme Kontakte nach Toronto. Doch als ich das erste Mal in Berlin war, spürte ich den Kleinstädter in mir: »Warum hat der Mann eine Nadel im Arm, alle gehen so schnell, nein, ich habe kein Kleingeld, Mama, kannst du mich abholen?!«

Mit der Zeit habe ich aufgehört, mir das einzureden. Ich passe nicht in eine »wirkliche« Großstadt, mehr als Hamburg ist nicht drin.

23.10.2021

Vier Sachsen kloppen im Bordbistro Karten. Sie widern mich an, reden zu laut und trinken Pils – vielleicht würde ich das auch gerne tun und es ist eine Vision, die mir Fortuna sendet. Der Mann am Tisch neben ihnen trinkt ein Weizen, ungefragt langt einer rüber und brüllt:

»Das ist ja eiskalt! Die Olle meinte, dass sie kein kaltes Weizen mehr haben!«

Der Mann erwidert: »Das ist alkoholfrei, vielleicht ist das der Grund?«

Daraufhin: »Haha, alkoholfrei ist wie die eigene Schwester lecken: Schmeckt richtig, aber ist falsch.«

Wut, Zorn, Trauer, Demütigung. Ich würde die vier Flachwichser gerne zusammenstauchen, fertigmachen, aber sie sind Fans von einem Ost-Fußballclub (Dynamo oder Magdeburg) und ich habe keine Lust auf Prügel. Dann erscheint unerwartete Hilfe in Form einer Frau um die 60, sie dreht sich um und sagt über die Lehne zu den sächsischen Provinzmastschweinen: »Dann habt ihr wohl öfter eure Schwestern geleckt, oder was? Ich bezweifle, dass ihr wisst, wie Muschi schmeckt. Sauft euer Bier und haltet euren Mund!«

Das hat gesessen. Vier Männer zerstört, peinlich berührt blicken sie auf den Boden. Was sollen sie auch tun? Diese Frau muss eine Heilige sein, ein gottgleiche Gestalt, gesandt, um Widerlinge in Deutschland zurechtzuweisen. Als sie die Bordrestaurant-Dame fragt, ob sie denn auch »Schnaps verkaufen, Schätzchen«, muss ich leider gehen. Wenn Sie dieses Buch hier lesen, Lady: Ich denke an Sie und wünsche Ihnen alles Gute.

24.10.2021

Mein Leben ist ein VW Golf Harlekin in der Bon Jovi Edition. Scheiße, aber irgendwie geil.

25.10.2021

Esse mit C. in einem vegan-vegetarischen Restaurant zu Mittag. C. ist der Ex einer Freundin von mir, am Anfang war ich aus Mitleid mit ihm essen, mittlerweile hat sich daraus eine tiefe Freundschaft entwickelt, deren Hauptbestandteil ist, Restaurants zu testen. Heute ein Kumpirladen, nichts Besonderes.

Bei der Verabschiedung bemerke ich erst mals, dass ich jetzt bald weg bin. Einen Monat. Ein komisches Gefühl.

26.10.2021

45 Minuten. Egal, wohin man will, in Berlin dauert es immer 45 Minuten. Dreckige Pissstadt. Wie konnte sowas nur Hauptstadt werden? Alles über einer halben Stunde Fahrzeit ist eine »Reise«.

Moritz und ich spielen heute eine Doppelshow in Berlin, Nachholtermin aus dem Corona-Jahr. Und wie soll man es anders sagen: Berliner Zuschauer*innen sind entweder schmerzbefreit, ohne Hemmschwelle oder einfach ein zuvorkommendes Publikum. Die Nachmittagsshow ist grandios, die Abendveranstaltung drückt aber so nach vorne, dass ich mir im Backstage drei halbe Liter Lübzer reinjage – nicht aus Frust, sondern aus Freude.

Leicht schwankend erledige ich noch den Merchverkauf und fahre mit Moritz ins Hotel. Dort wartet eine böse Überraschung: Die Minibar ist gefüllt, billig und es gibt Schnaps. Trinke alleine eine Flasche Gin mit Tonic Water und stehe vor dem großen Fenster mit Blick über Berlin, während ich Sätze vor mich herstammle, die sonst nur von Bösewichten aus James-Bond-Filmen gesagt werden (»Das hier ist meine Stadt«).

Lege mich sturzbetrunken um drei Uhr ins Bett und wurstel mich in die Decke.

27.10.2021

Um sechs Uhr bin ich das erste Mal wach, die Sonne geht auf und scheint direkt auf mich. Bin ich der Erleuchtete?

Habe starke Kopfschmerzen und knalle mir zwei Aspirin rein, versuche, weiterzuschlafen, aber keine Chance. Öffne den Wodka und mache mir einen guten Start in den Tag.

Das Hotel bietet kein Frühstück an, also fahre ich mit dem Taxi direkt zum Bahnhof und kriege knapp den Zug zurück nach Hamburg-Altona.

28.10.2021

Schlafe die Nacht mit meiner Freundin im Hotel, damit wir noch einmal was Besonderes erleben vor meiner 30-tägigen Abwesenheit. Wir gehen fein aus (Ragout vom Damhirsch mit Steckrüben und Haselnuss-Gnocchi, dazu Weinbegleitung) und schmusen uns zusammen aufs Hotelbett, um eine Serie durchzubingen. Gehe mehrfach runter zur Hotelbar, Drinks und Snacks besorgen. Gegen Mitternacht ändert sich der Barkeeper und anstatt dem freundlichen, rothaarigen Bär steht dort nun ein junger Mann, kaum älter als 20. Als er meine Tattoos sieht, sagt er, dass ich »der deutsche Machine Gun Kelly« sei und am liebsten hätte ich ihn an seiner lächerlichen Krawatte über den Tresen gezogen und ihm eine geknallt. »So sprichst du nicht nochmal mit mir, Freundchen.«

Aber ich habe meine Wutprobleme im Griff, zumindest größtenteils. Als mich eine Frau um die 50 antwerkt, verlasse ich fluchtartig die Lobby, bevor ich jemandem physischen und/oder psychischen Schaden zufüge.

Meine Freundin und ich haben beide gegen drei Uhr morgens ordentlich einen sitzen und eine Drink-Rechnung über 65 EUR.

Die große Tour

Morgen geht es los. Ich habe viel zu viel eingepackt, es wird so oder so nicht reichen und wir müssen auf der Tour waschen. Moritz und ich sind 30 Tage am Stück auf Tour. Kein einziges Mal zuhause, immer unterwegs, durch ganz Deutschland. Start in Darmstadt, Ende in Flensburg, dazwischen 6.500 Kilometer Asphalt.

Ich habe einen Koffer, einen Rucksack und einen sogenannten Weekender dabei, eine Tasche, die exakt für ein Wochenende reicht. Der Rucksack ist für Spaßutensilien, Laptop, Textblock, Mikrofon. Im Koffer sind Klamotten für alle Gelegenheiten und Waschkram. Im Weekender habe ich Sportklamotten. Ich weiß nicht, warum ich sie mitnehme, wahrscheinlich werde ich sie nicht benutzen, aber meine Planung gaukelt mir vor, dass wir zumindest ein wenig auf uns achten werden. Mit der Zeit verreist man anders. Insbesondere, wenn es zum Berufsstand gehört, mindestens zehn Tage im Monat nicht zuhause zu sein. Aus dem Koffer leben, rastlos sein. Eine Sache, die total romantisiert wird: Tourleben.

Natürlich ist das total geil, jeden Tag in einer anderen Stadt und dort auftreten. Geld verdienen mit etwas, was einem Spaß macht. Die Welt sehen. Und gleichzeitig fühlt man sich nie wirklich zuhause, das Adrenalin lässt eine Stunde nach der Show nach und man sitzt alleine im Hotelzimmer und guckt eine Dokumentation über Sonnenstürme oder die Frauen von Hitler.

Rein psychisch gesehen ist dieser Beruf nicht tragbar. Oder anders: Als ich noch alleine war und in einer hässlichen Wohnung gelebt habe, war ich gerne auf Tour. Da sich das aber geändert hat, fühlt sich das Reisen eher wie eine Flucht und weniger wie ein Abenteuer an.

Mein Zug geht um 6:30 Uhr, optimaler Start in eine extrem anstrengende Zeit. Von Moritz zuhause fahren wir knappe sechs Stunden nach Darmstadt. Hotel Maritim, von außen charmant wie Gropiusstadt. Ich lege mich kurz aufs Bett, merke aber, dass das tödlich für den Rest des Abends werden könnte. Also abduschen, frisch machen, Zigarettenetui bestücken und warten. Die Centralstation liegt mitten in der Darmstädter Innenstadt, wir fahren mit unserem roten Tourbus durch die Fußgängerzone und werden bösartig angeguckt, wir sind Fremde und die will man hier nicht.

In Darmstadt habe ich mir einmal mit einem Erasmus-Studenten aus UK so doll einen in den Kahn gefahren, dass er am nächsten Tag kein Deutsch mehr sprechen konnte. Grund: der Verzehr von »Laternchen«, ein Liter Apfelwein mit Kirschlikör. Wie betrunken wir davon geworden waren, hatten wir nicht bemerkt – bis zu dem Punkt, an dem wir den zweiten Humpen bereits bestellt hatten, und da wir beide damals Studenten gewesen sind, konnten wir ein 10-Euro-Getränk nicht einfach so stehenlassen.

Auf der Bühne probiere ich einen neuen Witz aus, es geht um Blutfehden und Erzfeindschaft, aber irgendwie fehlt noch der Drive, um die Geschichte gut zu Ende zu bringen. Oder ist der Witz vielleicht gar nicht gut? Die Krux an Stand-up: »Erzähle ich es scheiße oder taugt es wirklich nichts?«

Eine Frage, die nur das Publikum beantworten kann. Und heute war die Antwort: »Erzähle das bitte nie wieder!«

Nachthunger stellt sich ein, das Adrenalin ist abgeklungen. Bestellen bei einem 24/7 Thai, die Ente schmeckt wie vom Schwenkgrill, aber ist so fettig, dass wir den Rest der Tour keinen Labello brauchen.

31.10.2021

Warum habe ich mich nochmal dazu entschieden, auf der Tour nicht zu trinken?

Vor mir liegt die Cocktailkarte der Hotelbar: Klassiker, ausgewählte Whiskey-Sorten, vom Winzer bereitgestellte Exklusivweine, Eigenkreationen des Barchefs. Ich nippe an meinem alkoholfreien Maisel's Weisse. Ich mag nicht mal Weißbier, was geschieht hier? Das ist doch ein teuflischer Test, der hier an mir vollzogen wird!

Um mich herum sitzen besserverdienende Mittelständler, ich nippe an meinem Traubensecco und lasse die Szenerie wirken. Die Bedienung ist überfordert mit den Rechnungen, dem Kopfrechnen, dem Tablet-PC und allgemein allem. Als ich einen Tisch für den folgenden Tag reservieren möchte, schreibt sie meinen Namen dreimal hintereinander falsch, aber dieses Mal nicht den Vornamen: Koehler, Köhler, Köhl. Entschuldigung, Sie sollten mal kurz Pause machen. Es riecht nach Harissa, überall sind Hängepflanzen und zwei aufgedonnerte Mittzwanzigerinnen schieben sich einen Schaumwein nach dem anderen rein, während sie herumgiggeln. Unbequeme Stühle für ein authentisches Ambiente. Merke: Eine offene Küche ist cool, wenn man bei der Zubereitung der Speisen zugucken kann. Nicht, wenn man einen Typen mit Gesichtstattoo dabei beobachtet, wie er Frischhaltefolie über einen großen Eisenbottich mit Hühnerklein ausbreitet. Ich zahle und gehe.

01.11.2021

Ich sitze mit vier wunderschönen Schwedinnen in der Sauna und schwitze vor mich hin. Sie reden und lachen und ich verstehe nichts. Reden sie über mich? Bin ich in ihren Augen Beute oder ein Clown? Selbst wenn: Saunen sind eine erotische Todeszone, komplett entsexualisiert. Normalerweise sind noch gaffende Männer dabei und ein Großteil der Saunierenden ist zumeist leider nicht sonderlich attraktiv. Woran liegt das? Haben schöne Menschen private Möglichkeiten? Bekommen »Hotties« Zugang zu eigenen Bereichen? Und wieso bin ich dann nicht in diesen Sonderzonen?

Die Schwedinnen kichern vor sich hin und mir läuft Schwitze ins Auge. Es brennt höllisch, aber ich kann ja mit meiner schwitzenden Hand darin jetzt nicht rumreiben! Feuer mit Feuer bekämpfen funktioniert nur im Krieg und ich bin nicht im Krieg, ich sitze in einer Sauna in einem Hotel und kämpfe mit meinem Selbstbewusstsein.

Greife mehrfach in meinem Zimmer zu einem Bier und stelle es wieder zurück. Das spielt sich ungefähr dreimal hintereinander ab, dann öffne ich es und kippe es in den Ausguss. Ich bleibe stark.

02.11.2021

Wir sind kurz vor Mainz. Das Navigationssystem sagt, dass wir in drei Kilometern da sind. Es sagt auch, dass wir noch 40 Minuten für diese Strecke brauchen. Es regnet, es ist Stau, Moritz guckt Counter-Strike auf dem Handy und ich bin so unfassbar müde. Es ist Tag vier und es tut jetzt schon alles weh: meine Muskeln, mein Hirn, mein Herz. Ich vermisse meine Freundin und – ich gebe es gerne zu – ich würde mir so gerne einen reinkippen. Aber ich bleibe standhaft, ich bleibe stark.

Setze Moritz vor dem Hotel ab, er hat ein Interview mit so einer Öko-Zeitschrift, und ich parke den Bus in der Tiefgarage. Es fehlten Millimeter und ich hätte einen Sachschaden verursacht, der mich in die Privatinsolvenz gestürzt hätte. Würde mich bei all dem Stress und all der Panik nicht wundern, wenn ich wie Klaus Kinski an vernarbtem Herz sterben würde.

Vor der Location des Abends (Unterhaus) zeigt ein Mädchen auf mich und sagt »Mama«. Um Gottes willen, wie hässlich ist denn deine Mutter, mein Kind?

Showbeginn in anderthalb Stunden. Wir rauchen und reden und warten und rauchen. Anderthalb Packungen vor Showbeginn, die Stange P&S wird niemals halten. Der Techniker, der so aussieht wie Philipp Amthor als V-Mann in der linken Szene, gibt das Startsignal. Ich mache ein wenig Best-of-Material und bin zufrieden, Moritz reißt richtig ab.

Nach anderthalb Kannen Filterkaffee und einer Packung Zigaretten setzen pochende Kopfschmerzen ein, ich gehe mit Pizzabrötchen und Mozzarella Sticks gegen an.

03.11.2021

Was für eine schöne Stadt Marburg doch ist! Nach Darmstadt ist zwar auch Gelsenkirchen sehenswert, aber Marburg ist wirklich ein feines Städtchen mit viel zu vielen schönen Studentinnen.

Nach einer kurzen Panikattacke kaufen wir im Media Markt »notwendige Elektronik« und hören Glam Rock im Backstage von der Location, dem KFZ. Früher eine Punk-Bumsbude, heute ein saniertes, verwinkeltes Theater. Ein paar Tage nach uns spielt Helmut »Racism« Schleich, aha.

Ansprechpartnerin K. ist viel zu nett und engagiert, aber es läuft alles wie geschmiert. Erste Show, die nicht ausverkauft ist, der Kühlschrank ist voll.

Die Ernüchterung tritt beim Auftritt ein. Uff. Linkliberales, intellektuelles Scheißstudent*innenpublikum, das wird ja richtig Arbeit! Die Zwischengags zünden gar nicht, die Endpointen werden akzeptiert. Na gut, jetzt heißt es wieder warten, warten, warten.

In der Pause treffe ich zwei alte Freunde aus Schulzeiten. Nichts ist schlimmer, als jemanden wiederzutreffen und die Person immer noch zu mögen. Zumindest bei Shows. Ich habe keine Zeit, zwischen Tür und Angel anstoßen und ich habe auch schon wieder Bock auf Rauchen. Wir sehen uns. Vielleicht.

Äußerst unangenehmes Gespräch mit Mitarbeiterin:
»Kommt ihr aus Verden?«
»Joa, also nee, also Moritz.«
»Ja, ich mag ja eigentlich Berge, aber während meiner Ausbildung war ich da oben.«
»Aha.«
»In Büsum.«
»Mensch.«
»Ja, da ist die einzige Töpferschule Deutschlands.«
»Ach ja.«
»Ja, ich bin ja Töpferin!«
»Du, wir müssen noch kurz was wegbringen, bis gleich!«

Im Backstage singe ich einsam »If You Believe« von Sasha und nippe an meinem alkoholfreien Bosch. »Bosch Alkoholfrei – Freiheit für den Kopf!«. Bitter. Showende, Merchverkauf, nein, du kriegst meine Handynummer nicht, zusammenräumen, Abfahrt. Wir müssen noch weiter nach Würzburg, die Marburger Hotels sind alle deprimierend und das hält Moritz nicht aus. Ziehe mich mit Mate und Lavazza-Automatenkaffee so hoch, wie es nur geht. Gegen zwei Uhr nachts passieren wir das Würzburger Willkommensschild (»Würzburg an der Würz«) und beziehen das Airbnb für die nächsten drei Tage.

04.11.2021

Ein malerisches Örtchen zwischen Weinbergen und Altstadt und wir spielen in der nicht einmal zur Hälfte verkauften Posthalle, Größenordnung: 1.000 Leute stehend.

Während Moritz Counter-Strike spielt, durchforste ich die Wohnung auf der Suche nach irgendetwas Spannendem. Ein ganzer Raum und viele Schränke sind abgeschlossen oder verbarrikadiert. Vor meinem inneren Auge sehe ich ein junges Mädchen, gefesselt und geknebelt, um Hilfe bettelnd. Na ja, nicht mein Bier. Und es wäre sehr fahrlässig von den Entführer*innen, die Geisel in einer gemieteten Wohnung zu hinterlassen. Ich finde Airbnbs immer gruselig, als würde man irgendwo einbrechen. Die Wände erzählen Geschichten von anderen, die Einrichtung wirkt unpersönlich und trotzdem irgendwie realistisch. Es erinnert an diese Fake-Städte an Autobahnen, in denen man sich Fertighäuser angucken kann. Seelenlose Objekte, die nur darauf warten, kleine Simons und Laras zu Bankkaufleuten zu formen.

Der Tag plätschert vor sich hin, ich langweile mich und döse immer mal wieder weg. Da wir gemerkt haben, dass die mitternächtlichen Snacks nicht nur auf die Waage, sondern vor allem aufs Gemüt schlagen, zwängen wir uns jetzt immer vor der Show einen Salat oder Ähnliches rein. Der bestbewertete Italiener in Würzburg ist eine Frechheit, Dosenchampignons, welker Salat und der Ziegenkäse schmeckt nach alter Milch.

Dann Show. Zum ersten Mal seit langer Zeit spule ich das Programm ab, bin fahrig. Die Leute lachen, aber ich fühle es nicht, bin gar nicht drin, versuche zwanghaft, neue Sachen auszuprobieren. Es läuft nicht mal schlecht, trotzdem einer der schlimmsten Auftritte bisher. Im Backstage kippe ich literweise Kaffee in mich rein und warte. Warten, warten, warten. Warten auf Momo.

05.11.2021

Mit einem Knall ziehe ich die Seitentür des roten VW Busses zu und steige auf der Fahrerseite ein. Zündschlüssel,

Rückwärtsgang und ab auf die Autobahn. Eigentlich ist es Wahnsinn, dass ich das Auto fahre: Ich habe wenig bis keine Ahnung von Verkehrszeichen und weiß Grundsätzliches nicht, aber ich fahre sicher und werde anscheinend nachtblind. Optimal. Heute spielen wir in Nürnberg, ich habe noch nie so wirklich was von der Stadt gesehen und ehrlich gesagt auch kein Interesse dran. Das Einzige, woran ich denken muss, sind die Prozesse.

Die Location heißt »Gutsmann« und auf Google lautet die Beschreibung: »Ein zünftiger Bierkeller mit deftig-deutschem Liedgut«. Herrlich, lassen wir mal die beiden Linken auf die Bühne. Sieg Heil, meine Freunde!

06.11.2021

Die Autos ziehen an uns vorbei, die Ausfahrt Richtung Bruchsal will einfach nicht näherrücken. Bruchsal. Sind wir in Mittelerde, oder was? Wir spielen im Industriegebiet in der »Fabrik«, ich kriege Flashbacks von meinen Kleinstadtdiskotheken-Erlebnissen (gutes Wort für Hangman!).

Halbbesoffen mit wem rumknutschen, an der Stange tanzen, zu viel Beck's Gold trinken, da man noch nicht volljährig ist. Eine Zeit ohne Probleme (neben der sexuellen Verwirrung und der unsterblichen und unerwiderten Liebe zu A.)

Bruchsal ist tatsächlich hübsch, alles sieht so aus, als würden am Tag Kutschen rumfahren und statt Gefängnis wird man bei Fehlverhalten an den Pranger gestellt. Wir verkaufen unfassbar wenig Merchandise, danach fahren wir nach Karlsruhe in ein wirklich schlechtes Hotel und gucken alte Western.

07.11.2021

Endlich mal wieder normale Leute! Augsburg, tolle Stadt. Meine Freundin L. kommt aus Augsburg und hat mir immer sehr von der Musikkantine vorgeschwärmt, ich habe so große Erwartungen, dass ich hundertprozentig enttäuscht sein werde. Unsere Abendleitung F. ist 30 Jahre alt und gerade im ersten Ausbildungsjahr, irgendwie traurig.

Alle kümmern sich gut um uns, ich fühle mich ein wenig wie in einer Gebärmutter. Clubshows sind immer geiler als Theater: Die Decken sind niedriger, die Stühle sind unbequem und die Hemmschwelle, sich zu betrinken, ist niedriger. Das Publikum ist dementsprechend näher an der Show, geht mehr mit. Künstler*in und Publikum verschmelzen zu einem Bündnis, werden eins. Es gibt keinen Abstand mehr, wir wiegen uns allesamt im Humor. Quod erat demonstrandum: ein fantastischer Abend!

Nur das exklusive Helle im Kühlschrank macht mir zu schaffen. Moritz testet mich durchgehend, O-Ton: »Samstags darfst du einen Cocktail mit Alkohol trinken. Aber nur einen!«

Gute Idee. Alle Dämme würden brechen, vielleicht würde ich mich sogar totsaufen. Also nippe ich an meinem alkoholfreien Lammsbräu, zähle die Sekunden bis zum nächsten Schluck und gucke »Armageddon« im Backstage.

08.11.2021

Unsere Ernährung ist ein Loch. Raststätten-Essen begleitet uns täglich: Coffee Fellows, Burger King, Starbucks, McDonald's, Gustico, Lavazza, Wayne's Coffee und immer wieder diese verdammten Sanifair-Gutscheine. Wie ein Mahnmal blitzen sie im Portemonnaie hervor und erinnern einen daran, dass man sie schon wieder nicht benutzt hat. Wir verfetten, während um uns herum die Werbebanner von Vitalität palavern. Alternativ essen wir nur einmal am Tag ein Brötchen, ebenfalls sehr gesund.

Deswegen haben wir uns ein Trainingsprogramm ausgedacht, das »Moritz Neumeier Sixpack in eventuell acht Jahren«-Programm ist auf das Nötigste runtergebrochen und ein klassisches Eigengewichtssportprogramm: Sit-ups, Liegestützen, Hampelmänner. Ich spüre nach nur drei Minuten jede Faser meines Körpers, meine Lunge brüllt und meine Herzfrequenz ist beunruhigend. Ich werde sehr sicher Langzeitschäden von dieser Tour davontragen.

Erlangen. Ich spiele hier auch irgendwann solo, das heißt, dass ich mich anstrengen muss. Show ist okay, hoffentlich kommen mehr als 15 Leute zu meinem Auftritt. In der Küche vom E-Werk nehme ich Podcast auf, getrennt von M. kommt nie so wirklich Stimmung auf. Es ist wie Telefonieren und ich hasse Telefonieren. Mindestens so sehr wie Zoom und Skype und FaceTime. Ich bin unfassbar schlecht darin, Kontakt zu halten, außer ich will etwas von den Personen (Liebe, Job, Geld, Anerkennung). Ich will gar nicht wissen, wie viele Freundschaften schon daran zerbrochen sind. Ich vergesse einfach unfassbar schnell Menschen. Das ist nicht mal böse gemeint, sie sind halt einfach weg, und dann kommt ab und zu dieser kurze Moment, in dem ich denke, dass ich mich mal wieder melden müsste, aber dann tu ich das nicht. Aus dem einfachen Grund, dass ich in meinen Augen auch nie wirklich etwas Wichtiges zu erzählen habe. Mein Alltag ist für andere Abenteuer, doch ihr Alltag ist für mich zumeist schal.

Verkaufe 20 Tickets für meine Show und freue mich nun sehr auf Erlangen. Im Hotel gucke ich noch zwei Folgen »Star Trek«, dann ruheloser Schlaf.

Er wichst. Zu 100 % holt sich der Mann neben mir auf der Toilette einen runter. Es sind keine schnellen Bewegungen, er lässt sich Zeit. Rhythmisch, fast melodisch schiebt er seine Vorhaut hin und her, das schwere Atmen spricht für meine Theorie. Er scheint sich wohlzufühlen, trotz all der Neben-geräusche, den ganzen Reißverschlüssen, die auf- und wieder zugehen, der Pisse, die an den Urinalen runterläuft, dem ag-gressiven Zerren am Papierspender. Das ist seine Welt, hier verspürt er die Hochphase der Erotik. Zwischen Klosteinen und Fäkalgeruch schrubbt er sich bedächtig die Lunte und ballert potentielle Arbeitslose auf das Porzellan, um dann frohen Mutes in seinen LKW gen Belgien zu fahren, wo er die Hühner oder die Elektrogeräte hinbringen soll. King of the Road.

Stuttgart, 24 Minuten für vier Kilometer. Ich habe Freund*innen hier, bei niemandem habe ich mich gemeldet bezüglich des heutigen Auftritts. Den ganzen Tag fühle ich mich schon schlapp, unwohl, traurig und einsam. Selbst das Hotel mit dem Whirlpool auf dem Balkon vermochte mich nicht aufzuheitern. Wir spielen im Theaterhaus, 400 Leute, ausverkauft. Eigentlich ein Grund zu Freude, aber irgend-etwas in mir zieht mich runter, als wäre die Erdanziehungs-kraft um ein Vielfaches gestiegen. Der Techniker fragt mich, ob er noch etwas für mich tun könnte. Am liebsten würde ich ihm sagen, dass er mich mal in den Arm nehmen soll, aber ein wenig Professionalität bleibt.

Zum Glück ist D. da, der Veranstalter aus Stuttgart. Ei-ner der besten Menschen, die ich kenne. Herzlich, offen und er liebt es, zu lästern. Wir rauchen 14 Zigaretten zusammen und tauschen uns über den neuesten Gossip aus. Herrlich, am liebsten würde ich hier alles niederschreiben, aber ich kann mir die Anwaltskosten nicht leisten.

Wir haben vor der Show Wetten abgeschlossen, wie viel Merchandise wir verkaufen. Das letzte Mal haben wir in

Stuttgart knapp 1.000 Euro Umsatz gemacht, ich träume von einer Zwei vor den drei Nullen. D. sagt 1.500, Moritz bleibt bei 1.000 Euro.

Selten habe ich mich so sehr wie ein Rockstar gefühlt wie in diesem Whirlpool auf dem Balkon des Hotels, alkoholfreies Bier in meiner Linken, Zigarette in meiner rechten Hand und Blubberblasen um mich herum. Der lichtverschmutzte Sternenhimmel über mir ist zum Greifen nah, nur ein kleines Stück fehlt und ich könnte etwas von seinem Glanz erhaschen, vielleicht würde er auf mich übergehen. Doch es fehlen Zentimeter, so scheint es mir. So sinke ich wieder in die Wanne und schaue nach oben, um vom Leben als Star zu träumen.

10.11.2021

Der Notfallwecker bezwingt mich, es ist 11:45 Uhr und in 15 Minuten muss ich auschecken. Kein Frühsport, kein Kaffee und vor allem keine Dusche. Ich rieche dezent nach Pommesbude, Moritz spricht mich nicht drauf an.

Wir hatten einen Tag ohne Auftritt und Waldshut-Tiengen hat Festgage geboten, jetzt sind wir hier in diesem recht einseitigen Genpool und sollen das Bauernvolk bespaßen. Beziehungsweise: Wir bespaßen diejenigen, die mit uns linksversifften Gutmenschen abhängen wollen.

Waldshut-Tiengen ist direkt an der Grenze zur Schweiz, eine Stadt, in der am Wochenende immer alles ausverkauft ist (außer Schokolade und Käse). Der Weg zur Location ist beschwerlich, wir fahren durchgehend in Serpentinen durch den Schwarzwald, ich erkenne kaum etwas und fahre zwischen 20 und 40 km/h, während ich durchgehend überholt und angehupt werde. Verdammte Irre, diese Straße ist eine Todesfalle!

Die Halle, in der wir spielen, ist nicht beheizt, in Pärchen-
bestuhlung sitzen 100 Leute vor mir und sind gar nicht begeistert. Ich versuche auch gar nicht mehr, es zu retten, dieses
Publikum ist so weit von meiner Zielgruppe entfernt, wie es
nur geht. Menschen, die sich Tickets kaufen, ohne zu wissen,
was auf sie zukommt. Durchziehen und runter, Kaffee und
warten und so schnell es geht nach Hause. In der Pause gehen 40 von 100 Zuschauenden.

11.11.2021

Freiburg ist für mich die Stadt des absoluten Absturzes. Ich
habe hier jedes Mal Blackouts der schlimmsten Sorte, mir
fehlen Stunden, teilweise ganze Nächte von den Auftritten
hier. Zweimal habe ich das Hotel aus Trunkenheitsgründen
nicht wiedergefunden, einmal habe ich unter einem Baum
geschlafen (es war Februar) und einmal bei einem nihilis-
tischen Jura-Studenten. Sein Zimmer hing voller Geweihe,
ich bin gegangen, nachdem er eingeschlafen war.
     »Findest du es in Ordnung, mit Feminismus Geld zu ver-
dienen?«
     Die Journalistin von Arte guckt mich erwartungsvoll an.
     »Joa? Also wenn es nicht mit Kalkül ist?«
     Sie nickt zufrieden und spricht französisch mit dem Ka-
meramann. Klappe zu, abgedreht. Dass Moritz solche Fragen gestellt werden, verstehe ich ja, aber ich mache nun wirklich kein Programm zum Thema Feminismus. Naja, endlich
mal wieder Sendezeit. Vorprogramm macht Spaß, Merchan-
diseverkauf enttäuschend. Wir stopfen uns mit Junkfood
voll, fahren ins Hotel und labern und rauchen (Plastiktüte
über Feuermelder), bis der Nachbar wegen der Lautstärke
gegen die Wand klopft.

In Frankfurt wird man schneller erwachsen als in anderen Städten. Das Bahnhofsviertel ist eine Art Vorhölle, alles wirkt unterschwellig bedrohlich. Die letzten Male haben mir die Veranstalter*innen immer empfohlen, so schnell es geht von Taxi zu Hoteleingang zu gelangen, was ein Euphemismus ist für: »Lauf so schnell du kannst!« Frankfurt hat mir auf eine unangenehm direkte Art beigebracht, wo man sich überall am menschlichen Körper eine Nadel setzen kann. Eine Totgeburt als Stadt, erschaffen, um langsam zu verenden. Die meisten Menschen wohnen im Umland, in der Nacht sind die Straßen wie leergefegt. Unbehaglich, bedrohlich.

Doppelshow in der »Käs«. Erste Show fühlt sich an, als würde man langsam in flüssigem Zement versinken, tödlich, langsam, demotivierend. Im Publikum sitzt einer mit einem Universitätspullover von Harvard. Ob er da studiert hat? Nein, hat ihm bestimmt sein großer Bruder mitgebracht.

Was für eine Scheiße! Wie abstoßend ist es denn, einen Pullover von einer komplett fremden Universität zu tragen? Was soll das bezwecken? Ist das cool, um »Girls« aufzureißen? Du hast dir diesen Pullover nicht verdient, Philipp, zieh ihn aus und verdiene ihn dir! Shit, das habe ich laut gesagt. Werde fahrig und renne von der Bühne.

Bei der zweiten Show verkleide ich mich als Moritz und mache ihn nach. Selbstreferenzieller Humor kommt besser an als alle Sets, die ich in mühsamer Kleinstarbeit entwickelt habe. Wie bedrückend. Probiere noch ein paar neue Jokes aus, funktionieren nicht so gut. Vielleicht ist das ein Grund dafür, mit Heroin anzufangen? Wo, wenn nicht hier?

Jemand im Erlanger Publikum war Corona-positiv.

Express-PCR-Tests haben unterschiedliche Preisklassen: »Du willst dein Ergebnis in einer halben Stunde? 350 Euro, bitte.« Wir entscheiden uns für die dreistündige Wartezeit für 130 Euro pro Test. Beide negativ. Schade. Wir hätten endlich mal wieder einen Tag freigehabt, statt nach fucking Mühlheim an der Ruhr zu fahren.

Es ist als würde dich jemand mit einem weichen Amboss ganz langsam zu Tode prügeln. Das Publikum mag mich nicht und ich hasse Mühlheim an der Ruhr. Kein einziger Witz zündet richtig, sie lassen mich nicht nur hängen, sie erhängen mich gerade live. Es gibt zwei Arten von Auftretenden: Die einen verlieren das Publikum und tun alles, um sie wiederzukriegen. Die anderen wollen so schnell wie möglich wieder von der Bühne runter. Ich gehöre zu den anderen. Ich werde fahrig, verhasple mich. Leider Gottes bin ich extrem verwöhnt von meinen bisherigen Shows: Hinnerk Köhn, everybody's darling – nur nicht in Mühlheim. Mühlheim weiß, welch falsches Spiel ich spiele. Nichts verdient, alles bekommen. Privilegierter Glücksritter, nie musste ich wirklich arbeiten. Ich bin ein Schandfleck der deutschen Comedy-Szene, ein ungeliebter Bastard. Ohne Moritz wäre ich nichts, nur er hält schützend seine Hand über mich.

Am liebsten hätte ich mich von diesem Abend freigekauft. Rauchend stehe ich vor dem Bus und räume den Teppich, den Hocker und kistenweise Merchandise ein. Meine Brille fällt runter, Moritz tritt drauf. Was soll denn noch passieren? Ist das eine Strafe für eine Tat, der ich mir nicht bewusst bin? Vom Parkplatz aus können wir sehen, dass unsere Abendleitung unsere Essensreste vertilgt.

14.11.2021

Der Schweiß tropft von der Decke, ein Rinnsal läuft meine Wange entlang. Circus Maximus, Koblenz. Es ist heiß und stickig, die Stimmung ist aufgepeitscht. Das Scheinwerferlicht blendet mich, ich sehe niemandem im Publikum, doch ich kann sie hören. Endlich mal wieder eine Show, wie ich es liebe: eng, dreckig, laut, derb.

»Rastet aus für Moritz Neumeier!«, flüchtiges Winken zum Publikum, Applaus. »Was geht bei euch, ihr Freaks?!«, Backstage, Klick, Zug an der Zigarette, ausatmen. So sollen Auftritte sein, ich fühle mich, als hätte man mich angeschossen. Adrenalin pumpt durch meinen Körper, mein Herz schlägt gegen die Rippen. Alkoholfreies Bier, Cola, raus an die frische Luft. Was ein gutes Gefühl, ich lebe, ich merke es. Noch eine Zigarette, langsam entspannen sich die Muskeln. Ich setze mich an den Bordstein. Das hier will ich, das will ich so sehr. Ich schnipse die Zigarette in einen Gully, leichter Nieselregen setzt ein und ich gehe die Treppe runter in den Veranstaltungsraum. Moritz steht oben und performt in alle Richtungen, er verausgabt sich. Ich lehne mich mit der Schulter an die Wand und gucke das Programm zum einundzwanzigsten Mal. Aber heute fühlt es sich neu an.

15.11.2021

Ein Tag ohne Show. Wir haben uns in einem Wellness & Spa-Hotel eingemietet, ich bin zu schwach, um irgendein Angebot wahrzunehmen. Unter größter Anstrengung schaffe ich es, das Frühstück wahrzunehmen.

Im Zimmer versuche ich, ein paar Sit-ups zu machen, aber mein ganzer Körper schreit vor Erschöpfung. Also schlafe ich bis zum Abendessen. Danach Podcast mit M., ich trinke ausnahmsweise ein großes Bier und den Drink der Woche (Calvados-Sekt, widerlich). Das Bier schmeckt mir gut, ich hole mir noch drei. Zwei Wochen ohne Alkohol und ich bin komplett aus dem Training, ich rutsche auf dem Balkon aus und rauche im Liegen weiter, schmunzelnd über meine erbärmliche Existenz. Um Viertel vor zwölf lege ich mich ins Bett, alles dreht sich.

16.11.2021

Stechender Schmerz weckt mich um 7:24 Uhr. Ich bin verkatert wie nie zuvor in meinem Leben, pochend und in immer stärkeren Schüben malträtiert mich mein Kopf, ich wälze mich von A nach B, ohne irgendeine Besserung zu verspüren. In meinem Kulturbeutel habe ich Paracetamol, der gesamte Prozess des Aufstehens dauert fast 20 Minuten. Ich krieche ins Bad und wühle in meinem Badetäschchen, knipse aus dem Blister zwei Tabletten und versuche, sie mit einem Schluck Wasser runterzukriegen. Ich übergebe mich und versuche es nochmal. Wie eine Katze rolle ich mich im Bett ein. Ich kann unmöglich so Auto fahren, geschweige denn auftreten. Noch vier Stunden, bis wir auschecken müssen. Mein Rücken wird nass, der Schweiß läuft mir am ganzen Körper lang. Schüttelfrost, Schmerzen, Demütigung. Wirre Träume quälen mich im Halbschlaf: Moritz stirbt bei einem von mir verursachten Autounfall, meine Freundin verlässt mich, ich pisse mich auf der Bühne ein.

Zuerst kann ich die Melodie nicht zuordnen, dann realisiere ich langsam, dass es der Notfallwecker ist. Es ist fünf vor zwölf, wörtlich und bildlich gemeint. Ohne zu duschen, schäle ich mich aus dem nassen Laken und checke aus. Im Spiegel hinter der Rezeption erkenne ich mich kaum wieder, ich bin aufgequollen wie ein Schwamm. Ich sehe aus wie ein einst geliebtes Stofftier, das an der Raststätte im Dreck verloren wurde.

Moritz telefoniert, ich muss fahren und ich darf es eigentlich nicht. 20 Minuten Todesangst, alles zieht an mir vorbei wie Schlieren an einem Fenster. Ich funktioniere nur, mechanisch fülle ich den Meldezettel aus und trotte wie ein alter Hund hinter Moritz her. Die Show läuft neben mir her, war ich auf der Bühne? Habe ich was gesagt? Kam es an? Die Kopfschmerzen lassen gegen 23 Uhr nach, ich merke mich kaum mehr und gebe Moritz mit einer Handbewegung zu verstehen, dass ich direkt ins Bett gehe. Langsam fährt mein Körper runter, ich atme langsam, der Schlaf kommt plötzlich.

17.11.2021

Es regnet in Strömen, als wir das Autobahnschild »Niedersachsen. Klar« passieren. Was ein beschissener Slogan, kann sich da mal jemand drum kümmern? Dicke Tropfen prallen an unsere Scheibe und werden direkt weggewischt, ein leichtes Quietschen hin und ein leichtes Quietschen zurück. Wir spielen eine Doppelshow in Hannover, Pavillon, großer Saal. Doppelshows sind zwar unfassbar anstrengend, aber gut für die Kasse.

Erfahrungsgemäß lässt sich das Publikum in Hannover immer bitten, wahre Ekstase scheint ihnen fremd. Danach schreiben die Zuschauer*innen uns per Instagram wieder, wie toll es war. Danke, das bringt uns gar nichts, wenn wir es auf der Bühne nicht bemerken.

Ich rauche und warte und warte und rauche. Ich kann es nicht mehr sehen, ich kann das Programm auswendig, es ist Alltag. Moritz holt Applaus für mich ein? Ich stehe neben der Bühne und lächle grenzdebil. Moritz erzählt von seinen Kindern und wie sie lügen? Gleich 20 Minuten Pause. Moritz fängt an, zu singen? Ich bereite das Merchandise vor. Moritz erzählt von dem Busfahrer? Ich mache mich bereit. »Danke, danke, viel Spaß damit, das sind bitte 30 Euro glatt, danke, viel Spaß damit, bis bald, ja, nächstes Jahr dann solo. Einmal Karte aufs Gerät legen, ah, Sparkasse? Dann bitte einstecken! Pin eingeben und mit Grün bestätigen, danke, danke, danke, bar nur, wenn Sie es passend haben.«

Ich räume den Bus ein, rauche, sage: »Tschüss, danke für alles, bis bald!«, starte den Motor, Abblendlicht. Das Navigationssystem sagt anderthalb Stunden bis nach Bielefeld. Ich stelle den Tempomaten ein und der Seitenstreifen blitzt an uns vorbei.

18.11.2021

Bielefeld, ein komplett unbeschriebenes Blatt für mich. Gibt es dort irgendetwas von Belang? Gibt es einen Grund, dort zu wohnen? In meiner Vorstellung ist Bielefeld Füllmaterial, weder lebenswert noch ansehnlich. Einfach nur da. Wohnraum für Menschen, mit denen ich nichts zu tun haben möchte. Masse. Eine lebende Masse. Warum bin ich denn so menschenverachtend in letzter Zeit? Sind das der Stress und die Erschöpfung? Oder wächst in mir etwas Boshaftes heran? Ein zynisches Monster, dessen einziger Lebenszweck ist, zu hassen.

Und manchmal ist es auch einfach nur eine Vorahnung. In letzter Zeit häuft es sich, dass das Publikum mich nicht mag. Strahle ich irgendetwas aus? Es muss an meinem Gesicht liegen. Ich bin damit ja auch nicht zufrieden, aber man muss es mich doch nicht so stark spüren lassen!

19.11.2021

»Na, du Rockstar!?«

K. begrüßt mich herzlich, wir umarmen uns. K. ist mein Verleger und der Grund, warum ihr gerade dieses Buch in den Händen haltet. Ein unfassbar lieber und intelligenter Mann, jemand, in dessen Nähe man sich einfach wohlfühlt. Er hat »Balu der Bär«-Vibes, ich würde mich gerne auf seinen Bauch legen und eine Runde pfeifen, aber rein anatomisch wäre das für uns beide nicht sonderlich bequem. K. kredenzt mir einen viel zu starken und »schnellen« Kaffee, wir müssen gleich weiter zur Location.

Paderborn ist das katholische Zentrum in Ostwestfalen-Lippe und damit überhaupt keine Stadt, in der meine Sachen gut ankommen. Ich brauche aber eh neues Material, also denke ich mir den Tag über Sachen aus, die hundertpro-ig nicht funktionieren. Privathumor und Bühnenhumor sind strikt zu trennen.

20.11.2021

Jeden Tag ein neues Bett. Ein neues, anonymes »Guten Tag, schön, dass Sie sich für Hotel XY entschieden haben, Frühstück ist von viel zu früh bis da schlafen sie noch«. Jeden Tag eine neue Zimmerkarte, ein Gefühl absoluter Belanglosigkeit. Manche Zimmer haben Smart TV, manche nur Kabel. Kleine Probepäckchen Seife im Hotel. »Denken Sie an die Umwelt, benutzen Sie ihr Handtuch mehrmals«. Pulverrührei, durchsichtiger Kaffee. Heute Sonne. Heute Regen. Retortentage. Wo sind wir heute, wo sind wir morgen, welches Hotel, wie lange fahren wir? Late-Check-Out, bitte, geht nicht, um zehn, okay. Frühstücken wir noch wo? Nein? Kaffee. Groß? Grande. Oder Venti? Hallo Dortmund! Hallo München! Hallo Düsseldorf! Hallo Köln!

Hallo! Hallo! Hallo? Deutschland sieht gleich aus, jede Stadt ist gleich, Berge sind wie Meer, nur anders, Babbeln ist wie Bayrisch, nur mittiger. Alle sind gleich freundlich oder unfreundlich.

»Wir suchen eine Buchhandlung.«

»Wir haben nur Thalia.«

Nanu-Nana, Butlers, Depot, Zara, C&A, Karstadt, Galeria Kaufhof, Elbenwald, GameStop, Media Markt, Saturn. Ob Bielefeld oder Berlin, Charakter hat hier niemand. Ein graues Gemälde, gemalt vom Leben und gezeichnet von Langeweile. Tagein, tagaus immer das Gleiche, nur woanders. Wo sind wir heute? Welcher Tag ist es? Mittwoch? Oder Sonntag? Hallo Berlin! Hallo Bielefeld! Hallo bedrückendes Gefühl der inneren Leere! Hallo! Hallo! Hallo? Ist hier noch irgendwer?

21.11.2021

München. Strahlender Sonnenschein, ein letztes Aufbäumen der dritten Jahreszeit. Die letzten Hugos und Aperols werden geschlürft, Münchner Schickeria sieht und wird gesehen und ich sitze mit Moritz rauchend vor einem Dönerladen und verbrauche unnatürlich viele Servietten. Sehen und gesehen werden. Die Leute gucken uns angeekelt an, ich grinse mit Soße am Mund zurück. München ist ein zweischneidiges Schwert: dekadent und hochnäsig, sympathisch und bodenständig. Hier kannst du als Werber oder Landwirt erfolgreich sein, wenn du dann noch Bier braust, bist du quasi Königsanwärter. Vor allem können die Münchner*innen aber über sich selbst lachen, eine Tugend, die man im Osten und Westen nicht häufig trifft. Doppelshow im Lustspielhaus, Moritz' Counter-Strike-Freunde kommen, also bin ich nicht erwünscht bzw. sitze ich eh nur stumm daneben. Mein Freund N. kommt zur Abendveranstaltung, ich freue mich, leider ist N. auch ein starker Trinker und ich muss am nächsten Tag sehr lange Autofahren.

Shows laufen gut. N. bietet mir bei einer Zigarette auf dem Hinterhof Schnupftabak an, ich will dankend ablehnen, aber »auf alte Zeiten« streue ich mir doch ein wenig auf den Handrücken und ziehe hoch. Menthol. Meine Nebenhöhlen sind gleichzeitig frei und verstopft. N. hat schon fünf Halbe getrunken und pisst sich ein wenig ans Bein, als er vor dem Urinal steht. Der Mann ist aufstrebender Politiker, wie kann denn das nur sein? Warum tut denn niemand was? Keine*r beachtet uns. Durchs Oktoberfest abgehärtet gehören fleckige Jeans und Stücken am Mundwinkel einfach zum Stadtbild. Ich halte mich an meinem alkoholfreien Bier fest, so schwer war es lange nicht mehr. Überall riecht es nach Gezapftem und eine Runde Obstler nach der anderen wird ausgegeben. Ich zähle jeden Schluck. 19, 20, 21. 21 Schlucke sind in einem Beck's Blue. Also habe ich mittlerweile 126 Schlucke alkoholfreies Pils getrunken. Noch eins. Nur nicht an den Geschmack denken. Als Moritz mir winkt, ist es eine Erlösung. Dankedankedanke, ich war so kurz davor, gebrochen zu werden.

22.11.2021

Es regnet verdächtig oft, wenn ich am Steuer sitze, das Wetter passt sich an meine Laune an. Siebeneinhalb Stunden Autofahrt mit einer Pause, von München nach Essen, Tourplanung aus der Hölle. Wir fahren ewig, bis wir einen guten Autobahnkaffee bekommen. Coffee Fellows oder Starbucks, mehr Auswahl gibt es leider nicht (Lavazza und Segafredo schmecken, als würde man eingekochte Brennpellets trinken).

Dazu gibt es dann einen Bagel oder ein Panini. Die schmecken auch nicht, aber besser als der Frühstücks-Burger oder ein Omelett-Brötchen vom Vortag. Schlechte Kohlenhydrate pflastern unseren Weg, Koffein und Nikotin diktieren uns die nächsten Schritte. Immer weiter, immer voran. Das Ziel ist schon sichtbar, aber ein wenig müsst ihr euch noch anstrengen. Ein Dämon, ein Teufel, doch wir sind Sklaven der Gier. GELD, GELD, GELD! Ich will es rufen. Ziele visualisieren, das soll man doch? Geld will ich und Erfolg und Ruhm. Und vor allem will ich glücklich sein. Einfach nur das. Das ist mir das Wichtigste. Aber vielleicht habe ich das verlernt? Vielleicht muss ich es wieder erlernen? Kann man das überhaupt? Oder ist das, wie die kindliche Fantasie, für immer verloren?

Blinker links, Blinker rechts, Tempomat auf 100. Vielleicht ist es gar nicht all das. Vielleicht will ich auch nur ankommen. Aber fürs Leben gibt es kein Navigationssystem.

23.11.2021

Die Zeche Carl ist – wie fast 60 % der Kulturstätten im Pott – Industriekultur, es hat alles so ein wenig abgeranzten Charme, man kann sich quasi vorstellen, wie Bergleute hier für zu wenig Geld schuften und ihre Haltung versauen. Glück auf!

Der frühere Support J. hat auf der Bühne immer gefragt, ob die Leute Bock auf Moritz »Neumeiyeaaah« haben. Hä? Natürlich? Die haben doch Karten dafür gekauft? Wäre ja schlimm, wenn die keinen Bock hätten.

Die Zeche hat ein eigenes Restaurant, das wirklich in Ordnung ist – wobei man hierzu einen kurzen Exkurs zum Thema Tour-Catering machen muss.

Tour-Catering ist fast immer Pizza und/oder eklig. Die Male, an denen ich wirklich fantastisches Catering hatte, lassen sich an zwei Händen abzählen. Regulär gibt es fast immer Fleisch auf Fleisch und als vegane Alternative Salat. Umso schöner, dass für uns heute wirklich gekocht wird. Wir entscheiden uns für Fleisch auf Fleisch.

24.11.2021

Hilfesuchend schaut die Buchhändlerin mich an. Ob ich nicht ein wenig helfen könne? Ich rolle mit den Augen und stelle mich vor den Büchertisch: »Bitte Maske auf und auf den Abstand achten, danke!« Griesgrämiges Murmeln, aber sie bilden eine Schlange und versuchen, so etwas wie Ordnung herzustellen. Moritz' Augen sind glasig, gelangweilt hört er einer Frau zu, die ja auch zwei Kinder und allgemein und so toll, kennst du schon die und die Influencerin, die macht so wichtige Arbeit. Zum Glück hat Moritz keinen Waffenschein, heute wäre ein schöner Tag für einen Amoklauf. »Comedian rastet wegen belangloser Scheiße aus – neun Tote«.

Es ist ja wirklich schön, mit den Leuten in Kontakt zu treten. Aber es ist auch repititiv, es ist immer dasselbe. »Super. Klasse. Danke für die Show/die Worte/das Statement! Hat mir echt geholfen. Hammer, dass du so offen und ehrlich bist. Hahaha, jetzt zünd ich dich an. Für Meike und Udo, bitte. Kannst du noch was reinmalen?«

Mein Leben ist eine Zyankali-Kapsel im Backenzahn, aber man kriegt sie nicht zerkaut.

D. steht schwankend vor mir. Ich hatte ihr Gästelistenplätze organisiert, sie meinte, sie hätte es im Griff. Aber das einzige, was sie aktuell greift, ist eine Flasche Smirnoff mit einer kleinen Restpfütze drin. Sie versucht, mich zu umarmen, aber sie taumelt zu sehr und fällt fast hin. Bin ich manchmal auch so? Ich stütze sie und wir gehen zusammen auf die Toilette.

Sie erbricht sich in kurzen, schnellen Schüben. Ab und zu reiche ich ihr die Wasserflasche, ihre braunen Haare sind feucht und kleben an manchen Stellen zusammen. Ihr Schweiß mischt sich mit ihren Tränen.

»Es tut mir leid.«

»Muss es nicht.«

Es ist noch nicht mal halb elf, als ich sie ins Taxi setze und der Fahrerin 50 Euro in die Hand drücke. Bis bald, ich hoffe, es geht dir dann besser.

Noch fünf Stunden bis Showbeginn. Wegen irgendeiner Messe der Pharma-Industrie konnten wir uns kein Hotel nehmen, wir fahren nachts weiter zur nächsten Stadt und müssen uns jetzt irgendwie bespaßen. Moritz geht es nicht gut, er ist deprimiert, sehnsüchtig, und ich versuche die gesamte Zeit, ihn irgendwie aufzuheitern. Ein Vorhaben, das zum Scheitern verurteilt ist, denn wir merken, dass da etwas fehlt. Moritz fehlt seine Familie und bei mir? Ja, was eigentlich? Habe ich mir nie Gedanken drüber gemacht: Meine Freundin, na klar, menschliche Nähe, finanzielle Sicherheit, ein geregeltes Leben, Erfolg. Kann das schon alles sein?

Die Zigarette hängt im Mundwinkel, der Bus parkt vor dem zakk in Düsseldorf. Der Kofferraum steht offen, nach und nach hole ich das Merchandise aus dem Wagen und stelle ihn neben das Auto. PKW und Transporter ziehen vorbei, ich asche ab und hinter mir höre ich das hässliche Geräusch von Metall auf Metall, ein dumpfes Bellen, ein lautes Klirren. Ich drehe mich um. Ein Lieferdienstwagen hält ein paar Meter weiter, die Heckklappe hängt an einem einzelnen Faden und überall liegen Scherben.

Zusammen mit der Polizei fege ich die Straße sauber. Es ist nicht meine Schuld. Das sagen die Polizist*innen, das sagt Moritz und trotzdem bin ich schuldig. Ich schäme mich. Ich habe diesen Bus zerstört, diese fahrbare Erinnerung an Urlaube, diesen treuen Freund. Wie viele Kilometer hat er mit mir und auch mit Moritz und seiner Familie hinter sich gelassen? Ich habe ihn getötet. J. und B. helfen, mir den Inhalt aus dem roten Bus in den Miettransporter zu laden, und alles, woran ich denken kann, sind Schulden und Schuld. Geld und Gewissensbisse.

26.11.2021

Der Transporter besteht nur aus Blech, ab Tempo 100 hört man keine Gespräche. Diese Tour ist ein Pyrrhussieg. Natürlich gehen wir mit Ruhm aus der ganzen Sache hervor, aber zeitgleich ist mein Energielevel so dermaßen runtergerockt, dass ich höchstwahrscheinlich nie wieder live spielen kann. Und diese beschissene Heckklappe, dieser unnötige Unfall! Ich bin doch zerstört, privatinsolvent, es ist alles vorbei! Komm, lass uns los, Moritz! Etwas Besseres als den Tod finden wir allemal.

Seit Tagen denke ich fast ununterbrochen ans Trinken. Mein Magen fühlt sich leer an, auch wenn ich gegessen habe. Es fehlt etwas. Ein Teil von mir. Nichts anderes ist das Trinken: ein Teil von mir. Nach der Show fahren wir zum Hotel, ich gehe aufs Zimmer und öffne die Minibar. Ich schließe sie. Ich öffne sie. Ich schleiche mich aus dem Hotel und gehe die Straßen entlang, lande in einem Laden namens »Beckerklause«. Versuche, mir die Sucht wegzutanzen, aber sie beobachtet mich, sie führt mich wie eine Marionette, immer wieder blicke ich zur Bar. Irgendwann reißt es mich zu ihr hin. Ich trinke hintereinander sieben Kurze und exe zwei Bier, das dritte lasse ich langsam meine Kehle runterlaufen. Es schmeckt nicht mal, es schmeckt nicht, aber ich muss. Mein Körper wehrt sich, ich stürze aufs Klo und erbreche mich ins Waschbecken. Im Spiegelbild sehe ich mich an, einen schwachen Menschen, der nichts kann und nichts hat. Ich gehe zurück ins Hotel, dusche heiß und falle in einen traumlosen Schlaf.

27.11.2021

Mitbewohner macht mir in Unterwäsche die Tür auf, er wollte ja schon um drei gehen, ist aber irgendwie bis 10 Uhr morgens bei einem Freund versackt. Während Moritz den

Podcast in meinem Zimmer aufnimmt, zieht etwas in meiner Brust. Ich will hier nicht weg. Hier bin ich zuhause. Das ganze Dopamin hat das Heimweh ausradiert, aber nun, hier, direkt vor Ort, schlägt es mit geballter Kraft zurück. Moritz klopft auf den Tisch. Wir müssen weiter. Einen Teil von mir lasse ich hier, sicher verwahrt, damit ich nicht vergesse, dass ich zurückkomme.

Da die Autovermietung keinen Van mehr hatte, liegt ein Großteil der Bühnendekoration und des Merchandise nun bei mir zuhause im Zimmer, während Moritz und ich eingequetscht in einem kleinen Ford nach Lübeck fahren. Schöne Stadt, habe hier mal Urlaub gemacht. Aber wir fahren nur zur Show hin und nachts noch weiter.

Die Auftritte sind mittlerweile egal. Es macht Spaß, aber es ist ein mechanischer Ablauf. Manche Abende fühlen sich wie Déjà-vus an, irgendwie alles schon mal so erlebt, gefühlt, gesehen. Ich habe das Leben auf Tour so sehr vermisst, dass ich die ganzen Nachteile einfach ausgeblendet habe. Wie bei einer vergangenen Beziehung, bei der mit einem Schluss gemacht wurde. Nur die positiven Erinnerungen bleiben haften, die furchtbaren Abende, die Streitereien sind ausradiert. Nur wenige Graphitstriche bleiben über und zeugen von einer vergangenen Zeit.

28.11.2021

Vorletzter Tag, wenigstens einmal muss ich es tun. Bestelle über den Zimmerservice eine Flasche Champagner aufs Zimmer und trinke ein Glas in der Badewanne. Sieht in den 90er-Jahre-Teenie-Filmen irgendwie immer deutlich besser aus, es macht mir nicht sonderlich Spaß und mir wird viel zu schnell kalt in der Wanne. 90 Euro verbrannt für das kurze Gefühl, reich und berühmt zu sein. Wenn sich das so anfühlt, dann hat das wenig mit Glück zu tun.

Kiel, meine alte Heimat, du Hure mit Herz und überraschend teuren Mieten, trotz deines zahnlosen Lächelns. Hier hat prinzipiell alles angefangen. Der erste große Auftritt, Finale der deutschsprachigen Poetry-Slam-Meisterschaften. Was hat hier angefangen? Mein Erfolg? Mein Leben? Oder dieser langsame Strudel des Unglücks? Ich habe damals im Kronshagener Weg gewohnt, Schnellstraße und unaufgeregte Zwei-Zimmer-Wohnung zusammen mit S. (Rettungssanitäter). Ich war 20 oder 21, habe viel MDMA genommen und steckte in einer unglücklichen Beziehung, die ich aus Angst aufrechterhalten habe. Also fast nur gute Erinnerungen an Kiel.

»Die in lila sind eure!«

Sie deutet auf zwei Yogamatten, die auf dem Boden liegen. Lesung in einem Kinderzentrum, anwesend: 16 Elternteile, zwei Babys, drei Erzieher*innen. Sie reichen uns gesüßten Cappuccino und Moritz setzt sich auf die Matte, fängt an, zu lesen. Ich beschäftige mich mit dem Holzspielzeug und schmökere in »Gewalt vor der Geburt«.

29.11.2021

Flensburg. Es ist der letzte Abend, die letzte Show. 30 von 30. Ein Monat. Hier habe ich Moritz das erste Mal getroffen, Dezember 2012, Poetry Slam im Kühlhaus. Es hat mir unendlich viel bedeutet, dass er mir damals sagte, dass er meinen Text gut fand. Ich wollte genauso sein wie er und bin eine schlechte Kopie geworden.

Deutsches Haus. Anstatt eines fulminanten Abschlussabends gibt es einen halbleeren Saal, mittelmäßige Stimmung. Trocken und demotivierend. Als hätte man einen Welpen nach einem Monat ausgesetzt. Das war es jetzt? Wirklich? Wir stehen vor der Location, die Laternen flackern und Moritz und ich schauen uns an.

Das war es also. Kein Konfetti, keine Raketen. 30 Tage einfach so vorbei. Ich fühle mich erstaunlich nichtssagend. Wir umarmen uns zum Abschied, ich blicke ihm noch lange hinterher, bis ich die Lichter vom Wagen nicht mehr sehen kann. Dann gehe ich zu meinem Hotel, das einzige Geräusch ist das Rattern des Rollkoffers auf dem Kopfsteinpflaster.

Ich stehe mit einer Flasche Wein vor dem Fenster, nichts weiter an als eine Unterhose, in der linken Hand die Flasche Wein, in der rechten eine Zigarette (100 Euro Reinigungsgebühr, scheiß drauf). Am Hafen brennt noch Licht und ich schaue über die Stadt. Ich fühle mich wie ein Held aus einem Videospiel. Das Mädchen ist gerettet, der Böse besiegt. Die Aufgabe ist zu Ende. Und nun? Was nun? Was passiert als Nächstes, Fortuna? Antworte mir doch bitte!

30.11.2021

Erste Klasse IC, Flensburg–Hamburg. Ich bin müde, erledigt, erschöpft. Vielleicht war es einer der schönsten Monate meines Lebens, es fühlt sich an wie die Art absoluten Glücks, von der man im Leben nur so wenig erfahren darf. Der Zug könnte jetzt entgleisen, es wäre okay. Bestimmt ist das einer der letzten schönen Momente, man hat doch nicht so viele im Leben. Ich habe auf jeden Fall nicht so viele verdient. Also muss ich ihn genießen, diesen Augenblick. Heiße Tränen rinnen mir über die Wangen. Ich habe so lange drauf gewartet und nun ist es vorbei. Ich bin glücklich, aber auch leer. Ich will nichts mehr. Es kann doch nichts mehr kommen, was besser ist als das.

Ich klingle an meiner eigenen Haustür. Der Summer tönt viel zu lange, ich rolle den Koffer rein und atme tief aus, bevor ich ihn in den 3. Stock trage. Und da stehen sie alle, Überraschung, Überraschung!

»Überraschung!«

Es sind alle da: L., L., J., F., M., M., M., A., K., K.s Freundin, von der ich immer den Namen vergesse (irgendwas mit L.?), C., X., T. und sogar S.!

Hoch die Tassen, ich habe sofort ein kühles Bier in der Hand und es geht los:

»Wie es war? Grandios war es! Ich freue mich, ihr seid süß, danke! Na, komm, eins kann ich noch. Eins ist keins, nicht wahr? Und auf einem Bein, ja, genau. Noch einen Kurzen, was soll's, war ja ewig nicht da. Schön, euch zu sehen! Wer nicht mittrinkt, wird erschossen, wie kommen wir zusammen? Sternförmig! Ich habe noch nicht gegessen, ach komm, ich bestelle Pizza für alle! Und hopp, noch eins! Auf leeren Magen trinkt es sich ja besser, haha, oder?«

Dezember

01.12.2021

Meine Augen sind verklebt wie die eines Katzenjunges. Was ist denn gestern los gewesen? Dunkle Erinnerungen, schwammige Sequenzen durchlaufen meinen Kopf. Mir ist kalt, das Fenster ist sperrangelweit offen und kleine Flocken rieseln rein. Der Holzboden ist nass, auf dem Nachttisch steht ein halbleeres Bier. Habe ich drinnen geraucht? Keine zwei Tage zurück, keinen Tag nüchtern gewesen und heute Abend direkt wieder Show. Comedy Abend im zugequalmten Theater, ich bekomme Casablanca-Vibes.

Der Abend ist angenehm, aber es kommt kein Vibe auf für eine solche Veranstaltung. Die Leute wollen bespaßt werden, aber wir sind doch keine Mastschweine, sondern Künstler*innen! Versacke bei zu viel Magenbitter in der Theaterkneipe und verfalle sofort wieder in das alte Muster des traurigen Trinkers. Um halb drei wirft mich der Besitzer raus, ich bin zu betrunken, um mir ein Taxi zu rufen, und laufe schwankend nach Hause.

02.12.2021

Ich sitze in meinem Lieblingscafé und beobachte den Mann neben mir. Er sieht aus, als hätte man ihn ein ganz kleines bisschen bei Photoshop verändert, nur ein wenig, aber er sieht nicht »richtig« aus. Ab und an versuche ich, im Café zu arbeiten oder allgemein an bevölkerten Plätzen, und ich lerne nie aus meinen Fehlern. Wie ein Eichhörnchen auf Pep lasse ich mich von jeder Kleinigkeit ablenken, belausche Gespräche und mache alles, um gegen mich selbst zu arbeiten.

Die Kellnerin ist wirklich sehr hübsch. Innerhalb von zehn Minuten habe ich ihr Instagram-Profil gefunden. Schrecklich, wie leicht es heutzutage ist, private Informationen über jemanden zu sammeln. Nadja ist 22 und studiert Veterinärmedizin, sie geht gerne auf Rave-Partys und kommt aus einem kleinen Ort in Niedersachsen (Eitze). Am 20.04.2019 war sie auf einem kleinen Festival, welches sie anscheinend mitorganisiert hat. Fluoreszierende Farben auf Haut, kurze Videoschnipsel mit Psytrance. Nadja, du solltest ein wenig mehr aufpassen, was du im Internet postest. Oder es auf jeden Fall ein wenig privater gestalten, nur für deine Freund*innen. Ich drücke auf Abonnieren.

03.12.2021

Habe eine Kurzgeschichte geschrieben:

Wie Pollen

Zu Beginn war es nur ein leichtes Jucken, sie wollte, dass er zum Arzt geht, aber er meinte: nur Sommergrippe, halb so wild. So ein Jucken, meinte er, das geht wieder von allein weg. Es sei ihm peinlich, extra deswegen dahin, und allgemein, er fühle sich gut. Musst du selbst wissen, sagte sie und schmökerte weiter in ihrem Fitzek.

Tage später am Frühstückstisch musste er niesen, nicht laut oder stark, aber es klang irgendwie anders, verletzlicher als sonst. Sonst schrie er ja fast immer beim Niesen, ein lautes »HAT« ohne »Tschi«, ein Grölen, mit Nasenlöcher zuhalten, obwohl man das nicht soll. Bei der Arbeit hatte er regelrechte Attacken, zwei-, dreimal hintereinander, teilweise sogar zehnmal. Am Abend fühlte er sich schlapp, keine erhöhte Temperatur, er war ja aber auch eh immer einer von der kalten Sorte gewesen. Es dauerte nochmal mehrere Tage, bis er mit Kopfschmerzen neben ihr aufwachte, die Nase lief, das Fieber stieg, die Glieder, sie schmerzten.

Zum Arzt, meinte er, gehe er erst, wenn es ernst würde. Es ist bereits ernst, sagte sie, aber er sagte wieder, dass er es ausschwitzen müsse. Und so schwitzte er. Er trank Unmengen an

Wasser und Hagebuttentee, aber es wurde und wurde nicht besser. Er machte einen Termin und sie nahm sich frei und fuhr ihn hin. Sie saß im Wartezimmer und las in der Bunten, als die Sprechstundenhilfe sie bat, mit ins Zimmer zu kommen.

Es sei, so der junge Arzt, ein recht ungewöhnliches und er könne sich nicht genau erklären, es gab im Studium, aber so direkt, Sie müssen wissen, das ist nicht gängig, aber keine Angst, lebensbedrohlich nicht, man müsse bloß aufpassen.

Er ist allergisch auf sie. Gäbe es nur einmal unter Milliarden, aber gibt es. Wie bei Pollen oder Hausstaub, kann sich auch entwickeln mit der Zeit.

Was sie jetzt tun sollten, fragte sie.

Abstand wäre gut, sagte der Arzt.

Zuhause bezog sie die Schlafcouch und er kratzte an dem neuen Ausschlag am Arm. Wie lange hatten sie nicht mehr getrennt voneinander geschlafen? Es müssen Jahre gewesen sein, vielleicht zwischendurch mal beim Besuch bei ihrer Mutter, sonst immer. Ungewohnt, aber auch interessant.

Es gab keine Besserung. Beim Frühstück tränten seine Augen, beim Abendessen konnte er vor lauter Rotze das Essen nicht schmecken und dann dieser Ausschlag, der sich immer weiter ausbreitete, rote Krustenschuppen, widerlich, dachte sie immer.

Nach ein paar Tagen packte sie ihre Sachen. Vielleicht wäre richtiger Abstand gut, bis es abheilt. Ich komme übermorgen wieder, sagte sie. Er guckte sie an, seine geschwollenen Augen fixierten sie, ich liebe dich doch, sagte er, ich liebe dich doch so sehr.

Ich dich auch, sagte sie und ging. Mit den Tagen wurden die Symptome besser und sie kam immer seltener, bis sie irgendwann gar nicht mehr auf die SMS antwortete. Er konnte wieder arbeiten, ab und zu dachte er an sie, aber vielleicht war es auch richtig so. Außerdem hatte er wen Neues kennengelernt. Die fand er richtig gut. So gut, dass er das Jucken in der Nase erst mal ignorierte.

Wieder ein Jahr älter. 28.

Was ich mir wünsche, fragen mich die Leute. Die Antwort: Es gibt viel, was ich möchte, und nichts, was ich brauche. Eigentlich ist doch alles okay. Ich sollte mein Glück nicht vergleichen, mein Leid nicht aufwiegen. Mir geht es doch gut, oder? Ich habe doch tolle Freunde, eine wunderbare Beziehung, ein tolles Elternhaus. Und doch sitzt da diese Angst. Diese Angst davor, unbedeutend zu sterben.

20 Minuten vor acht kommen die ersten Gäste. Ich habe groß aufgefahren: Häppchen mit verschiedenen Aufstrichen, Suppe, verschiedene Bier- und Weinsorten, Sekt in rauen Mengen. Ich will etwas zurückgeben. Am liebsten würde ich eine Rede halten: »Vielen Dank, dass ihr es immer mit mir aushaltet. Ich weiß, ich bin ein schlechter Freund, und umso mehr bin ich überglücklich, so tolle Menschen zu meinem Freundeskreis zu zählen. Und nun, lasst euch bemuttern! Ich liebe euch alle!«

Wie melodramatisch, bisschen eklig. Aber die Leute haben Spaß, es wird gesoffen und getanzt, gelacht und geschnackt und ein paar Leute riechen am Spiegel. Drei Jahre Ausbildung haben aus mir einen passablen Gastgeber gemacht. Dann mal los! The show must go on!

Überall liegen Kippen und leere Bierflaschen, manche mit Zigarettenstummeln, manche ohne, die meisten noch halb voll. Der Boden klebt, ein Gemisch aus Korn und Fanta bedeckt das Holz. Die Polster auf dem Balkon sind durchgeweicht und klamm, auf der Couch liegt K. und hat noch ein wenig Koksreste an der Nase. Wir haben Alkohol und Drogen im Wert von 700 Euro vernichtet. So feiert man sein Überleben. Ich bin stärker als der Tod und schwächer als die Krankheit.

06.12.2021

Termin beim Urologen. Richtig klug nach diesem Exzess. Eigentlich nur Check-up, trotzdem habe ich ein wenig Angst. Ich musste in letzter Zeit schon häufig auf Toilette, ist da was im Busch? Wow. Das ist ja ein nicht beabsichtigtes Wortspiel, wäre es beabsichtigt gewesen, wäre es noch schlimmer. Das Wartezimmer beim Doktor ist ein Geklüngel an negativen Emotionen. Auf dem Tischchen liegen Magazine wie GQ, Men's Health oder auch BEEF und drum herum sitzen gedrungene Gestalten, die sich zwielichtig betrachten. Ihre Augen flüstern: »Und? Warum bist du hier? Dein erstes Mal? Na, hoffen wir mal das Beste.«

Merke: niemals befreundete Ärzte akquirieren. Sowohl V. als auch mir ist es doch recht unangenehm, als er an meinen Hoden rumspielt. Welch Überraschung.

»Und? Wie geht's I.?«

»Gut. Gut. Und bei dir?«

»Auch.«

Am liebsten würde ich schreien: »V.! Lass meinen Sack los! Es war ein Fehler!«, aber es ist zu spät. Ich werde ihn nie wiedersehen.

07.12.2021

Der Wind pfeift in meinen Ohren. Ein Lied, das ich nicht kenne, aber welches mir gefällt. Kleine, kalte Stiche prasseln auf mein Gesicht, ich schließe die Augen und lege meinen Kopf in den Nacken. Meine Füße frieren, die Wollsocken kaschieren nicht die Feuchtigkeit, die langsam, aber stetig in meine Stiefel dringt. Meine Hände wühlen sich durch die Manteltaschen, ertasten Flusen, Feuerzeug, Tabakkrümel. Mein Schal riecht nach altem Rauch und Leder, nach Kneipenstühlen und verschwommenen Erinnerungen. Ich öffne die Augen, Finkenwerder liegt vor mir, vereinzelt gehen

Menschen mit Hund am Strand entlang. Mit meiner linken Hand rolle ich einen aufgeribbelten Faden und Tabakkrümel zu einem Ball, lasse ihn kurz von Finger zu Finger wandern, dann hole ich ihn aus der Tasche und schnipse ihn in die weite Welt auf eine ungewisse Reise.

Nasser Sand klebt unter meinen Sohlen, jeder Schritt knirscht und knackt. Hebe bei der Sparkasse 100 Euro für Drogen ab und mache bei mir zuhause das Licht aus. Im Dunkeln sitze ich und warte, ob noch etwas passiert. Aber niemand ist hier, niemand wird kommen. Ich bin allein. Langeweile frisst sich in meine Magengegend, sie schreit, sie fleht und ich gehorche.

08.12.2021

Wurde schon wieder gefragt, deswegen hier nun eine Beschreibung, wie man mein Frisurstyling macht: Haare waschen und nicht komplett trocken rubbeln. Salzspray von Davines ins Haar einreiben, dann trockenföhnen. Strong Wax und Pomade in den Handinnenflächen verreiben, bis es heiß wird und sich leicht verschmieren lässt. Hinten am Kopf anfangen, die Masse zu verreiben, und sich langsam nach vorne arbeiten (bei vielen Männern sind die Haare vorne top und hinten sehen sie aus wie ein plattgefahrener Igel). Dann in die Haare greifen und einzelne Bereiche kräuseln, dabei auf mittlerer Stufe föhnen, damit die Form beibehalten wird. Alternativ kann man die Haare einfach paar Tage nicht waschen, same same but different.

09.12.2021

Seit ein paar Wochen habe ich einen wiederkehrenden Alptraum. In meinen Träumen trage ich immer weiße Hemden (für die visuelle Vorstellung): Ich möchte unbedingt zu einer Anglergruppe dazugehören, ich buhle um Anerkennung in Form von Geschenken und extra organisierten Festen für diesen Verein von Anglern. Sie sind alle alt und weiß und tragen mächtige Bäuche vor sich her, nehmen meine Geschenke an, aber wollen mich nicht als Teil ihrer Gemeinschaft wissen. Meine Freund*innen machen sich Sorgen um mich, aber ich bin in einem toxischen Abhängigkeitsverhältnis gefangen, seelisch angekettet an diese Gruppe von Anglern. Am Ende lade ich sie zu einem Open-Air-Gig von mir ein, keiner erscheint. Ich stehe auf einer mobilen Bühne, sie ist direkt am Rand eines Hafenbeckens aufgebaut und das Publikum buht mich aus. Ich verliere jegliches Selbstwertgefühl, taumle, die Bremse der Bühne löst sich und ich rolle ins Hafenbecken. Ich gehe unter, das Mikrofonkabel zieht mich in die Tiefe und ich sterbe.

10.12.2021

Hannover, Treffen mit H. und B. Oder anders gesagt: ein rasanter Ritt in die Abgründe des verantwortungslosen Alkoholmissbrauchs. Beides starke Trinker, beide eigentlich krank und bräuchten Hilfe, also sitze ich quasi mit Brüdern im Geiste auf der Bühne und der Weißwein fließt in Strömen. Ich bin tendenziell funktional, Shows kriege ich hin, aber eine After Show ist bei mir immer schwierig. Meist trinke ich noch einen Vino und bin dann so besoffen, dass ich ins Hotel muss.

»Ich habe gesagt: zwei Finger breit! Oder sehe ich aus wie 'ne Schwuchtel?«, ruft H. dem Wirt entgegen.

Wir sind die einzigen Gäste, es ist kurz vor Mitternacht und die Musik wurde bereits ausgestellt. Die Stimmung ist seit Stunden kurz davor, zu kippen, ein Gefühl von Panik hatte sich zu Beginn über uns gelegt, aber wir haben uns dran gewöhnt. Wenn es passiert, dann passiert es. Die Luft ist raus, das Bühnenadrenalin verschwunden, dicke Schweißtropfen stehen uns auf der Stirn. Während draußen der Winter tobt, trinken wir uns an, saufen gegeneinander, es ist ein Kampf und jeder verliert. Letzte Runde. H. besteht auf einen Abschluss-Grappa, er brennt sich seinen Weg durch die Speiseröhre. B. bestellt uns ein Taxi, mein Magen rumort und mit letzter Kraft schaffe ich es, an einer Ampel die Tür aufzureißen und den Schwall an ätzender Galle auf den Bürgersteig zu ergießen.

11.12.2021

Ich feiere heute meinen Geburtstag. Schon wieder. Ich hasse es, wenn Leute nicht zu meinen wichtigen Terminen können, deswegen richte ich zwei Feiern aus, um eine möglichst große Zahl meiner Liebsten zu erreichen. Und ein paar andere, die einfach immer gutes Füllmaterial sind.

12.12.2021

Setze zum ersten Mal seit Jahren meinen eigenen, berühmten Glühwein an. Prinzipiell alles wie beim Klassiker, ihr braucht Wein, Nelken, Orange, Zitrone, Zucker, Zimtstangen und Geduld. Aber bei dem Glühwein à la Köhn schubsen wir von vornherein noch ungefähr 0,2 cl Bourbon und 0,2 cl Cognac dazu, das lassen wir direkt mitziehen. Es gibt doch nichts Demütigenderes, als extra nach einem Schuss zu fragen, also lieber direkt einflößen. Obacht: Erst am Ende des Ziehens einverleiben, sonst geht das Wichtigste ja flöten: der Spaß (Alkohol).

13.12.2021

Ich sehe fast nichts, aber ich höre sie. 1.000 Leute. 1.000 Leute stehen vor mir und sie lachen. Sie mögen, was ich mache, sie gehen mit. Ich schwebe über die Bühne, schäkere mit dem Publikum, jede Pointe sitzt. Zwischenapplaus, Lachen, Zwischenapplaus, Lachen, Johlen.

»Und nun rastet aus für Moritz Neumeier!«

Der Applaus brodelt auf, wie eine Tsunamiwelle knallt sie auf die Bühne, die ersten Takte von »Tin Man« von Future Islands ertönen, Moritz betritt die Bühne, Kreischen, Johlen.

»Was geht bei euch, ihr Freaks!«

Ich grinse hinter der Bühne, ein einzelner Lichtstrahl beleuchtet mich und gibt mir die Möglichkeit, zuzuschauen.

»Einen großen Applaus nochmal für HINNERK! KÖHN!«

Ich verbeuge mich innerlich und gehe die Gänge des Theaters lang, klatsche T. und R. ab, Mantel, Schal, Mütze, vor die Tür. Mein Weihnachtsgeschenk für Moritz liegt auf dem Tisch. Danke für alles. Ich fahre nach Hause und bade in Endorphinen, aber dieser Abend gehört dir. Wenn es diesen Abend denn je gab.

14.12.2021

Ausatmen. Kurz Augen schließen. Ein Seufzer. Durch die Nase einatmen, es zieht kurz ein wenig mit hoch. Ausatmen. Mein Körper wird taub, ich versinke immer mehr in dem schlecht aufgefüllten Sitzsack mit Brandflecken, aufstehen ist nicht.

F. lacht sich tot. »Haha, Hinnerk kommt immer so sick drauf!« Ja, tu ich, er hat recht, erst mal zurechtfinden, grinsen, einatmen, das Beißen fängt an und ich merke, wie Backenzahn auf Backenzahn reibt. Der erste Versuch, aufzustehen, scheitert, jetzt muss ich selbst ein wenig lachen, ausatmen. Die Sollbruchstellen an Teilen sind Vorschläge, Richtlinien, und ich habe sie mal wieder ignoriert. 200 mg gepanschtes MDMA lösen gerade alles aus, was möglich ist, und ich bin so stolz auf mich, dass ich Bananen im Kühlschrank habe, um am nächsten Tag den Endorphinhaushalt wieder hochzudrücken. Einatmen. Es wird langsam besser, meine Hände schwitzen nicht mehr so doll, nächster Versuch, ich komme hoch, leicht wackelige Beine, bleibe stehen, klappt, okay. Toilette. Pissenpissenpissenpissen. Das Prinzip Gürtel verstehen. Weiches Leder zwischen den Händen, altes, weiches Leder, aus dem Wohnzimmer dröhnt »Amazing Grace«, Hände waschen, mit Seife oder ohne Seife? Ohne. Meine Pupillen sind zu meinen Augen geworden, die Iris ist quasi nicht mehr zu erkennen. Das Abtrocknen der Hände fühlt sich sehr gut an, ich mache es ein wenig länger als nötig. Wann habe ich das letzte Mal ausgeatmet? Mechanismen vergessen.

Ich höre dumpf, wie ich F. frage, wann wir loswollen.

»Vor zwei brauchen wir da gar nicht auftauchen«, kiefert er rüber, mächtig druff, er hat auch schlecht von seinem Teil abgebissen, denke ich mir und bin beruhigt. Wenn man der Einzige in einer Gruppe ist, der zu viel genommen hat oder am wenigsten drauf klarkommt, dann ist es schwierig: Keiner kümmert sich, keiner kann einen verstehen, keiner ist wirklich für dich da. Normalerweise sind selten Leute für dich da, wenn du geballert hast, aber noch weniger, wenn du drüber bist.

Nach dem zweiten Versuch, ein Pils mit dem Feuerzeug zu öffnen, erbarmt sich T. und macht es für mich auf. Ich grinse sie an, sie grinst zurück, ich bin zwar unkoordiniert, aber niedlich dabei.

Die Neonröhre flackert auf, es dauert kurz, bis der ganze Raum in steriles Weiß gehüllt wird. Ich kenne den Typen nicht, er holt eine Kapsel raus und streut weißes Pulver fingerdick auf sein Handy. Eine »New Yorker«-Line nennt er das. Ich rolle einen Zwanzig-Euro-Schein zusammen und ziehe den New Yorker weg, direkte Wirkung. Scheiß auf Corona, heute ist alles egal. Tanzentanzentanzen. Morgen sind wir tot, aber heute leben wir. Heute ist alles in Ordnung. Heute noch. Nur noch heute.

15.12.2021

Ich hole heute meinen Freund P. aus dem Krankenhaus ab. Stehe an den Wagen angelehnt und rauche, wie einer von den Blues Brothers. Er sieht schwach, aber glücklich aus. Ich nehme ihm die Tasche ab und packe sie in den Kofferraum, er setzt sich auf den Beifahrersitz und ist nach den ersten drei Minuten eingeschlafen. Friedlich dudelt Deutschlandfunk Kultur vor sich hin.

Stützend bringe ich ihn ins Bett und setze eine Tasse Kaffee auf. Ich fühle mich wie ein Familienvater, der seinen Sohn von der Klassenfahrt abholt. Fragen brodeln in mir, aber alles zu seiner Zeit. P. verschläft den Tag und abends liegen wir auf der Couch, gucken einen Film. Er döst weg, sein Kopf liegt an meiner Schulter. Schlaf gut, kleiner Prinz.

16.12.2021

Heißer Dampf steigt aus dem Becher, beißender Alkohol in meine Nase. Ich puste und nehme einen Schluck aus der Tasse. »Frohe Weihnachtsgrüße vom Hamburger Rathausweihnachtsmarkt!« steht drauf, die Leute um mich herum könnten ein wenig Freude gebrauchen. Gehetzt rennen sie von Modegeschäft zu Modegeschäft, mit Tüten beladen und vollkommen gestresst. Man sieht die Verzweiflung in ihren Augen, den Druck, die Liebsten bloß glücklich zu machen.

Der Große interessiert sich jetzt für Markenklamotten, der Kleine will eine Playstation 5, aber die ist ausverkauft! Oh nein, oh nein, das Fest wird furchtbar.

Ich liebe Weihnachten. Zwischen all dem Stress, den penetranten Gerüchen, den Mutzen und dem Stockfisch bin ich das ruhige, kleine Zentrum dieser Welt. Im Zeitraffer wehen die Menschen wie Blätter im Wind um mich herum, ich verweile und beobachte euch, ein leises »Oh Tannenbaum« auf den Lippen. Der Heiland ist mir erschienen und er hat gesagt: »Betrink dich« und mein lieber Jesus, dein Blut nehme ich gerne an.

17.12.2021

Wenn S. mir nicht Bescheid gesagt hätte, dann wäre ich nicht hier. Ich kannte L. nicht gut, aber wir kamen immer gut miteinander klar. Ich habe lange überlegt, ob ich hingehe, so eng waren wir nicht. Aber ich wollte wenigstens einmal Goodbye sagen, das hatte er sich verdient. Bitter. Der freie Trauerredner redet über einen L., den ich nicht kenne. Von einem jungen, aufstrebenden Informatiker, einem großen Denker. In meiner Erinnerung hat L. Felgenreiniger mit Orangenlimonade gemischt, um gut raufzukommen. Mehrere ältere Menschen weinen, ich kann nicht zuordnen, wer die Eltern sind.

Niemand spricht darüber, was genau passiert ist, und ich werde auch nicht fragen. S. und ich stehen nebeneinander, ein paar Menschen erkenne ich von den exzessiven Partys, auf denen ich auch L. kennengelernt habe. Ein paar tragen Sonnenbrillen, obwohl es schon dämmert. Wahrscheinlich sind sie gerade drauf, irgendwie pietätlos, aber so, wie sie leben, werden sie auch sterben.

Ich muss pissen und gehe zum Kapellhäuschen. Der eine Friedhofsgärtner unterhält sich mit einem Kollegen.

»Der Boden war richtig zugefroren, bestimmt drei Stunden haben wir gebraucht, um das Loch auszuheben!«

Drei Stunden Arbeit, damit jemand in einer Kiste verrotten kann. In der Kapelle ist es ausgekühlt, mein Atem gefriert. Jesus guckt mich strafend von oben herab an. Tut mir leid, aber ich muss wirklich dringend. Der Strahl dampft, es plätschert. Ein Spülknopf, welch Wasserverschwendung. Der Wasserhahn ist kaputt, ich desinfiziere mir die Hände und gehe zurück zur Gruppe.

L. liegt mittlerweile in der Erde, ein paar brechen schon auf zum Leichenschmaus. S. fragt, ob ich noch mitkommen will. Eigentlich nicht. Ihr Blick ist flehend, also nicke ich und wir stapfen gemeinsam zum Friedhofstor.

Es wird auf Zimmerlautstärke geredet, ein warmer Brei aus Gesprächen legt sich über den Raum. Ein kleines Bier steht vor mir, sogar mit Kränzchen. S. schminkt sich gerade nach, L.s Tod geht ihr näher als mir, obwohl sie ihn nicht viel besser kannte als ich. Links neben mir sitzt ein ca. 40-jähriger Mann, fliehende Stirn und Pferdeschwanz. Woher ich L. kannte? Studium, lüge ich.

Er nickt und nimmt einen Schluck von seinem Bier. Tragisch. Ja, sehr. Was soll ich denn noch sagen? Wir haben ab und zu Ecstasy geballert und jetzt sitze ich auf seiner Beerdigung, ohne ihn je wirklich gekannt zu haben? Ich weiß nicht mal, was er studiert hat, ich weiß nur, dass er ohne Probleme drei Tage wach sein konnte. Er hätte sich Hilfe holen müssen, sagt der Pferdeschwanz. Aha? Bei Männern gelingt das ja häufiger als bei Frauen, murmelt der Pferdeschwanz. Oh Gott. Kanntest du ihn gut? Nein. Ach so. Ich gehe eine rauchen und nicht wieder rein. S. gesellt sich zu mir, schweigend rauchen wir. Wollen wir los? Ja, bitte. Ich wusste nicht, dass es dir so schlecht geht, L. Tut mir leid.

Ich stehe im Bordbistro und schlürfe meinen viel zu heißen Filterkaffee, als ein junges Paar reinkommt und er augenscheinlich ein Foto von ihr macht. Süß, denke ich. Die Mitarbeiterin der Deutschen Bahn findet das gar nicht süß.

»Haben Sie gerade ein Foto von mir gemacht?«

Das Paar guckt verdutzt.

»Ich möchte, dass Sie das augenblicklich löschen!«, kreischt die Frau mit dem fettigen Pferdeschwanz.

Das Paar äußert sich immer noch nicht.

»Kommen Sie her, ich will sehen, wie Sie es löschen.«

Unsicher kommt das Paar an den Tresen. Sie tuscheln miteinander, bis die junge Frau zögerlich fragt:

»Wir sprechen wenig Deutsch, was Sie wollen?«

»DAS FOTO! ES SOLL GELÖSCHT WERDEN!«

»Ich verstehe nicht?«

Die kleine DB-Frau reißt dem Typen das Handy aus der Hand, greift es aber nicht richtig. Es fällt zu Boden und der Bildschirm bricht. Der Mann blickt erzürnt auf und will der Bordbistrofrau eine scheuern, aber die andere Frau geht dazwischen und spricht schnell auf französisch auf ihn ein. Oh nein. Oh nein, oh nein, oh nein.

»Kann jemand hier Französisch?«

Hilfesuchend blickt das Paar mich an. Ich schüttle den Kopf. Ich kann Französisch, aber erstens zu wenig und zweitens will ich dieses Schauspiel nicht früher beenden, als es sein müsste. Ein überambitionierter Backpacker kommt hinzu und versucht, mit einem Französisch-Englisch-Deutsch-Gestammel irgendeine Message rüberzubringen, was nicht nur durch sein Kauderwelsch verschlimmert wird, sondern auch von dem lauten Heulen der DB-Mitarbeiterin, die – entweder weil sie gemerkt hat, wie eklig ihr Verhalten war, oder weil der doch recht bedrohlich aussehende Franzose ihr fast eine reingehauen hat – schluchzend hinter dem Tresen steht. Die Schaffnerin kommt dazu und versucht, die Situation irgendwie zu entschärfen, aber es gelingt ihr nicht. Die deutsch-französische Feindschaft! Hier geht es nicht mehr nur um ein Handy oder ein Foto, hier geht es um das Elsass! In Elmshorn müssen wir einen Nothalt machen, die Polizei befragt beide Parteien unabhängig voneinander in gebrochenem Französisch und gebrochenem Deutsch. Komme mit fast zwei Stunden Verspätung in Hamburg an.

Das Leben ist so schön.

19.12.2021

Um uns herum ist absolute Schwärze. Unangeschnallt sitze ich in der Mitte eines alten VW Kombis, O. fährt und J. sitzt auf dem Beifahrersitz. Wir singen Shantys, ein wenig Bier schwappt aus meiner Flasche.

»Wir haben uns so lange nicht gesehen und da dachte ich …«

So fing die WhatsApp-Nachricht an. Ein Haus in Dänemark, den Kleinen lasse er bei seiner Frau. Einfach mal wieder ein paar Tage zusammen sein, trinken und über alte Zeiten reden. Und danach direkt zur Familie nach Hause, Heiligabend feiern. Ich bin kein Freund davon, angestaubte Freundschaften wieder zu erwärmen, aber irgendeine Intuition hat mir gesagt, dass ich mitfahren sollte. 150 Euro für drei Tage, das ist okay.

S. kommt nach, O. und J. haben mich vom Bahnhof in Flensburg abgeholt und nun fahren wir durch die düstere Walachei und befeuern den alten Geist. Ohohohohohoho-ho, alles, weil wir Freunde sind. Oder waren? Finstere Landschaften ziehen an uns vorbei, nur die beiden Lichtkegel und das Google-Maps-Navi leuchten uns den Weg.

»Reh«, sagt J.

»Was?«

»REH!«

Ich werde nach vorne geschleudert und kann mir gerade noch so die Arme vor den Kopf halten, als ich gegen das Armaturenbrett knalle. Scherben liegen auf mir, J. konnte sich abstützen, O. hat eine blutige Nase, der Airbag konnte Schlimmeres verhindern. In der Mitte der Scheibe ist ein riesiger Einschlag, kleine Risse ziehen sich wie Äderchen bis zur Karosserie.

Das Reh liegt blutend 15 Meter vor uns auf der Straße, die Bauchdecke hebt und senkt sich langsam. Ich steige aus.

»Alles okay?«

»Alles okay!«

Der Schock sitzt. Ich zünde mir zitternd eine Zigarette an, J. telefoniert mit dem Notdienst. O. und ich gehen zum Reh, die schwarzen Augen glänzen im Scheinwerferlicht. Hat es Angst? Realisiert es, dass es stirbt? Die Atmung des Tiers wird flacher. In einigen Metern Entfernung erscheinen zwei Lichtkegel, wir winken und ein alter Volvo Kombi bleibt stehen. Auf Englisch versuchen wir, zu erklären, was passiert ist, der Fahrer versteht das Gröbste. Er steigt aus und deutet aufs Reh. Wir zucken mit den Achseln, hilfesuchend. Der Fahrer geht zum Reh und tritt auf seinen Hals, bis es knackt.

20.12.2021

Die Sonne geht auf, O. und ich sitzen noch im Wintergarten, die Karaffe mit Cuba Libre ist fast leer.

O. wird Arzt. Und O. hat gerade zum ersten Mal etwas getötet. Der Alkohol betäubt die Empathie, wir fühlen nichts. Weder Verbrüderung noch Schuld, nicht mal ansatzweise kommt ein Gefühl von alter Verbundenheit auf. Schweigend sitzen wir nebeneinander und trinken, während J. auf der Couch liegt und schnarcht.

Was haben wir uns hiervon versprochen? Ein wenig Kniffeln, »good old times« und dann? Wie eine dunkle Wolke hängt die Angst über uns, dass wir uns nach dem Rausch nichts mehr zu sagen haben. Deswegen halten wir uns angestrengt wach, versuchen, uns an dem, was wir haben, festzuklammern. Aber die Müdigkeit, diese verdammte Müdigkeit, sie zehrt an uns und die Augen werden schwer. O. greift meine Hand und drückt sie, besoffene Tränen der Rührung in den Augen. Doch. Doch wir sind noch wie früher, tief in uns ist ein Band, das niemand zerschneiden kann. Ich stehe auf und schmeiße fast den Tisch um, ich kann nicht mehr. Nicht mehr jetzt. Nicht mehr heute.

Jemand drückt mir etwas Eiskaltes an die Wange, ich schrecke hoch und S. schaut mich lächelnd mit einem geöffneten Bier an. In meinem Kopf rastet eine ganze Elefantenherde aus, aber wir sind ja nicht zum Spaß hier. Ich nehme einen großen Schluck und drücke S. an mich. Freund S., wie ist es dir ergangen, wie geht es dir heute, schön, dich zu sehen.

Aus der Wohnküche höre ich Geschirrgeklirr, J. bereitet Rührei vor. Wie lange habe ich geschlafen? Nicht einmal sechs Stunden, aber ich fühle mich trotzdem wie neugeboren. Noch leicht taumelnd gehen wir zum Frühstückstisch und setzen uns, J. verteilt das Rührei und O. steht auf, um einen Toast auszusprechen.

16:30 Uhr, meine Hose ist gerissen und ich liege im Schneematsch im Garten. Wir sind näher an der 30 als an der 20 und spielen Flunkyball. Das ist keine Nostalgie mehr, das ist Sehnsucht. Wir sind alle sternhagelvoll, liegen uns nach jeder Runde in den Armen und singen laut »Freunde« von den Toten Hosen. Denn das sind wir. Freunde. Freunde bis ans Lebensende, komme, was wolle. Wir gehen durch die Hölle, wir gegen den Rest der Welt. J. und O. helfen mir hoch, eine Runde schaffen wir noch, dann machen wir besoffen Pizza und ich döse bei einer Diashow mit Fotos aus unserer Schulzeit weg.

Der Schnee knackt unter meinen Stiefeln, er ist frisch und noch unberührt. O.s Auto ist in einer Woche erst fertig, er wird ihn auf dem Weg zurück nach Kopenhagen abholen. Eine Werkstatt in der Peripherie von Dänemark, weder er noch wir wissen, wie genau er das anstellen soll. Der kleine Polo von S. ist so vollgepackt, dass er keine Sicht mehr nach hinten hat. Kondenswasser steht an den Scheiben, unsere Ausdünstungen vermischen sich mit dem Duft des orangenen Zauberbaums am Rückspiegel, Sorte Kokosnuss. Die Fellsitze sind plattgesessen, aus dem Kassettenfach hängt ein Kabel für MP3-Player und Smartphones, aber wir haben keine Energie, irgendetwas anzumachen.

Ausgelaugt und ohne Worte zu wechseln, fahren wir über die Grenze, J. knackt eine Dose Red Bull und eine ungeahnte Gewalt an Geruch setzt sich im Auto frei. Mir ist übel, ich will einfach nur schlafen. Erholsamer, gesunder, natürlicher Schlaf.

Am ZOB von Eckernförde schmeißen sie mich raus, J., O. und S. wohnen in den Dörfern drum herum. Wir klopfen uns bei den Verabschiedungen auf die Schultern. »Bis bald, das sollten wir öfter machen«, sagen wir und wissen zeitgleich, dass es der letzte gemeinsame Urlaub gewesen sein wird.

O. hat einen Sohn, S. wohnt in Passau, J. zieht wieder zurück aufs Land und ich bleibe für immer derjenige, der seinen Weg geht, ohne das Ziel zu kennen. Ich schultere meinen Rucksack und gehe durch die Innenstadt, vorbei am Gänsemarkt, am ehemaligen Kino (jetzt ein C&A) und am Weihnachtsmarkt. Im Vorbeigehen winkt mir G., ein alter Schulkamerad, ich winke zurück, aber bleibe nicht stehen. Genug Nostalgie für ein ganzes Leben.

22.12.2021

Ich lehne mich an die kalte Kachelwand im Herrenklo und pisse ein wenig neben die Toilette. An genau dieser Wand habe ich mich festgehalten, als ich auf meinem Abiball gekotzt habe. Ich bin betrunken, nein, ich bin voll wie eine Haubitze und stütze mich an der Wand auf der Herrentoilette der Eckernförder Stadthalle ab.

Papa und ich trinken Bier, sitzen voreinander, reden über Politik und die Familie, über Gott und die Welt, über alles. Und immer mehr Bier, Bier, Bier und Helbing, Helbing, Helbing. Wir sehen uns ähnlich, die Nase, das Schwitzen, das Lachen und die Zigaretten im Fünf-Minuten-Takt. Ein Vaterschaftstest wäre verschwendetes Geld, wir sind aus einem Holz geschnitzt. Lachend liegen wir uns in den Armen, irgendeine Geschichte von früher, wir rutschen weg und packen uns auf dem glatten Boden ab, aber lachen weiter. Kann man hier anschreiben lassen? Komm, ich lade dich ein.

Blut ist dicker als Alk. Und mein Portemonnaie ist jetzt so dünn wie Papier.

23.12.2021

Geburtstagsfrühstück. Beziehungsweise Mittag. Mit dem Alter braucht man ja bekanntlich weniger Schlaf, mein Vater braucht anscheinend gar keinen mehr und war um 6 Uhr wieder auf den Beinen. Ich werde davon wach, dass der Hund mir die Hand leckt, und gehe, begleitet von Kopfschmerz und Erinnerungslücken, zum Tisch.

Nichts ist so schwer, wie angemessene Geschenke für meinen Vater zu finden. Seine Hobbys sind Jazz und Fotografie, das eine mit einem sehr speziellen Geschmack, das andere unfassbar teuer. Dieses Jahr: neues Zigarettenetui und eine Platte von Miles Davis. Lieber sicher spielen. Gegen Abend kommt mein Bruder dazu, wir fangen wieder an, zu saufen.

»Trinkst du noch so viel, Hinnerk?«, fragt man mich und reicht mir ein Bier. Wie furchtbar und witzig ist das denn?

Nachts gehen wir noch auf einen Spaziergang, K. und ich torkeln rum und der Hund büxt uns fast aus. Sternenklarer Himmel, das haben wir lange nicht gesehen. Ein plötzliches Gefühl von Geschwisterliebe kommt auf, ich drücke K. an mich. Wir beide, K., wir beide! Vor allem haben »wir beide« eine schwache Blase, Arm in Arm pissen wir in die Schlei, ein magischer und dampfender Moment. Wankend gehen wir nach Hause, K. direkt auf die Couch. Als ich mich neben ihn lege, schnarcht er leise und kurz darauf wird auch bei mir alles schwarz und weich.

24.12.2021

Leder auf Tisch, Leder vom Tisch, Kniffel. Schon wieder.

K. und ich rasten aus.

»Du schummelst doch!«

»Wie soll ich denn schummeln?«

»Keine Ahnung, aber … dein wievielter ist das? Fünfter?«

»Sechster«, korrigiere ich.

Kniffeln mit Köhn heißt Kurzer bei Kniffel. Und Mutti wirft einen nach dem anderen. Es ist noch nicht einmal halb zwölf und wir haben schon einen halben Kasten Bier, eine Flasche Amarone, eine Flasche Crémant und fast den ganzen Kräuterlikör ausgetrunken. Das benutzte Weihnachtsgeschirr steht neben mir auf dem Tisch (»Machen wir morgen!«), meine Augen hängen auf halb acht und ich grinse durch die Gegend. Es riecht ein wenig nach Rauch, ich hatte die Tür zum Wintergarten zu lange aufgelassen, aber ist doch jetzt eh zu spät. Ausbeute: Pullover, ein grüner Schein, ein Buch, Socken. Alles Gute, Jesus, und danke für die Präsente!

Langsam, aber sicher verliert sich der Spaß am Kniffeln, wir versuchen noch eine Partie Stadt-Land-Fluss (ohne

Fluss, wer sind wir denn?), aber ich bin immer als Erster fertig und das finden die anderen doof. Ich lege meinen Kopf auf den Tisch. Scharade?

Scharade. Ich habe keine Ahnung. Die Klassiker sind durch (Hitler, Goebbels, Moritz) und ich komme und komme nicht drauf. Bin ich eine Frau? Ja. Bin ich bekannt? Ja. Bin ich tot? Ja. Magda Goebbels? Nein. Mein Wissen ist sehr beschränkt, vielleicht hilft ja ein wenig Denkwasser?

25.12.2021

Dumpfes Pochen, Geklirr aus der Küche. K. und Mutti sind schon lange wach, ich stopfe mir mein altes Schnuffeltuch in die Ohren, aber es bringt nichts. Ich bin wach. Ich bin so wach, dass ich nicht mehr schlafen kann. Blick auf die Uhr (11:34), ich habe dreieinhalb Stunden geschlafen.

Neben mir liegt ein zerknüllter Zettel. Ich bin Heidi Kabel.

K. muss heute schon wieder los, ich rufe ihm ein Taxi, weil ich augenscheinlich nie wieder Auto fahren darf. Mutti und ich lassen das erste Flens gegen halb vier ploppen und der Spaß beginnt von vorne. Kniffel, S-L-F, Scharade, Radeberger, Ich-sehe-was-was-du-nicht-siehst, Risiko. Nebenbei läuft Home & Garden TV, auf eine alkoholisierte Art und Weise ist das Idylle.

26.12.2021

Ich gehe an der Polizeistation vorbei, ein maroder Rotklinkerbau. Mit 16 war ich natürlich kein sonderlich großer Fan der Polizei, obwohl ich nie wirklich schlechte Erfahrungen mit ihnen gemacht habe. Ich habe einmal vor der Wache gekifft, niemanden hat es interessiert, aber ich war natürlich ein

Rebell sondergleichen. Irgendwie trostlos. Kleinstadtpolizisten machen runtergebrochen nichts anderes, als Nachbarschaftsstreitereien zu besänftigen und Jugendliche zu drangsalieren, wenn sie zu viel getrunken haben oder mit einem Krümel Hasch erwischt werden. Ein Leben, das einfach so vor sich hinplätschert, ohne irgendwelche großen Erfolge und Errungenschaften. Und das denke ich mir, ich erfolgreicher Großstädter und Kosmopolit.

In der Einkaufsstraße ist es verhältnismäßig voll für Wetter und Datum, ein stetes Schmatzen von Stiefeln und Schneematsch zieht sich durch Innenstadt, die spärliche Beleuchtung der Weihnachtssterne wird von den Straßenlaternen geschluckt. Neben einer Kindertourist*innenattraktion, (so eine Säule, in der irgendetwas passiert, wenn man auf einen kleinen Knopf drückt) steht ein zerfledderter, pinker Weihnachtsbaum. Zum neuen Jahrtausend hatten sie damit angefangen, neonbunt gefärbte Plastikweihnachtsbäume in der ganzen Stadt aufzustellen. Den Grund konnte niemand genau benennen, aber es hat sich auch nie jemand beschwert. So werden Traditionen erschaffen.

Mit der Zeit wurde aus dem eigentlich recht niedlichen Fischerort eine Kleinstadtfassung jeder beliebigen Stadt in Deutschland. Aus dem Kino wurde ein C&A, aus dem Spielzeuggeschäft ein Depot, es gibt zwei Ein-Euro-Shops und eine Shisha-Bar. Irgendwie hat man nichts mehr an Eckernförde gelassen, eine dumpfe, traurige Tourist*innenfalle für mittelständische Familien. Die Straßen sind zwar dieselben, aber dieser Fiebertraum hat nichts mehr mit meiner Jugend zu tun.

Am Gänsemarkt bleibe ich kurz vor den vernagelten Fenstern des »Bistro« stehen, ab Mitternacht durfte man damals drinnen rauchen, es gab Pernod, mittelmäßigen Kaffee, aber niemand hat einen dumm angeschaut, wenn man vormittags bereits Bier getrunken hat. Die Stammgäste haben das auch regelmäßig gemacht: der komische Musiklehrer,

der sich nachmittags Apfelschorlen in rauen Mengen einge-
fahren hat; der ehemalige Comicladenbesitzer, der mit dreckigen Fingernägeln Zigaretten gedreht hat, und die ältere
Dame, die nur vormittags da war und sich drei bis vier halbe
Liter Pils genehmigt hat, immer mit Bierkranz. Wegen einer
Mieterhöhung musste der Laden vor einem Jahr dichtma-
chen, seitdem hat sich nichts mehr getan. Wo sind die ganzen Stammgäste jetzt? Sind sie in eine andere Kaschemme
eingekehrt oder bleiben sie zuhause? Oder warten sie vielleicht sogar immer noch im »Bistro« darauf, dass sich jemand
ihrer erbarmt und den Laden wieder aufmacht, nur für sie?

Ich hole mir eine Packung Zigaretten am Automaten, der
immer noch außen am Gebäude hängt und wie ein Wunder
keinerlei Altersnachweis fordert – eine Goldgrube für Jugendliche. Der Automat zieht meinen Schein ein und wirft
das Rückgeld in 10- und 20-Cent-Stücken aus. Zwei Kilo
schwerer gehe ich zurück in die Einkaufsstraße und gucke
auf den Boden, einerseits wegen des Schneefalls, welcher gerade beginnt, andererseits wegen der Passant*innen, von denen ich hoffe, dass sie mich nicht erkennen.

Vorbei an dem Herrenausstatter, dem Schuhladen, dem
Rathausplatz. Am alten Silo setze ich mich kurz auf eine
Bank, schlage den Kragen hoch und versuche, mir eine Zigarette anzuzünden. Der Wind peitscht und pfeift, beim dritten Versuch halte ich die Flamme lange genug. Das Wasser klatscht an die Kaimauern, Bojen wippen von links nach
rechts, von weiter her trägt der Winter leise Gesprächsfet-
zen vom Weihnachtsmarkt. Es ist, als würde man mich will-
kommen heißen auf diese charmante, norddeutsche Art, die
Fremde als rau empfinden. Der Wind raucht mit, ich lasse
ihm die letzten Züge, schnipse den Stummel in die Bucht
und gehe zur Holzbrücke, die die beiden Stadtteile miteinander verbindet. Früher wurde man hier von Bullen angehalten, offiziell muss man immer absteigen vom Rad, wenn man
drüberfährt, haben wir natürlich nie gemacht. In der Was-

serspiegelung krümmen sich meine Umrisse, aber eigentlich kann ich eh nichts erkennen.

27.12.2021

Metallene Ergüsse treffen auf Grobbeton. Das Uebel & Gefährlich ist mein Lieblingsclub.

Leider sind die Toiletten für den Besucher zumindest eine Erfahrung.

Chrom und Stahl ergeben hier eine knapp vier Meter lange Symbiose, die rein zum Urinieren gedacht ist, aber auch gerne für Körperflüssigkeiten jeglicher Art genutzt wird. Und keine Angst, junger Freund, auch die Nähe kommt nicht zu kurz, sei dir bewusst, dass immer, trotz der vier Meter, jemand neben dir stehen und dir auf deinen Piedel gucken wird. Dabei fallen galante Worthülsen wie »Na?« oder »Moin« oder »Kalt, ne? Hahahahaha!« und man fühlt sich wieder heimisch, wie damals in dem kleinen Kaff in Meck-Pomm, aus dem man weggezogen ist, um genau solchen Situationen zu entfliehen.

So grandios der Ruf des Uebels auch ist, so desaströs ist die Klo-Situation. Und ich rede hier nur von den Herrentoiletten, regulären Aussagen von der weiblichen Seite des Menschen vertrauend, sind ja Damentoiletten noch schlimmer. Die Pissrinne hin oder her wird das alles triumphiert von den »abschließbaren« Kabinen. Abschließbar in Tüdelchen gesetzt, denn prinzipiell sind sie abschließbar, aber die Kraft, Gewalt und Macht, die man dafür aufwenden muss, grenzen an die Entfernung des Schwertes Excalibur. Und Hand aufs Herz: Niemand von uns ist der zukünftige König Englands, da wartet Prinz Charles schon zu lange drauf. Also drück, bis die Tür zugeht, und reiße dir die Fingerhaut auf, denn anders geht es nicht. Und du hockst dann da, auf der schmandigen Brille, raues Toilettenpapier in der Hand, links wird gefickt oder Kokain genommen, es klingt leider irgendwie gleich.

Rauch und leere Worte füllen den Raum, es fällt schwer, zu atmen. Ich brauche lange, um zu bemerken, was genau so unangenehm an der Situation ist. Ich versuche es doch, versuche, mit den Leuten zu sprechen und irgendeinen gemeinsamen Nenner zu finden, aber es geht nicht. Woran das liegt? Die Leute hier sind belanglos. Ihr Sein ist belanglos, ihre Worte sind belanglos, ja, sogar ihre Gedanken sind irgendwie belanglos. Und ich lächle sie an und gebe mir Mühe, ihnen das Gefühl zu geben, dass ich sie mag. Ich mag sie ja auch. Also zumindest verachte ich sie nicht, sie stören mich nicht. Aber sie sind auch kein wichtiger Teil meines Lebens, sie sind für einen Augenblick da und direkt wieder weg, vergessen wie ein Feuerzeug auf dem Kneipentisch. Und wahrscheinlich sind sie glücklicher als ich. Und vielleicht bin ich auch einfach nur neidisch.

28.12.2021

»Psycho Killer qu'est-ce que c'est? Fa fa fa fa fa fa fa fa Fa fa fa fa fa fa fa fa fa«

Schnapsidee. Das trifft es. Mitbewohner und ich tanzen in der Küche, er hat sich freigenommen und ich bin de facto arbeitslos, also haben wir um elf Uhr mit Alsterwasser angefangen, sind auf Gin Tonic umgestiegen und nun sind wir knülle und tanzen. Es ist vor sechs, spätestens um 20 Uhr werden wir schlafen. Mitbewohner kommt auf die Idee, herauszufinden, welche Drinks mit Maggi-Würze besser schmecken. Ich greife vor: keine.

So schnell, wie die Euphorie gekommen ist, so schnell ist sie auch gegangen. Es geht ihm nicht gut, aber ich kann es nicht ansprechen. Es war doch gerade so schön, wir wollten doch glücklich sein. Seine Augen werden glasig, er geht hoch ins Bett und ich höre ihn schluchzen. Was bin ich nur für ein Mensch, was bin ich nur für ein Freund? Ich weine leise mit und ziehe meine Knie an.

29.12.2021

Whiplash. Die Besen streichen sanft über die Felle, die Posaune unterlegt meine Stimme mit einem sanften Timbre. Es ist heiß und stickig, Füße wippen zum Takt, einzelne Finger trommeln mit, jemand schlägt sein Feuerzeug unrhythmisch auf den Tisch. F. redet zu viel und raucht zu wenig, ihre Asche steht zentimeterbreit an der Zigarette, aber sie ascht nicht ab. Zu sehr fixiert sie mich und erzählt, meine Augen haften an der Kippe. Das fällt gleich ab. Gleich ist es so weit. Und dann fällt sie auf den Tisch und F. wischt ihren Ärmel durch den Schmodder. Ich tippe ihr auf die Hand, die Glut fällt in den Aschenbecher. Weiter geht's.

Zu viele Kurze in zu kurzer Zeit. Als wir aus dem Birdland stolpern, bin ich schlagartig besoffen, nur mit Müh und Not schaffe ich es, mich zu artikulieren. »Daxi?«, frage ich. »Jawohl!«, sagt F. und nach zwei Versuchen bestellen wir eins. Wir fahren wirr, habe ich die Adresse falsch eingegeben? Nein, wir fahren nur zu F., sie zerrt mich aus dem Taxi und bugsiert mich in die Wohnung.

»Ich will morgen Rührei und Kaffee!«, bölkt sie mich an.

»Okay!«, bölke ich zurück

»Du schläfst hier!«, sie zeigt auf eine Klappmatratze

»Okay!«, sage ich.

»Gute Nacht!«

»Gute Nacht!«

F. schnarcht durch zwei geschlossene Türen durch, aber ich bin zu betrunken, um sie zu wecken. Ich decke mich mit meinem Mantel zu. Morgen mache ich Rührei und Kaffee.

30.12.2021

Neujahr. Was ein Scheißdreck, was ein Quatsch.

Jedes Jahr kommt die Frage auf. Ich weiß nicht, was ich an Silvester mache. Meistens sind die Partys kacke und der Jahreswechsel macht mich eh depressiv. Wieder nichts erreicht. Wahrscheinlich lande ich wieder auf irgendeiner Party, irgendwelche Leute, irgendwelches Bier. Tischknaller und Partyhüte, runterzählen, der ganze Quatsch. Vielleicht vorher noch Raclette. Vielleicht Fondue. Vielleicht »Dinner for One«. Vielleicht auch einfach zuhause bleiben und so tun, als wäre niemand da. Noise-Cancelling-Kopfhörer und eine Tasse Kakao. Einigeln, als wäre eine Blase um mich herum. Nur ich und meine Blase und mein Kakao, und niemand dringt zu mir durch.

»Morgen bei I. zur Silvester-Party?«

»Ja, bin dabei. Hast du nochmal die Adresse?«

»Komödiantenallee 39, 2. Stock.«

»Cool, bis morgen.«

31.12.2021

Es ist ganz still. Die letzten Raketen sind schon vor Stunden gezündet worden, ein paar ausgebrannte Mülleimer knacken vor sich hin, ab und an hört man eine Flasche umfallen oder etwas zerbrechen. Aber trotzdem ist der Kiez still. Es ist leise. Ich höre, wie sich die Glut vorkämpft, wenn ich an meiner Zigarette ziehe. Die anderen sind bereits im Bett, ich komme gleich nach, habe ich gesagt. Gleich.

Wie war dieses Jahr? Ich muss viel zu oft zwinkern, habe ich Rauch im Auge. Ich glaube, es war okay. Es war da. Es war so wie jedes Jahr auch, irgendwie gleich. Immer ist alles irgendwie gleich, aber trotzdem hält sich die Waage.

Ich schnippe die Zigarette in den kleinen Schneematschhaufen auf dem Balkon und gucke nochmal in den Himmel.

Der Rauch der Feuerwerkskörper vernebelt die Sicht, keine Sterne zu sehen, aber eigentlich sieht man hier nie die Sterne. Nur der Mond spendet sein fahles Licht, erhellt die dunklen Ecken gerade so, dass man sich nicht fürchten braucht.

Ich trinke mein Glas Sekt aus und gehe rein.

Frohes Neues, Hinnerk.

Danksagung

Ich möchte mich bedanken bei allen, die mit ihrem ersten Buchstaben hier vorkommen.

Danke an K. und D. vom Verlag, dass ihr an dieses Buch geglaubt habt, im Gegensatz zu vielen anderen (mir).

Danke an Mutti Köhn und Vati Köhn, ohne die ich die letzten zwei Jahre nicht überstanden hätte.

Danke an C. für das Cover. Danke an R. und R. von meiner Agentur für die Beständigkeit, bei jedem panischen Anruf von mir ranzugehen. Danke an meinen besten Freund und Mitbewohner J., der jederzeit für mich da ist, und an I., ohne dich wäre ich ein kleines Häufchen.

Der größte Dank gilt aber wohl Moritz, ohne dich würde ich wieder oder immer noch in einem Büro sitzen.

Macht euch keine Sorgen, mir geht es gut. Wir sehen uns auf der Bühne, dahinter oder am Merchandise-Platz. Mit Tasse Kaffee, Kippe und einem verschmitzten Lächeln.

»It's better to burn out than to fade away.«

Neil Young